KB200909

표준으로 바라본 세상

일상에서 만나는
표준의 정치경제학

이 도서의 국립중앙도서관 출판예정도서목록(CIP)은 서지정보유통지원시스템 홈페이지(http://seoji.nl.go.kr)와 국가자료종합목록 구축시스템(http://kolis-net.nl.go.kr)에서 이용하실 수 있습니다.
CIP제어번호: CIP2020035365(양장), CIP2020035363(무선)

일상에서 만나는 표준의 정치경제학

• 이희진 지음 •

표준으로 바라본 세상

한울
아카데미

차 례

추천사

최근 코로나19는 경제와 사회에 복합적인 충격을 가하면서 전통적인 생산, 유통, 소비 등 경제 전반은 물론 우리 삶의 방식에서도 대변혁을 가져왔습니다. 특히 의료, 교육, 물류 등 다양한 산업 분야에서 비대면 경제라는 새로운 경제 패러다임이 급부상하고 있습니다. 그러나 비대면 경제활동은 갑작스러운 현상이 아닙니다. 4차 산업혁명 시대에 다양한 기술과 서비스가 급속히 융합되고 디지털 기술이 발전함에 따라 비대면 경제활동은 지속적으로 확대되어 왔습니다.

이러한 변화를 이끌고 촉진하는 것이 바로 표준입니다. 4차 산업혁명과 관련된 디지털 혁신 분야의 표준을 선점하기 위한 선진국들의 경쟁은 이미 시작되었습니다. 표준은 국가 간, 기업 간 치열한 경쟁을 통해서 만들어집니다. 표준을 둘러싼 국가 간, 기업 간 경쟁은 새로운 이야기가 아닙니다. 표준을 선점하여 시장을 지배하겠다는 전략은 지금도 치열하게 이루어지고 있습니다. 그러나 표준을 경쟁의 측면에서만 이야기할 수는 없습니다. 표준은 치열한 경쟁을 통해 만들어지지만 그 속에는 국가 간, 기업 간 연대와 협력의 가치가 살아 숨 쉬고 있기 때문입니다.

선진국에게 표준은 시장을 선점하는 경쟁의 도구이지만 개발도상국에게 표준은 단기간에 산업을 일으키고 경제를 발전시킬 수 있는 훌륭한 가이드북이 되어 왔습니다. 시장 확대와 무역 활성화라는 공동의 목표를 추구하기 위해 국가 간 표준협력도 확대되고 있습니다.

이런 관점에서 저자는 20년간의 표준 연구의 성과를 집대성한 이 책에서 사회통합의 도구, 무역을 활성화시키는 제도, 경제 발전을 향한 국가 전략으로서의 표준의 중요성을 강조하고 있습니다. 그러면서 지정학적 경쟁구조를 해석하는 틀로서의 표준의 역할이 지속적으로 확대되고 있다고 말하고 있습니다.

이 책은 표준의 중요성을 마스크와 같은 일상의 사물, 역사적 사건, 기업들의 경쟁 사례 등을 들어 알기 쉽게 설명하고 있습니다. 최근 미국과 중국의 5G 등 첨단기술을 둘러싼 경쟁을 표준의 시각에서 신선하게 접근하고 있는 것도 이 책의 장점입니다. 또한 표준이 세상의 문제를 해결하기 위한 노력의 일환이자 수단이며, 표준을 단순히 산업 차원이 아닌 세계 전략이라는 큰 틀에서 이해해야 한다고 강조하는 대목에서는 표준에 대한 저자의 안목과 혜안을 엿볼 수 있습니다.

표준이 더욱 중요해지고 있는 현실에서 다양한 사례를 중심으로 표준에 대한 우리의 이해를 높이고 우리가 앞으로 나아가야 할 방향을 제시하고 있는 의미 있는 책을 만나게 되어서 매우 기쁘게 생각합니다.

산업통상자원부 장관

성윤모

머리말

- 5G와 화웨이를 둘러싸고 벌어지는 미·중 간 분쟁에서 보듯이 중국은 어떻게 기술 분야에서 미국에 맞설 수 있게 되었을까? 미국은 왜 그토록 화웨이를 견제할까?
- "드라이브스루·생활치료센터 국제표준 추진… K방역 ISO에 제안"(연합뉴스, 2000.4.26), 이런 기사 제목은 무엇을 뜻하는 것일까?
- 중국 정부와 산업계에서 공공연하게 회자되는 "삼류 기업은 제품을 만들고, 이류 기업은 기술을 개발하고, 일류 기업은 표준을 제정한다"라는 슬로건 및 '중국표준 2035(China Standards 2035)' 전략은 무엇을 노리는 걸까?
- 국제표준계의 WHO라 할 수 있는 ITU와 IEC의 수장은 누구일까?
- 북한은 왜 평양표준시를 당겼다 늦췄다 할까?
- 표준은 UN의 지속가능개발목표(SDGs)와 어떤 관계가 있고, 개발도상국발전 또는 ODA(공적개발원조)에 어떻게 기여할 수 있을까?

이 질문들은 이 책에서 답하고자 하는 질문 가운데 몇 가지를 뽑아본 것이다. 이 책은 이 질문들과 관련된 사례와 주제를 심도 있게 논의함으로써 여기에 대한 답을 제공하고자 한다. 표준은 우리 주위에 편재하고 우리 행동 하나하나를 규정할 뿐만 아니라 산업, 기술, 나아가 국가경쟁의 기본이 된다. 표준은 경제/산업 차원에서뿐만 아니라 국가통합 또는 사회통합에서도 아주 중요한 도구로 작동한다. 어떤 형태이든 북한과의 교류, 나아가 통합 또는 통일을 염두에 두어야 하는 우리에게 독일 통일, EU 통합은 표준의 중요성을 다시금 일깨워준다. 많은 사람들에게 중국의 '굴기(崛起)'는 익숙한 말이지만, 그 한 축을 이루는 '표준 굴기'는 낯선 말일 것이다. 표준은 또한 개발도상국이 국제 분업 체계에 참여해서 산업 발전 및 경제 발전의 경로를 거치려면 반드시 배워야 하는 혁신 역량의 주요 구성요소이다. 또한 지속가능개발목표, 4차 산업혁명 등과 같은 세상의 변화는 새로운 시각에서 표준을 보게 한다.

이런 중요성에 비해 표준에 대해서는 그다지 많이 알려져 있지 않다. 아무리 사소한 표준이라도 하나하나 정치(精緻)하고 지루한 교섭과 타협 또는 치열한 경쟁을 통해 만들어지고 정해진다는 사실을 고려하면 이상할 정도로 표준에 대한 관심은 낮다. 이 책은 우리 일상을 둘러싸고 있는 사물과 현상을 표준이라는 렌즈를 통해 들여다본다. 또한 시사성 있는 사례들을 통해 사회, 경제, 정치, 국제관계 속에서 표준이 어떻게 작동하는지, 경쟁과 통합에서 표준이 어떤 역할을 하는지에 대한 이해를 나누고자 한다.

이 책은 순서대로 읽어야 하는, 체계적인 교과서가 아니다. 관심 가는 소재(보드카, 팰릿, 컨테이너, 철도 궤간, 고속철도)나 주제(중국의 국제표준화나 개발도상국 문제, 남북문제)에서 시작하면 된다. 곳곳에 각주를 달아 관련 내용을 쉽게 찾아갈 수 있도록 해두었다.

비장하게 들릴 수도 있지만, 이 책은 나름 20년 공부를 정리한 것이다. 20여 년 전 나는 시간연구를 하고 있었기에 그리니치 표준시 등 표준이라는 말에 익숙해 있었다. 런던에 10년 가까이 살았지만 지인을 데려가서 자신 있게 소개해 줄 수 있는 유일한 곳은 그리니치 천문대의 박물관이었다. 2003년 어느 날 미국과 중국이 WAPI라는 '표준'을 둘러싸고 논란을 벌이고 있고 이것이 무역 분쟁으로 발전할 수도 있다는 기사를 접했다. 단순히 표준이라는 단어에 익숙하기 때문에 관심을 갖게 되었는데 이후 표준은 줄곧 연구의 중심어가 되었다. 호주에 살면서 우연히 호주 철도의 궤간 단절(breaks of gauges)의 역사를 알게 되고서는 철도 또한 나의 관심영역으로 들어왔다. 이 책에 시간과 철도에 대한 사례가 자주 사용된 이유이다. 2018년 경부터 미국과 중국이 화웨이와 5G 기술표준을 두고 다투는 걸 보면서, 독자 수가 한정된 논문이 아니라 책을 써야겠다고 마음먹게 되었다. 2003년 WAPI를 둘러싼 미국과 중국의 분쟁으로 표준에 입문했는데 2019년 미·중 5G 분쟁으로 책을 써야겠다고 마음먹게 되었으니, 재미있는 우연이다.

단독 저서이지만 십수 년 동안 같이 공부해 온 학생과 동료들에게 큰 빚을 지고 있다. 이 책의 기반이 된 소재와 자료들은 지난 십수 년 동안 동료 연구자, 특히 박사과정 학생들과의 공저를 통해 작성된 것이 많다. 이 책에서 필자가 한 일은 표준에 관한 20여 편의 논문을 하나의 논리를 세워 재정렬하고 필요한 곳에 새로운 사실을 덧붙여 업데이트한 것이다. 물론 공부할 여건을 만들어주고, 연구 동기를 북돋우고, 대부분의 글에서 연구 주제를 설정하고, 문제의식을 키운 것은 필자라고 자부하지만, 단독 저술에 암묵적으로 동의해 준 동료들, 아니 지적 동반자들에게 감사의 말을 전한다. 특히 주한나(한림대 교수), 김동휴(글래스고대 교수), 엄도영(연세대 박사과정) 세 사람은 '표준'이라는 다소 생소했을 주제로 박사를 하자고 했을 때 흔쾌히 따라준 데 대해 고맙다는 말을 하지 않을 수 없다. 박사 주제는 향후 직업 전망을 가르는 중요한 결정인데 별 볼 일 없어 보이는 주제를 믿고 따라준 것이다. 무엇보다도 곽주영 교수에게 감사드린다. 중국을 연구한다면서도 중국어를 하지 못하는 근본적인 한계를 넘어서게 해준 곽 교수의 빼어난 중국어 실력과 네트워크, 특히 공부에 대한 열정이 없었다면 이 분야의 연구는 지금의 절반도 채 이뤄지지 않았을 것이다. 또한 본문에 사용된 그림의 저작권 문제를 해결해 준 강윤정 양, 자료 조사를 도와준 엄도영, 김미진, 김미혜, 강민정에게도 감사의 말을 전한다. 아주 적절한 사례를 알려준 LG화학의 김낙진, 한국석유관리원 석유기술연구소의 김재곤 두 분에게도 감사드린다.

마지막으로 뜬금없어 보이겠지만 한국연구재단에 감사의 말을 전한다. 연구재단의 '한국사회과학연구(Social Science Korea: SSK)' 프로그램의 지원을 2011년부터 2017년까지 6년 동안 받으면서 위에서 언급한 연구자들을 지도하고 학문 후속 세대로 육성할 수 있었다. 이들은 이 지원 덕분에 다른 일을 하지 않고 연구에만 몰두할 수 있었고, 국제표준학계에서 탁월한 것으로 인정받는 연구 결과들을 낼 수 있었으며, 세계 유수 대학의 교수로까지 성장하는 기회를 얻었다. 짧지 않은 기간의 지원 덕분에 한 권 분량의 연구를 축적할 수 있었다. 사회과학에서는 하나의 주제에 대해 이렇게 장기간 부족하지 않은 지원을 받는 일이 흔하지 않다. 이 지원이 없었다면 나의 첫 번째 연구 주제였던 '시간'과 마찬가지로 표준도 이미 문을 닫았을 것이다. 정식의 사사를 표기할 의무가 없는데도 굳이 이 이야기를 꺼낸 것은 나름의 이유가 있다. 지금 한국의 대학은 위기에 처해 있다. 그 이유를 직접 언급하지는 않겠다. "연구의 질은 (교육도 마찬가지이지만) 돈에 달려 있다"라는, 투박하고 속물적으로 들리지만 평범한 상식을 인정하지 않고 한국 대학의 위기를 짐짓 외면하는 정치가, 정책 입안자, 어쩌면 일반 국민에게 미약한 목소리로나마 외쳐보기 위해서이다.

책에서도 다루었지만 2020년 5월 발표된 「미국의 대(對)중국 전략적 접근」 문서와, '중국제조 2025'의 후속편이자 확대판으로 2020년 말 공개될 예정인 중국의 '중국표준 2035'는 표준이 더 이상 기술의 영역이 아니라 두 열강이 벌이는 지정학 경쟁의 한 축이 되었음을 보여준다. 따라서 표준에 대해서도 그에 걸맞은 연구와 교육이 필요하다.

부디 이 책이 표준 또는 기술표준의 중요성에 대한 인식을 높이는 계기가 되기를 기대하며, 앞으로 표준을 전문 영역으로 다루는 연구자들이 많아지기를 바라는 바이다.

1장

표준이란 무엇인가

■

영어 'standard'의 번역어인 '표준'은 일상생활에서 폭넓게 사용되는 단어이다. 그런 만큼 그 의미와 활용도 다양하다. 생활수준(standard of living), 일반석(standard class)처럼 수준, 보통의 의미로 사용되기도 하고, 내로남불을 뜻하는 이중잣대(double standard)에서는 기준의 의미로 사용되기도 한다. 표준은 또한 평균의 개념과 밀접하게 연관되어 사용되기도 한다(로즈, 2018). 기성복의 치수를 칭할 때의 평균 사이즈(standard size), 표준화된 시험(standardized test), 산업 및 경영관리 영역에서의 과학적 관리의 기원이라 할 수 있는 테일러 시스템(Taylor System)[1] 등이 그것이다. 역사적으로는 태양의 속도보다 빨리 달리는 철도가 발전함에 따라 표준시간(standard time)이라는 개념이 일상생활의 영역으로 들어왔다. 전문영역에서도 표준이라는 단어가 사용되는 사례를 보면, "산업현장에서 직무를 수행하기 위해 요구되는 지식·기술·태도 등의 내용을 국가가 체계화"[2]해서 기술한 국가직무능력표준(National Competency Standards: NCS), 특정 질병에 대한 진료 과정을 표준화한 표준진료지침(Clinical Pathways, 영어 명칭에는 표준이라는 단어

1 테일러(F. W. Taylor)에 의해 제창된 노동의 과학적 관리법으로, 작업 동작에서 불필요한 움직임을 제거시켜 표준 동작을 설정하고 그 동작을 조합해 작업 시간을 산출한 시스템이다.

2 https://www.ncs.go.kr/th01/TH-102-001-01.scdo(2020년 7월 19일 검색).

가 없다) 등과 같이 광범위하게 쓰인다.

국립국어원의 '표준국어대사전'(여기도 '표준'이라는 용어가 사용된다)에 따르면, 표준은 세 가지 의미를 지니고 있다.

1) 사물의 정도나 성격 따위를 알기 위한 근거나 기준. ≒준거.

2) 일반적인 것. 또는 평균적인 것.

3) 『물리』 물리량 측정을 위한 단위를 확립하려고 쓰는, 일반적으로 인정된 기준적 시료(試料).[3]

영어 단어 'standard'에 대한 뜻풀이 역시 여기서 크게 벗어나지 않는다. 이제 이 책에서 다루는 표준의 뜻을 공유할 차례이다. 아래의 예를 보자.

이 책의 독자는 종이책을 통해 이 책을 읽고 있을 수도 있고, 전자적 방식으로 이 책을 보고 있을 수도 있다. 이 책의 판형(책의 넓이, 즉 종이의 크기를 말한다)은 신국판이다. 신국판은 가로×세로가 153mm×224mm로, 출판계 판형 표준인 국판(148mm×210mm)을 다소 변형한 것이다. 국판은 A5 용지 크기로, A5는 우리에게 제일 익숙한 A4(210mm×297mm) 용지를 반으로 접은 크기이다. 국판이라는 용어는 제지업계의 종이 크기 표준에서 나온 것이다. 전자매체를 통해 이 책을 읽고 있는 독자 중에서는 인터넷에 연결하기 위해 와이파이를 이용한 독자도 있을 것이고, 스마트폰으로 바로 5G 네트워

3 https://stdict.korean.go.kr/main/main.do(2020년 3월 26일 검색).

크에 연결한 독자도 있을 것이다. 소프트웨어는 아마도 어도비(Adobe)의 PDF를 사용하고 있을 것이다.

이제 내가 하루 동안 생활하면서 접한 표준에 대해 이야기해 보려 한다. 아침에 책을 읽다가 적어놓고 싶은 내용이 있어 컴퓨터에 기록을 남기려고 자판에 손가락을 놓으니 자판 배열 방식 쿼티(QWERTY)에 관한 글을 어디서 읽은 기억이 난다. 기분을 전환하려고 차를 한 잔 마신다. 인삼차 티백을 한 봉지 따다 보니 HACCP(식품안전관리인증)라는 말이 찍혀 있다. 그러고 보니 인삼의 국제표준화가 중국에 의해 이루어졌다는 이야기도 들은 적이 있다. 인삼 하면 고려인삼인데, 왜 중국이 국제표준화를 주도했을까 하는 의문이 얼핏 든다.

출출해서 과자를 꺼내니 봉지에 표가 인쇄되어 있고 제품명, 원재료명, 품목보고번호, 유통기한, 포장 재질 등이 일목요연하게 정리되어 있다. 영양정보라는 또 다른 표에는 무게와 비율이 눈에 잘 띄게 적혀 있고, 총 내용량의 무게와 칼로리가 명확하게 표시되어 있다. 참 유용하다는 생각이 든다. 예전에 외국에서 살 때 먹곤 하던 수입과자를 산 건데, 친절하게도 우리말로 정보와 성분이 적혀 있다. 수출하는 회사나 수입하는 사람이나 참 힘들겠다는 생각이 든다.

봄인데도 코로나19로 계속 집에 있었더니 답답하다. 바람을 쐬러 나간다. 마스크를 챙긴다. 모르고 살아도 좋았을 KF94의 뜻을 알게 된 사정이 서글프다. 요즘 운동 부족이라 주차장까지 걸어 내려가기로 한다. 계단을 딛다가 얼마 전 개발도상국으로 해외 출장을 갔던 기억이 났다. 한 건물에서 무심코 내려오다 계단 높이가 달라 다소 놀랐던 것이다. 차를 타고 드라이브를 하다가 근처 초등학교를 지날 때는 최고속도 30km 제한 교통표지판에 맞춰 차 속도를 줄인다.

저녁 뉴스에 우리나라가 제안한 유전자 증폭 검사기법이 국제표준안(Draft International Standard: DIS)으로 확정되었고 감염병 진단기법 국제표준 개발을 한국이 주도한다는 보도가 나온다.

코로나 블루인지 몸도 찌뿌둥하고 기분도 울적해서 잠이 잘 안 올 것 같다. 술 한잔 해야겠다. 찬장을 열어보니 보드카가 눈에 띈다. 한 잔 따라서 마시다 보니 보드카가 무엇인지, 어떻게 만드는 것인지 궁금해졌다. 여기도 라벨이 있겠거니 하고 들여다보니 'Distilled From Grain', 즉 곡물로부터 증류한 것이라고 큼지막하게 적혀 있다.

잠자리에 들려고 방에 들어가니 침대가 작아서 불편하다는 생각이 들었다. 하나 새로 사야 하나 싶어 침대 크기(정확하게는 매트리스)를 알아보니 킹사이즈, 퀸사이즈 등등이 있다고 한다. 좀 더 검색해 보니 '한국인인체치수조사' 데이터를 바탕으로 이런 치수가 정해진다고 한다. 그게 뭔지 내일 더 알아봐야겠다고 생각하고 잠을 청한다.

이 글에서는 여러 사물에 대한 정보 또는 과정이 언급되어 있다. 이 사례들의 공통점은 모두 '표준'이라고 불리는 현상과 밀접하게 연관되어 있다는 것이다. 우리 생활공간에서 표준과 관련된 사물과 현상들을 이렇게 나열한 것은 우리 삶이 표준에 둘러싸여 있으며, 표준과 상호작용하면서 또는 표준에 의해 한계 지어진다는 점을 보여주기 위해서이다. 우리의 삶은 단 한 순간도, 단 한 지점에서도 표준과 분리되어 있지 않다.

표 1-1 **우리를 둘러싼 표준들**

종류	표준 이름 또는 출처 문서	비고(관련 기구 등)
종이	국판, A5	- 국판: 한국 출판계 표준 - A5는 ISO 216 국제표준규격
와이파이	IEEE 802.11 시리즈	IEEE(Institute of Electrical and Electronics Engineers)의 LAN/MAN 표준위원회(IEEE 802)의 11번째 WG에서 개발한 표준 기술
5G	IMT-2020(International Mobile Telecommunications-2020)	ITU(International Telecommunications Union), 3GPP(3rd Generation Partnership Project)에서 개발한 5세대 무선통신 표준
PDF	ISO 32000-1:2008 Document management — Portable document format — Part 1: PDF 1.7	어도비사가 개발한 전자문서양식으로 사실상(de Facto) 표준이었지만 ISO가 채택
쿼티(QWERTY)		사실상 표준
HACCP (식품안전관리인증)	Hazard Analysis and Critical Control Points(HACCP)	UN 식량농업기구(Food and Agriculture Organization)
인삼	ISO 17217-1:2014 Ginseng seeds and seedlings — Part 1: Panax ginseng C.A. Meyer	ISO/TC 249 Traditional Chinese medicine
식품표시 (라벨링, labelling)	[식품의약품안전처고시 제2020-1호, 2020.1.3, 일부개정]	"식품, 축산물, 식품첨가물, 기구 또는 용기·포장의 표시기준에 관한 사항 및 영양성분 표시대상 식품의 영양표시에 관하여 필요한 사항을 규정함으로써 위생적인 취급을 도모하고 소비자에게 정확한 정보를 제공하며 공정한 거래의 확보를 목적으로 한다." 코덱스(Codex) 기준에 따르면 식품표시에 표기된 언어는 소비자가 수용할 수 있어야 한다(강성진, 2019).
마스크	KF94	보건용 마스크 기준 규격 KF인증(식품의약품안전처). 보건용 마스크는 KF(Korea Filter) 문자 뒤에 숫자를 표시해서 해당 제품의 입자 차단 성능을 나타냄
계단 높이	ISO 3881:1977	ISO/TC 59 - Buildings and civil engineering works
교통표지판	「교통안전표지 설치 및 관리 매뉴얼」	- 국제표준인 UN의 '교통신호체계에 대한 비엔나 협약(The Vienna Convention on Road Signs and Signals)'을 대체로 따름* - KS S ISO - 3864: 픽토그램(안전색 및 안전표지)
감염병 진단기법	체외진단 시험 시스템—미생물 병원체의 검출 및 식별을 위한 핵산 기반 체외진단 검사 절차 —제2부: 검사실 품질적용 가이드(ISO/DIS 17822-2)	- ISO 의료기기 기술위원회(ISO/TC 212) - 우리나라 국가표준 전문위원회가 2016년 제안 - "우리나라의 감염병 진단기기에 대한 국제사회의 신뢰를 높이고 국내 업체들의 해외시장 진출에 도움"**
보드카	European Parliament legislative resolution of 19 June 2007 on the proposal for a regulation of the European Parliament and of the Council on the definition, description, presentation and labelling of spirit drinks(COM(2005)0125 - C6-0440/2005 - 2005/0028(COD))	유럽의회의 보드카 정의
침대 크기	가정용 일반 침대 KS G 4300	한국인인체치수조사 참조표준, sizekorea.kr

* 도로교통공단 교통과학연구소, 『교통안전표지 픽토그램 개선방안 연구』(2018), 연구보고서 2018-0110-049.

** 산업통상자원부 보도자료, "감염병 진단기법 국제표준 개발 한국이 주도"(2020.3.30). 검사·확진 → 역학·추적 → 격리·치료로 이어지는 감염병 대응 전 과정의 절차와 기법 등을 K-방역모델로 체계화하고 이를 ISO에 국제표준으로 제안할 예정이라고 한다. 여기에는 자동차 이동형(Drive Thru, 드라이브스루)·도보 이동형(Walk Thru, 워크스루) 선별진료소 검사 운영 절차, 생활치료센터 운영모형 등이 포함된다. 연합뉴스, "드라이브스루·생활치료센터 국제표준 추진… K-방역 ISO에 제안"(2020.4.26), https://www.yna.co.kr/view/AKR20200426019800003(2020년 4월 30일 검색). 중국 또한 감염병 분야 표준화에 주력할 예정이라고 한다. 2020년 3월 16일 발표된 '2020년 국가표준화 공작요점'에서는 "코로나19를 예방하고 통제하기 위한 적합한 표준 시스템"의 건설을 주요 사업으로 제시하고 있다(de La Bruyere and Picarsic, 2020). 이 문서는 '국가' 수준의 표준화 사업에 관한 것이지만 중국의 전 방위적인 국제표준화 노력을 고려할 때 국제표준화 가능성도 배제할 수 없다. 중국의 국제표준화에 대해서는 5장 '세계 전략으로서의 표준화' 및 2장 4절 '중국의 정보통신기술 국제표준화' 참조.

〈표 1-1〉은 위의 사례에서 언급한 표준들을 정리한 것이다. 여기에서 언급한 표준들은 하나의 포괄적인 정의로 포섭하기 어렵다. 그만큼 표준을 둘러싼 현상이 복잡하기 때문이다. 시장표준도 있고 사실상 표준도 있으며 공적표준도 있다. 참조표준이나 자발적으로 준수해야 하는 표준도 있지만, 법과 같이 지키지 않으면 안 되는 표준도 있다.[4] 이러한 표준들은 이 책의 어디에선가 하나의 소재 또는 주제로 다루어진다. 표준은 공기와 같이 우리 삶을 둘러싸고 있으며, 단지 우리 삶을 둘러싸는 것을 넘어서서 우리 삶을 규정하기도 한다. 그런데 대부분의 사람은 표준의 존재를 의식하지 못한다. 마치 공기와 같아서 그것이 사라질 때만 존재감을 갖게 된다는 점이 표준 공부를 업으로 삼는 필자 같은 사람에게는 위안이 된다고도 할 수 있다.

한 가지 또 짚고 넘어가야 할 표준의 특징은 이들 표준은 대부분의 경우 협상 또는 교섭의 결과물이라는 점이다. 그렇기 때문에 사람들이 표준에 대해 잘 모르고 무관심하다는 것이 더욱 놀랍기도 하다. 많은 경우 표준은 치열한 경쟁의 산물이다. '한국인인체치수조사'에 의한 참조표준 정도가 예외일 수 있지만, 이마저도 의류 제조업체나 가구 제조업체들은 달가워하지 않았을 수 있다. 특정한 참조표준이 나오기 전에는 각기 자사가 축적한 자료를 바탕으로 만든 신체 치수를 활용해 자사의 제품을 만들면 되지만

---

4 이 책은 각종 표준, 표준화기구 등을 체계적·교과서적으로 정리하는 것을 목적으로 하지 않는다. 체계적인 지식을 쌓기를 원하는 독자에게는 한국표준협회에서 발간한 『미래사회와 표준』(2007)과 한국정보통신기술협회(TTA)의 『ICT 표준화 추진체계 분석서: 국가별 표준화 전략 편』을 권한다. 그런데 이 두 권은 읽기 편하도록 쉽게 쓰인 책이 아니다. 이 책을 읽으면서 참고 도서로 삼으면 좋을 것이다.

표준이 제정되고 나면 자신들이 쓰던 치수 체계를 폐기하고 새로운 표준을 사용해야 하기 때문이다. 그리고 혹시라도 자사의 치수 체계가 산업계에 퍼지고 나라 전체에서 사용된다면 사업의 기회가 될 것이라는 기대를 하고 있었을 수도 있다. 여기서는 책의 출발점으로 이 정도만 공유하자.

이 책에서는 인삼, 보드카에서부터, 철도, 정보통신기술에 이르기까지 다양한 분야에서 많은 개별 사물, 과정 또는 기술을 다룬다. 『표준, 현실을 만드는 레시피』의 저자 로런스 부시(Lawrence Busch)가 자신의 책에서 다룬 여러 가지 사물 또는 사상(事象) 자체에 대해서는 전문적 지식이 없었던 것처럼, 필자도 이 책에서 소재 또는 사례로 언급하는 각각의 사물에 대해서는 전문적 지식이 거의 없다. 일반인이 보드카, 인삼, 와이파이 등에 대해 아는 것 이상으로 알지 못한다. 그러나 이들 사물에는 공통점이 하나 있다. 이 모든 물건과 사상을 관통하는 것은 표준이라는 현상이라는 점이다. 즉, 이 책은 '표준'이라는 기술적 속성과 사회 현상을 다루고 있다.

1장에서는 표준의 기본 속성에 대해 알아본다. 이것은 이후의 장을 읽고 이해하는 데 필요한 개념들이다. 표준을 왜 중요하게 다루어야 하는지, 표준이 왜 사회과학의 연구대상인지를 설명한다. 이런 이해를 바탕으로 크게 세 가지 측면에서 표준을 다룬다. 2장에서는 '경쟁의 도구로서의 표준'에 대해 살펴본다. 표준은 기업 혁신에서 점차 그 위상이 높아지고 있고, 국가 간 경쟁의 장이 되고 있다. 3장은 '통합의 도구로서의 표준'을 다룬다. 개인이든 사회이든 서로 소통하기 위해서는 무엇보다도 공통의 매체가 필요하다. 이런 공통의 문법 역할을 하는 것이 표준이다. 모든 사회 간, 국가 간 통합에서는 표준이 주요한 수단이자 가장 먼저 직면하는 큰 어려움이기도 하다. 그래서 표준은 통합의 수단이기도 하지만 반대로 갈등의 계기가 되기도 한다.

4장에서는 '무역에서의 표준'에 대해 알아본다. 지금 우리가 태평양을 건너온 칠레 와인을 부담 없는 가격으로 마시는 식의 글로벌한 삶을 누릴 수 있는 것은 원활한 무역 활동을 보장하는 여러 가지 수단이 있기 때문인데, 그중에서도 특히 운송 수단의 표준화 덕분이다. 팰릿과 선박 컨테이너 등 물류의 표준화가 그중 하나이다. 한편 개발도상국에게 표준과 인증은 국제무역에 참여하기 위해 넘어야 할 고비이기도 하지만, 잘 활용하면 혁신의 계기가 되기도 한다. 5장 '세계 전략으로서의 표준화'에서는 표준이 단지 상업적·산업적·경제적 도구에 그치지 않고 세계 전략의 중요한 축이 될 수 있다는 것을 보이고자 한다. 이를 위해 중국의 굴기와 일대일로 전략을 표준의 관점에서 살펴본다. 마지막 6장 '변화하는 표준'에서는 지속가능개발목표(SDGs), 4차 산업혁명 등 세계적 어젠다를 실현하는 데서 표준이 무엇을 할 수 있는지, 또한 어떤 역할을 요구받는지에 대해 고민해 본다.

1 표준은 중요한 역할을 한다

표준이 무엇인가에 대한 정의는 다양하다. 그 정의들을 일일이 제시하기보다는 한두 가지 사례를 통해 독자들이 이미 직관적으로 알고 있는 정의부터 살펴보고자 한다.

독자 중에는 〈그림 1-1〉처럼 여러 종류의 케이블을 사용해야 했던 시절

그림 1-1 **컴퓨터 연결 케이블의 표준화**

기존에는 컴퓨터 연결 케이블이 다양한 형태였으나(왼쪽) 지금은 USB 형태로 표준화되었다(오른쪽).

을 기억하는 사람도 있을 것이다. 요즘 대학교에서 강의를 할 때면 점점 많은 학생이 이 그림을 멀뚱멀뚱 쳐다보기만 해서 세대 차이를 절감케 한다. 하지만 이 사실 자체가 USB 표준화가 얼마나 제대로 자리 잡았는가를 잘 보여준다. 이 그림만 보더라도 표준이 무엇인지, 표준이 얼마나 우리 삶을 편리하게 만드는지 잘 알 수 있다.

표준의 중요한 기능 중 하나는 소비자와 국민의 복리를 향상시키는 것이다. 스마트폰 이전의 휴대폰에서 사용되던 한글 입력방식 표준화 작업(비록 성공하지 못했으나 컴퓨터 자판과 동일한 배열을 사용할 수 있는 스마트폰이 등장하면서 필요 없어졌다), 전국에서 공통적으로 사용할 수 있는 교통카드 등은 모두 소비자 복지를 높이기 위해 시행된 표준화 정책들이다. 우리나라의 교통카드는 전국 어디를 가도 사용이 가능하다[표준 용어로 호환(compatible)이 된다]. 그러나 이렇게 도시 간에 교통카드가 호환되는 나라는 많지 않다.

필자가 호주 출장 시 챙기는 항목 중 하나가 교통카드인데, 브리즈번, 시드니, 멜버른 등 도시별로 세 개의 교통카드가 필요하다. 표준화 과정을 거쳐 하나의 규범, 포맷, 크기, 통신 프로토콜 등으로 정립되면 매우 편리하기 때문에 소비자 복지가 향상되기 마련이다.

표준이 지닌 또 하나의 중요한 기능은 '질서 확립'이다. 한 정의에 따르면 표준은 "합의에 의해 제정되고 인정된 기관에 의해 승인되었으며, 주어진 범위 내에서 최적 수준의 질서 확립을 목적으로 공통적이고 반복적인 사용을 위하여 규칙, 지침 또는 특성을 제공하는 문서"(ISO/IEC Guide 2, 2004; 한국표준협회, 2009: 19~20에서 재인용)이다.

진시황제가 제국의 질서를 세우기 위해 도량형을 정비했다는 이야기는 진부할 정도이다. 여기서는 종이의 규격에 대해 이야기해 보자. 우리는 A4라는 종이 크기에 아주 익숙하다.[5] 이 표준은 1922년에 독일 표준기구인 DIN(Deutsche Institut für Normung)이 만든 것(DIN 476)인데, 1975년 ISO에서 세계 표준으로 채택되었다. 우리나라에서는 KS M ISO 216(필기용지와 각종 인쇄물 - 재단 치수 - A와 B열) 표준으로 공식화되어 있다(〈그림 1-2〉 참조). 표준화된 종이 크기는 제지산업을 넘어서서 출판, 인쇄업, 프린터/복사기 제조업 등 많은 산업에 영향을 미치고 있으며, 비효율과 불편함을 줄임으로써 산업 및 사회 전반의 질서를 확립하는 데 기여하고 있다.

---

5 미국에서는 A4 대신에 Letter라는 표준이 사용된다. 미국이 종이 크기에 대해 별도의 표준을 고집하는 이유는, 한편으로는 미국의 시장 규모가 충분한 데다 대국으로서의 자신감이 깔려 있기 때문이다. 다른 한편으로는 변경에 따르는 사회경제적 비용 때문일 것이다. 한번 자리 잡은 표준을 바꾸는 데는 참호화(Entrenchment; 4장 2절 '팰릿과 컨테이너 국제표준화' 참조) 때문에 막대한 비용이 수반된다. 이는 또한 이 장의 3절에서 말하는 표준이 지닌 강고함의 원천이다.

그림 1-2 **ISO 216 A 시리즈의 종이 크기**

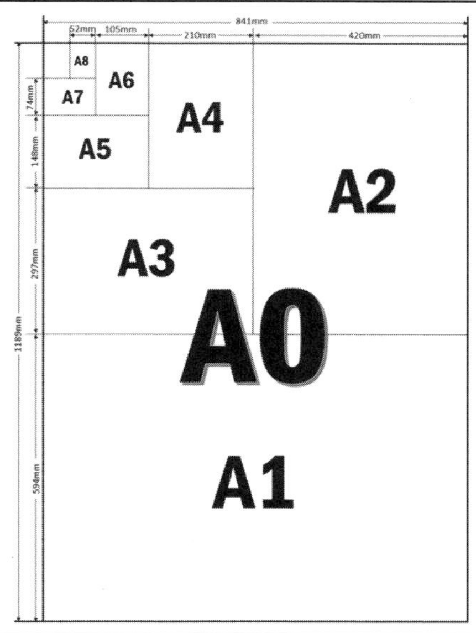

표준은 '소비자 복지 향상'과 '질서 확립'이라는 근본적인 기능을 수행함으로써 사회적·경제적 효율을 향상시키는 중요한 공적 수단이다. 그런데 오늘날 표준은 그 이상의 역할을 담당하고 있다. 특히 표준으로 인한 이점이 크기 때문에 산업계와 기업은 표준에 특별히 주목하고 있다. 표준은 상업적·산업적 측면, 즉 경제적 측면에서 상대방을 따돌리고 경쟁에서 이길 수 있는 매우 강력한 도구가 되기도 한다. 각각의 표준이 만들어지고 인정받는 과정은 다르지만 일단 표준으로 자리를 잡으면 그 힘이 작동하는 방식은 대동소이하다. 마이크로소프트가 한때 IT 산업을 지배할 수 있었던 것은 윈도 운영체계가 사실상 표준으로 거의 모든 PC에 장착되어(플랫폼),

대부분의 응용 소프트웨어들이 마이크로소프트가 정한 방식으로 작동(모듈로서 또는 모듈화되어서)했기 때문이다. 일반 사용자도 마이크로소프트 플랫폼에서 마이크로소프트 워드, 엑셀, 파워포인트를 사용하는 것이 파일을 주고받는 등 여러 모로 편했기 때문에(동일 시장 네트워크 효과) 마이크로소프트를 사용하는 것이 당연시되었다. 소프트웨어 개발자도 더 많은 사용자가 모여 있는 윈도체계에 먼저 신상품을 출시하면서 더욱 다양한 제품이 윈도 시장에 나왔고, 이것은 다시 사용자를 불러 모았다(교차 시장 네트워크 효과). 플랫폼, 모듈/모듈화, 양면 시장, 네트워크 효과 등은 표준이 힘을 얻어가는 작동 원리이다.[6] 미국이 화웨이 등 중국 기업을 제재 대상으로 삼는 이유 중 하나는 5G 기술표준에서 한발 앞선 것으로 알려진 중국을 견제하려는 데 있다는 분석이 널리 받아들여지고 있다(곽주영, 2018.12.15). 5G는 커넥티드카, 스마트시티, 스마트팩토리 등을 현실화시키는 데 필요한 토대이고, 따라서 5G 표준에서 주도권을 잡는다는 것은 향후 이들 새로운 기술과 산업에서 우월한 위치를 점할 수 있다는 뜻이기도 하다.[7]

표준은 산업경쟁력의 기반일 뿐만 아니라 무역을 증대시키는 데에도 결정적인 역할을 수행한다. 또한 개발도상국이 경제를 발전시키기 위해서는 글로벌 가치망과 국제무역질서에 참여해야 하는데, 이때 반드시 갖추어야 하는 기반이 표준을 준수하는 것이다. 표준인프라는 개발도상국에게 산업 발전의 출발점이다.[8]

---

6 2장 '경쟁의 도구로서의 표준' 참조.

7 중국의 국제표준화 노력, 특히 정보통신기술 분야에서의 표준화 노력에 대해서는 2장 4절 '중국의 정보통신기술 국제표준화'와 5장 '세계 전략으로서의 표준화: 중국의 사례'에서 자세히 다룬다.

8 4장 '무역에서의 표준'에서는 국제무역과 표준의 연결고리에 대해 검토하고, 특히 개발도상국의

그림 1-3 **계단 높이의 표준 규정**

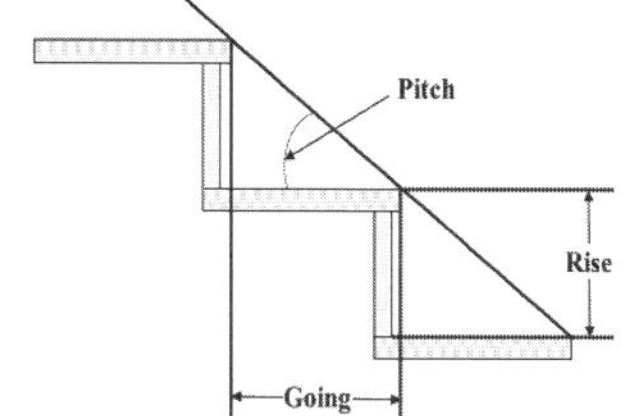

ISO 3881:1977
Building construction --
Modular co-ordination --
Stairs and stair openings -
- Co-ordinating
dimensions
(ISO/TC 59; Buildings and
civil engineering works)

2 표준은 어디서나 삶을 규정한다

앞에서도 예를 들었지만, 계단을 오르거나 특히 내려갈 때 층계 단 사이의 높이가 달라 한 번쯤은 움찔하고 놀란 적이 있을 것이다. 미묘한 차이이지만 우리 몸은 이러한 차이에 대해 즉각적으로 감지하고 반응한다(〈그림 1-3〉 참조). 공공장소에서의 계단 높이는 ISO 3881:1977 표준에 의해 규정되어 있고, 대부분의 경우 각 나라의 국내표준은 이 표준에 부합화되어 있다. 다시 말해, ISO 표준을 기본으로 사용한다는 뜻이다. 이 표준도 독일의

관점에서 표준의 중요성과 역할에 대해 논한다.

DIN이 만든 것에서 유래한다. 계단 높이와 너비의 일관성은 크고 작은 사고를 줄이는 데 매우 중요한 역할을 한다. 계단의 높이와 너비가 들쑥날쑥하다면 계단을 오르내리는 데 매우 불편하고 불안할 것이다.

이렇듯 표준은 우리 몸에도 체화되어 있을 정도이다. 달리 표현하면 표준은 우리가 의식하든 의식하지 못하든 우리 행동을 규정한다. 이 책을 읽고 있는 순간에도 책을 읽기 위해 사용하는 물건이나 그 공간에 존재하는 물건 가운데 넓은 의미의 표준(기술규격, 인증제품 등 무엇이라고 부르든 간에)에 의해 규정받지 않은 것은 없을 것이다. 이것을 표준의 편재성(遍在性)이라고 한다. 그리고 우리의 행위는 그 표준들에 의해 한계지어지기도 한다.

표준이 질서 확립에 기여할 수 있는 것은 표준이 우리의 행동과 생활 주변의 모든 사물을 규정하고 때로는 규제하기 때문이다. 표준은 정의상 '합의'에 의한 것이므로 이를 이행하는 것이 의무는 아니지만, 어떤 표준은 규범을 넘어서서 하나의 규제(기술규정, technical regulations)로 정해지기도 한다. 이렇게 표준은 모든 곳에 존재하면서 사회의 질서 확립에 기여하고, 비효율성을 줄여서 사회나 산업의 발전에 중요한 역할을 한다.

그래서 한 사회학자는 표준을 현실을 구성하는 '레시피'라고 부르기도 한다(Busch, 2011). 앞에서도 보았듯이 우리는 표준에 둘러싸여 있지만, 표준을 의식하지도 못하고(사실 의식할 필요도 없다), 당연시한다. "사실, 표준은 너무나 당연시되고, 너무나 일상적이고, 너무나 보편적이어서 그것에 관해서 논하는 것이 극도로 어렵다. 표준은 그것이 작동하지 않을 때만 보통 눈에 띄고 알아차리게 된다"(Busch, 2011: 2). 층계 높이가 달라서 움찔할 때만 우리는 그 층계의 높이가 다르고 뭔가 문제가 있다는 것을 인식한다.

그리고 거기에 어떤 규칙이나 규정이 있을 것이라고 추정할 뿐이다. 건축가와 시공업자는 모두 계단은 이래야 한다는 시방서(示方書)를 가지고 있다. 즉, 계단(현실)은 시방서의 세부 사항과 다르게 만들어지면 안 된다. 우리도 계단이 지금 규격으로 만들어지는 게 당연하다고 가정하면서 살아간다. 실제로 그런 의식의 흐름은 일어나지 않는다. 그저 그렇게 존재할 뿐이고, 그것이 가정과 다를 때만 그것(계단 높이의 표준)의 존재를 알게 된다.

우리가 보고 듣고 행하는 거의 모든 것은 실제로 표준에 의해 규정된다. 우리는 세계가 원래 그런 것이라고 가정하고, 무의식중에 그 세계에 맞게 행동한다. 해당 분야의 전문가는 의식할 수도 있지만 그들도 일상생활에서는 그럴 필요가 없다. 그런 의미에서 표준은 세상을 구성하는 레시피, 즉 지침서이자 안내서이다. 우리의 행위는 그 레시피가 지정하는 범위를 벗어나기 힘들다. 우리는 표준을 통해 우리 자신, 타인, 사물, 과정, 용어 등 거의 모든 것에 대해 질서를 세운다. 표준은 공기처럼 우리 주변 모든 곳에 존재하고 우리 존재를 규정한다. 어쩌면 그래서 표준에 대해 사람들이 의식하지 못하는 것일 수도 있다. 우리의 삶과 우리의 행위 하나하나가 표준에 의해 규정되고 있다. 우리나라에서는 수년 전까지 좌측 보행을 '정상', 즉 표준으로 여기고 살아왔다. 그러나 몇 년 전부터 우측 보행이 표준으로 권장되었고 공공장소에서 걸을 때면 의식하든 의식하지 않든 간에 오른쪽으로 걷게 되었다. 이렇게 표준은 인간의 행위 하나하나를 규정하기도 한다. 이러한 표준이 공공장소에서의 '질서 확립'에 기본이 된다는 것을 다시 부연할 필요는 없을 것이다.

3 표준은 강고하다

표준은 한번 자리를 잡으면 바꾸기가 매우 어렵다. 우리 행동을 규정하고 몸에 체화될 정도로 매우 강하고 끈질기기 때문이다. 그래서 더욱 중요하다.

우리가 사용하는 자판의 영문은 쿼티(QWERTY) 방식으로 공장에서부터 찍혀져 나온다. 쿼티 방식에 관한 이야기는 한번 표준으로 자리를 잡으면 그 힘이 얼마나 강고한가를 잘 보여주는 사례이다. 1870년대에 사용되기 시작한 쿼티 방식은 사실 타자를 빨리 치는 데 효율적인 방식이 아니다. 인체공학자들의 연구에 따르면 일반적으로 모음과 자음을 각각 왼손 또는 오른손이 담당하게 하는 것이 타자의 속도를 높이는 데 유리하다. 또 자주 쓰는 철자를 양손을 놓는 가운뎃줄에 배치하는 것이 효율적이다.

그런데 쿼티 자판은 오히려 자주 쓰는 철자들을 일부러 띄어놓은 배치라고 한다. 모음은 양손에 걸쳐 떨어져서 놓여 있다. 왜 그럴까? 쿼티가 만들어진 1870년대 타자기는 기계식이었다. 자판을 누르면 그 철자가 박힌 바(bar)가 움직여서 종이에 철자를 찍는 식이다. 그런데 타자수들의 숙련도가 높아지면서 손가락의 속도가 바의 속도를 앞지르게 되었고 자연히 타자기가 엉키는 일이 자주 벌어졌다. 그래서 타자수의 속도를 늦출 필요가 생겼고 이 때문에 자판을 일부러 불편하게 재배치한 것이다. 정확하게 말하면 타이프 속도를 늦추기 위해서가 아니라 타이프 바가 엉켜서 움직이는 않는(jam and stuck) 현상을 최소화해서 전체적으로 타이프 속도를 높이기 위해서였다. 실제로 1930년대에 쿼티 자판의 대안으로 발명된 드보락(Dvorak)

자판은 손을 얹어놓는 가운뎃줄에 AOEUIDHTNS를 배치한다. 가운뎃줄의 왼손이 모음을 담당하는 것이다. 따라서 손가락을 이동하지 않고도 가장 많이 치는 모음을 처리할 수 있다. 드보락 자판의 경우 70%의 손가락 동작이 가운뎃줄에서 이루어진다고 한다. 그 결과 쿼티 자판에 비해 63%의 손가락 움직임만으로 동일한 문서 작성을 마칠 수 있다.[9]

이런 비효율성에도 불구하고 어떻게 쿼티 방식이 살아남게 되었을까? 이 질문에 대해서는 기술시스템의 복합성(상호연관성), 인간의 학습 및 숙련, 그리고 관련 기업들의 이해관계 등 여러 관점에서 답할 수 있다(David, 1985). 정확하게 말하면 여러 차원의 원인이 상호 밀접하게 연관되어 쿼티 방식이 살아남는 결과가 발현되었다.

기술시스템은 서로 연관되어 있다(technical interrelatedness). 이 예에서는 타자기 및 자판의 배열이라는 하드웨어적 측면과 타이피스트의 숙련이라는 소프트웨어적 측면이 상호적으로 호환성을 요구한다. 더 많은 회사가 쿼티 방식의 타자기를 구입할수록, 더 많은 사람들이 일자리를 얻기 위해 쿼티 자판으로 타자를 배웠다. 또 더 많은 사람이 쿼티 방식의 자판을 배울수록 회사들은 타이피스트에 대한 훈련비용을 줄이기 위해 쿼티 자판에 숙련된 타이피스트를 고용했다. 타이피스트들은 자판을 보지 않고 타자하는 훈련을 받았다. 이를 터치 타이핑(touch typing, 눈으로 보고 치는 것이 아니라 손가락 감각으로 타자를 치는 기법)이라고 한다. 직업군으로서의 타자수들은 터치 타이핑이 몸에 체화되었고 그 숙련이 무력해지는 걸 방치할 수 없었을

9 위키피디아, 'Dvorak keyboard layout'(2020년 3월 13일 검색).

것이다. 따라서 아마도 새로운 자판 도입에 거부감을 가졌을 것이고 나아가 저항도 했을 것이다. 타자기 제조업체나 타자학원, 기업, 타이피스트 등 모든 이해관계자의 입장에서 봤을 때 쿼티 방식을 하나의 사실상 표준(de facto standards)으로 형성하는 편이 나았을 것이다.[10]

지금의 워드프로세서는 전기/전자의 속도로 작동한다. 사람의 손가락은 아무리 빠르더라도 전자의 속도를 추월할 수는 없다. 하지만 쿼티 방식보다 더 효율적인 드보락 자판 등이 나오더라도 좀처럼 쿼티 자판을 대체하지 못한다. 개인 차원의 숙련, 습관, 사회적·제도적 차원의 이해관계 등이 상호작용해서 고착화(locked-in) 또는 참호화(entrenched)[11]된 것이다. 이것은 과거의 사건이 현재 사건의 진행을 결정하는 경로의존성(path dependency)의 좋은 예이다.

표준은 이렇듯 한번 자리를 잡으면 아주 강하고 끈질기게 생존을 유지한다. 한번 기기를 사면 전환비용(여기서는 매몰비용, sunk costs) 때문에 고착되는 측면이 있지만, 그것보다 더 강한 힘은 인지와 학습이다. 사람들은 한번 익숙해진 것을 쉽게 바꾸지 않기 때문에 사실상 표준이 되면 이를 바꾸기가 매우 어렵다. 그래서 표준은 승자독식(Winner-takes-all) 현상의 기저가 된다. 표준의 고착성으로 인해 먼저 자리를 잡는 기술/기업이 우월한 위치에 서게 된다. 나아가 표준은 권력이 된다. 로런스 부시에 따르면 표준은 "사회적, 정치적, 경제적 권력관계에서 아주 중요하고 점점 더 중요해지는 원천"이고

---

10 쿼티가 강고하게 살아남은 이유는 타자기 영업사원이 윗단의 키들을 사용해서 T-Y-P-E-W-R-I-T-E-R을 치면서 시범을 보이기 쉬웠기 때문이라는 속설도 있다.

11 4장 2절 '팰릿과 컨테이너 국제표준화' 참조.

현대 세계에서 "가장 중요한 권력관계의 시현"(부시, 2015: 56)이다. 권력은 타인의 의지에 반하여 자신이 원하는 바를 실행하게 하는 능력이다. 그러면 표준은 어떻게 권력이 되는가? 이는 로런스 부시가 자주 인용하는 라투르의 행위자 네트워크 이론(actor-network theory)의 새겨 넣기(inscription)[12] 개념으로 설명할 수 있다.

기술적 물건을 설계하고 개발하고 전파하는 엔지니어는 그 물건 안에 그 물건이 사용되는 방법, 자신의 의도, 그 물건이 가장 적절하게 들어맞는 사회의 비전과 세계관을 새겨 넣는다(inscribe). 이런 의미에서 엔지니어가 수행하는 일의 기술적인 측면은 기본적으로 사회적인 것이다(Lee and Oh, 2006: 186). 이 설명은 표준에도 그대로 들어맞는다. 표준을 만든다는 것은 표준 제정자들이 생각하는 비전, 즉 자신들이 만드는 표준이 사용되는 세상이 어떤 모습이어야 하고 어떻게 움직여야 한다는 세계관을 기술하고 이를 사물과 과정에 새겨 넣는 일이다. 표준이 제정되고 받아들여져 세상이 표준에 기술되어 있는 대로 작동한다면, 우리는 표준을 사용하는 것이 스스로 편하다고 생각해서 표준 제정자의 의지대로 움직이고 있는 것이다. 표준의 힘이 막강한 이유는 자신을 일상의 일부로 새겨 놓아서 아무도 권력 관계를 보지 못하게 해놓았기 때문이다. "표준은 **익명**의 권력을 행사"(부시, 2015: 57; 강조 원저자)하는 것이다. 측정 표준의 역사에서 보더라도 "표준을 소유한다는 것은 정치적·사회적 권력, 즉 왕의 권위와 신의 위엄을 나

12 홍성욱은 inscription을 '기입'으로 번역한다. "엔지니어나 디자이너가 혁신적인 인공물을 만드는 행위는 그 인공물을 구성하는 여러 요소들을 자신의 목표에 따라서 원하는 방식으로 배열(조립)하는 일종의 기입행위로 볼 수 있다"(라투르 외, 2010: 27). 'inscribe'는 '안에 새긴다' 또는 '각인한다'라는 의미를 지니고 있으므로 필자는 여기에서 '새겨 넣는다'로 번역한다.

타내는 징표가 되었다"(크리스, 2012: 25). 표준은 권력의 상징이자 실질적인 힘이다. 모든 상호작용과 거래의 신뢰성을 보장하는 사회체제 유지의 근간이기 때문이다.

표준은 일상에 새겨져 있어 당연시되고 그 권력의 행사자가 누구인지 알 수 없고 모든 거래와 상호작용을 가능하게 하는 신뢰의 토대이기 때문에 더욱 강력하다. 이는 이 책의 부제를 '일상에서 만나는 표준의 정치경제학'으로 정한 이유이기도 하다. 표준을 둘러싼 주체들은 개인 차원, 기업 차원, 산업 차원, 국가 차원, 나아가 국제 차원에서의 정치적 권력과 경제적 권력을 쟁탈하기 위해 복합적으로 얽혀 있다.

4 표준은 경쟁의 산물이다

표준은 어떻게 만들어지는가? 표준이 만들어지는 과정을 '표준화'라고 한다. ISO/IEC의 표준화 정의를 인용하면 "주어진 범위 내에서 최적 수준의 질서 확립을 목적으로 공통적이고 반복적인 사용을 위한 규정을 만드는 활동"(ISO/IEC Guide 2, 2004; 한국표준협회, 2009: 20에서 인용)이다.

표준은 어디서 어떻게 만들어지느냐에 따라 그 종류를 구분할 수도 있다. ISO, IEC, ITU 등과 같은 표준화기구에서 만들어지는 표준은 공적표준이라 하고, 마이크로소프트의 윈도처럼 시장에서 지배적 디자인[13](Schilling,

13 지배적 디자인(dominant design)은 대다수 생산자와 시장에 의해 채택되는 제품의 틀로, 해당 기술이나 산업에서 안정적인 아키텍처의 바탕이 된다(Schilling, 2017: 61).

2017)이 되어 표준으로 널리 쓰이는 것은 시장표준 또는 사실상 표준이라고 한다. 두 개념은 서로 배타적이지 않다. 공적표준이 널리 받아들여져서 자연스럽게 시장표준이 되기도 하고, 반대로 사실상 표준이 뒤에 공적표준이 되기도 한다(PDF 표준). 그런데 공적표준은 만들어지기까지 시간이 너무 오래 걸린다. 공적표준화기구의 정식 과정을 거쳐서 하나의 표준이 제정되기까지는 최소한 3~4년이 걸린다.[14] 여러 이해당사자 사이의 '합의'가 표준 제정의 주요 원칙 중 하나이기 때문에 시간이 많이 걸릴 수밖에 없다. 기술 진보가 빠르고 시장의 수요가 금세 변하는 정보통신기술 같은 분야에서 3~4년은 말 그대로 '하세월'이다. 그래서 기업들은 기업 자체 기술로 제품을 만들어 출시하고 그 제품이 시장에서 널리 받아들여져 표준이 되는 전략을 취하기도 한다. 그러나 이 전략의 문제는 위험부담이 너무 크다는 것이다. 이기면 대박이지만, 지면 쪽박이다.[15] 소니의 베타 방식 비디오테이프와 마쓰시타의 VHS 간의 경쟁이 그러한 사례이다.

이러한 문제에 대한 대안으로 등장한 것이 포럼 또는 컨소시엄 등의 단체

---

14 〈표 1-1〉로 돌아가서 감염병 진단기법을 보자. 2016년에 제안한 것이 2020년 2월에야 '표준안'(아직도 '안'이다)으로 되었고, 2020년 "연내 국제표준으로 제정될 전망이다". 이 역시 아직 전망이다. 보통의 경우는 이 '안'의 단계에서 '국제표준'으로 확정되기까지 다수 이해관계 당사국이 참여한 기술위원회에서 투표를 거친다. 반대투표는 반대에 대한 기술적 사유를 명시해야 하고, 투표결과가 승인기준을 넘지 못했을 때 반대투표를 해결하기 위해 다각적으로 노력해야 한다(한국표준협회, 2009: 103~104). 따라서 최종 국제표준안이 어떤 모습으로 나올지는 미지수이다. 하지만 이번 경우는 한국의 안이 큰 수정 없이 원안대로 결정될 것이라는 예상도 가능하다. 왜냐하면 코로나19 방역에 대한 한국의 성공담으로 한국이 제안한 안의 기술적 우월성에 대해 인정하고 있으며, 또 한국 자체에 대한 우호적인 분위기가 조성되어 있다고 볼 수 있기 때문이다. 이것이 바로 표준이 단순히 기술적인 문제가 아니라 매우 정치적인 속성을 지닌 현상이라는 것을 보여주는 예이다.

15 2장 2절 '기업의 전략적 결정과 표준: 블루레이 대 HD-DVD 경쟁 사례' 참조.

를 만들어서 표준을 만들어내는 방식이다. 우리에게 익숙한 3GPP, GSMA(Global System for Mobile Communications Association), 와이파이 얼라이언스(WiFi Alliance) 등이 여기에 속한다. 이들 컨소시엄에 참여해서 주도하는 기업들은 상대적으로 신속하게 표준을 만들어낼 수 있고, 심지어 경쟁사와도 협력함으로써 위험 부담을 줄일 수 있다. 또 이들 컨소시엄에서는 자사의 기술이 신설 표준에 더 많이 포함되도록 목소리를 내기가 공적 기구에서보다 쉽다. 동종 산업 또는 기술 분야에서 두 개 이상의 포럼이나 컨소시엄이 만들어져서 경쟁할 때도 있는데 어떤 회사는 두 개의 포럼에 동시에 참여하기도 한다. 일종의 보험을 들어놓는 것이다.

표준이 어디서 어떻게 만들어지든 어떤 표준으로 분류되든 간에 모든 방식에 공통되는 사실은, 표준은 모두 정교하고 치밀한 협상 또는 타협을 통해 만들어지며 그 뒤에는 치열한 경쟁이 자리 잡고 있다는 점이다. 표준 하나하나가 치열한 협상의 주제이고, 앞으로도 계속 그러할 것이다. 우리는 교섭과 경쟁의 결과물인 수많은 표준을 암묵적으로 받아들이고 그 표준에 적응해서 살아간다(Busch, 2011: 2).

그런데 왜 이런 지난한 표준화를 거쳐야 할까? 이 질문에 대한 답은 표준이 왜 필요할까라는 질문으로부터 찾을 수 있다. 표준이 필요한 이유는 사람들은 사물, 사람, 실행 방법 등에 대해 각자 다르게 보고(보고자 하고), 다르게 행동하고, 다르게 움직이고, 다르게 실행하기 때문이다. 모든 사람이 합리적인 선택을 하고, 완전 정보를 바로 사용할 수 있고, 내가 생각하는 것과 다른 사람이 생각하는 바가 정확히 일치한다면, 표준은 필요 없을 것이다. 그러나 우리가 사는 세상은 전혀 그렇지 않다. 우리는 복잡하고 혼잡한 세상에 살고 있고, 이 세상에서는 우리가 만든 습관, 관습, 전통, 심지어 법이라 불리는 것들이 서로 충돌하며, 따라서 이런 것들은 수시로 수정되어야 한다. 우리가 일상생활에서 내리는 모든 선택은 이러한 구성물들이 거기 그대로 있을 것(permanency)이라는 가정에 기초해 있다. 이 가정을 이루는 것이 표준이다(Busch, 2011: 5~6). 사람들은 자신이 익숙한 방식, 자신에게 유리한 방식으로 세상을 구성하고자 한다. 표준을 만드는 과정에서 끊임없이 협상하고 타협해야 하는 것이다. 협상, 교섭, 경쟁을 한다는 것은 여러 다양한 이해관계자들이 존재한다는 것을 의미한다. 이들 이해관계자는 개인이기도 하고, 기업이기도 하고, 국가이기도 하다. 최근의 5G 사례[16]는 표준이 국가 간 차원을 넘어서서 전 세계에 영향을 미치는 일이 되었다는 사실을 보여준다.

기업에게는 특히나 표준화가 중요하고 표준화에 참여해야 할 이유가 많다. 무엇보다 표준화에 참여하면 자사가 보유한 기술을 새로운 표준에 포함시킴으로써 새롭게 형성되는 시장에서 중요한 위치를 선점할 수 있다.[17] 둘째, 표준화는 새로운 시장을 만드는 과정이다. 기업은 표준화에 적극적으로 참여함으로써 자사가 전개하고자 하는 비즈니스 모델에 맞게 표준을 만드는 데 영향을 미칠 수 있다. 예를 들어, 자사의 기술역량에 유리한 방향으로 새로운 표준을 제정할 수 있다(〈상자1〉 참조). 셋째, 새롭게 전개될 시장에 대한 정보를 획득하는 데 유리하다. 표준화 과정은 공개가 원칙이

16 2장 4절 '중국의 정보통신기술 국제표준화' 참조.

17 표준특허(standards-essential patent)가 중요한 요소 중 하나인데, 이에 대해서는 2장 1절 '표준과 지적재산권' 참조.

다. 표준 논의에 참여함으로써 기술 동향을 파악할 수 있고, 표준화에 참여한 기업과의 협력을 통해 정보를 공유할 수 있다. 이는 신설 표준에 기반한 새로운 시장을 예측하는 데 도움이 된다(강병우, 2019b).

마지막으로 강조하고 싶은 것은, 표준을 둘러싸고 개인, 집단, 기업, 국가 차원의 이해관계자들이 교섭하고 타협하고 경쟁한다는 사실은 바로 표준이 사회과학의 연구대상임을 보여준다는 점이다. 여러 번 언급했듯이, 표준은 공기와 같이 우리 주위에 편재하고 있다. 그처럼 당연한 것이기 때문에 그간 표준은 진지한 연구 대상이 되지 않았을 수도 있다. 사회과학자를 포함해 표준을 연구하는 다양한 분과의 공학자와 과학자들이 많지만 아직 표준은 정체성을 갖지 못한 분야이다. 뒤에 나오는 장들에서 보듯이 표준은 경쟁의 도구, 통합의 도구, 무역 원활화의 도구, 나아가서 세계 전략의 도구로서 점차 중요성을 더해가고 있으며, 이는 곧 표준이 사회과학의 대상이라는 점을 보여준다.

상자1. 표준 보유의 힘: 옥탄값 측정 표준과 장비

표준을 보유하는 것이 어떤 이익을 가져올 수 있는가에 대해 예를 들어 보자. 휘발유의 품질을 나타내는 속성 중에 옥탄값(Octane number)이 있다. 휘발유와 공기가 내연기관 실린더 내에서 압축될 때 적정 폭발 시점에 이르기 전에 점화되어 연소가 시작되는 경우 발생하는 금속음을 노킹(knocking)이라고 하는데, 옥탄값은 노킹에 대해 휘발유가 가지는 저항력의 척도로 사용된다.

이 옥탄값을 측정하기 위해 1929년에 미국 CFR사(Co-operative Fuel Research, Inc.)가 CFR 엔진을 최초로 개발했다. 이 기계는 휘발유의 연소 특성을 측정하고 규정하기 위해 만들어졌다. 1933년에는 미국재료시험협회(American Society for Testing and Materials: ASTM)가 옥탄값을 측정하기 위한 표준을 제정했다. ASTM은 저속과 고속에서 옥탄값을 측정하기 위해 각각 ASTM D2699(Research Octane Number: RON)와 ASTM D2700(Motor Octane Number: MON) 표준을 만들면서 CFR 엔진의 사용을 시험방법으로 규정했다. 이후 대다수의 휘발유 관련 시험기관 및 기업들은 CFR 엔진을 구매해서 사용하고 있다. 1930년대부터이다! 우리나라에서도 1972년 옥탄값을 측정하기 위한 KS 표준이 제정되었고[KS M 2039(RON), KS M 2045(MON), KS M ISO 5164(RON), KS M ISO 5163 (MON)], 이 KS 표준은 ASTM 표준과 동일하게 CFR 엔진 사용을 규정하고 있다.

이 사례는 표준을 보유한다는 것, '회사의 고유 기술 또는 장비에 표준을 넣는다(embed)'[또는 반대로 '표준에 회사 고유의 기술/지식을 심는다']는 것이 어떤 의미인지 잘 보여준다. CFR사가 1929년에 만든 기계는 아직도 기본적으로 사용되고 있다. ASTM의 RON 표준과 MON 표준은 전 세계에서 사용되는 국제표준이 되었고(ISO의 공적표준이자 시장표준), 대부분 국가의 측정 및 인증기관들은 CFR 엔진을 한 세기 가까이 구매해서 사용하고 있다. 다음 사진에서 보듯이 이 CFR 엔진의 외관은 20세기 중반에 가동되던 공장 기계의 모습을 하고 있고 최소한의 디지털화만 이루어져 있다. CFR사 입장에서는 특별히 이 측정 장비를 개선하거나 혁신할 이유가 없다. 국제표준에서 반드시 사용해야 하는 장비로 규정함으로써 시장이 확보되어 있고, 독점적인 지위를 누리고 있기 때문이다. 이 장비는 요즘도 부르는 게 값이라고 한다. 이 회사는 전기차 시대를 맞아 어떻게 사업을 전개하고 어떤 기술을 개발할 것인지 고민하기 시작했을 수도 있지만, 내연기관이 존재하는 한 땅 짚고 헤엄치기의 사업은 계속될 것이다.

옥탄값을 측정하기 위해 미국 CFR사가 1929년에 개발한 CFR 엔진
자료: 한국석유관리원 석유기술연구소

5 표준은 혁신을 도모한다

표준과 혁신의 관계에 대해 일반적으로 퍼져 있는 고정 관념 가운데 하나는 표준이 시장에 자리 잡은 기존의 기술이나 제품의 아성을 공고하게 만듦으로써 혁신을 저해한다는 것이다. 기본적으로 표준화는 동일한 방식으로 일하는 것을 지향하는 반면, 혁신은 다른 방식으로 일을 처리하는 것을 추구하기(Hawkins and Blind, 2017: 1) 때문이다. 필자도 앞에서 쿼티 자판 사례를 통해 표준의 강고함을 설명하면서 이런 생각을 암묵적으로 전달했을 수도 있다. 그러나 표준과 혁신의 관계는 그렇게 단순하지 않다. 최근에

는 표준의 혁신에 대한 긍정적인 효과를 보여주는 논의가 늘어나고 있다. 특히 개발도상국에서는 표준이 기업과 국가의 혁신 역량을 증대시키는 데 긍정적인 효과를 미치는 것으로 알려지고 있으며, 그 중요성이 강조되고 있다.

표준은 '안정화'를 지향함으로써 기술 발달을 정체시킬 수 있다. 사실 혁신이 기술적 내용의 참신성을 추구한다는 측면에서 보면, 표준은 혁신과 배치될 수 있다. 표준으로 안정화되면 새로운 것의 진입을 막을 수 있기 때문이다. 기술고정화(technology-freezing) 또는 잠김효과(lock-in effect) 때문에 표준이 혁신에 방해되는 것이다(Zoo, de Vries and Lee, 2017). 한편 표준은 혁신을 촉진하는 정보를 제공하고, 혁신의 확산을 가속화하며, 혁신이 시장에 진입하는 데 수반되는 위험과 시간을 줄여줄 수 있다.

표준의 기능 또한 혁신에 긍정적인 효과를 미친다(Blind, 2017). 표준은 다음 네 가지 경제적 기능을 수행한다. 바로 다양성 감소(variety reduction), 최저 품질 보장(minimum quality), 호환성/상호운용성(compatibility and interoperability), 정보(information)이다.

다양성 감소 표준은 제품 및 서비스의 규격을 정의하고 생산 다양성을 감소시킨다. 이를 통해 기업은 선택지의 수를 줄이고 규모의 경제를 달성하는 데 도움을 얻을 수 있다. 표준이 널리 받아들여지기 시작하고 사용자가 일정 수준(critical mass)을 넘어서면 시장이 한쪽으로 기울어지는 경도현상(tipping)이 촉발되면서 혁신이 시장에 퍼져나가게 된다.

최저 품질 보장 표준은 시장에서 품질 미달인 제품이 유통되는 것을 막고, 불확실성과 위험을 줄인다. 이를 통해 혁신적인 신제품에 대한 소비자들의 신뢰가 형성된다. 이는 혁신제품이 확산되는 데 필요한 거래비용을 감소시킨다.

호환성 표준은 네트워크 외부성을 달성하고 낡은 기술에 묶이는 것을 피하는 데 결정적으로 중요하다. 호환성 표준은 호환성과 상호운용성을 통해 시스템 제품의 다양성을 늘린다. 호환성이란 "하나의 장치로 처리한 데이터나 프로그램을 변환이나 코드의 변경 없이 다른 장치로 처리할 수 있는 성질"을 말하며, 상호운용성은 "같은 기종 또는 다른 기종의 기기끼리 상호간에 통신할 수 있고, 정보 교환이나 일련의 처리를 정확하게 실행할 수 있는 것"을 의미한다(강기봉, 2017: 9, 10). 예를 들어, 신제품 기기에서도 구버전의 영화를 볼 수 있게 하는 후방호환성(backward compatibility)을 제공함으로써 신제품에 대한 장벽을 낮출 수 있다.

정보 표준은 기본적으로 부호화된 지식(codified knowledge)을 제공한다. 표준 사용자에게 기술적 지식의 공동 이해 기반을 제공함으로써 거래비용을 줄이고 거래를 촉진하는 것이다. 기술적 세부사항과 규격(specifications)을 집합한 것으로서의 표준은 기술적 지식의 기반을 형성하고 공유된다. 정보 표준은 문서의 형태로서, 새로운 기법과 기술이 널리 확산되고 전파되는 데 편리한 형태로 되어 있다(Zoo, de Vries and Lee, 2017).

연구개발과 지적재산권의 경제적 효과는 혁신적 제품과 과정이 기존 시장 내에서 성공적으로 이전되고, 새로운 시장을 만들어냄으로써만 실현된다. 표준은 특허와 같은 지적재산권이 레버리지를 얻고 전파되는 메커니즘을 만들어내는 역할을 할 수 있다. 표준과 표준화는 기업의 혁신 전략과 정부의 혁신 정책에서 혁신을 장려하고 추진하는 잠재력을 지니고 있다

(Blind, 2017: 38~39). "표준은 혁신을 확산시키는 도구"(Shin, Kim and Hwang, 2015)가 되는 것이다.

또한 표준화는 혁신을 확산하는 통로로서 중요하다. 표준화 활동이 제공하는 네트워킹 기회는 지식이 공유되고 연합이 형성되는 통로가 된다. 네트워킹은 표준화 활동에 참여함으로써 얻을 수 있는 중요한 간접 편익 중 하나이다. 기업은 표준화에 참여함으로써 미래 제품 개발에 유용할 것으로 예상되는 선행 정보(anticipatory)와 내부 정보를 얻을 수 있으며, 혁신의 주요 원천으로서 전략적 연합을 형성할 수도 있다.

개발도상국의 맥락에서도 표준과 혁신의 역설적 관계는 그대로 드러난다. 개발도상국 기업이 선진국 기업들에 의해 만들어진 표준을 받아들여 사용할 경우 선진국 중심의 기술체제 또는 지적재산권 체제에 매몰되어 버릴 위험성이 있다.[18] 그러나 이것은 혁신과 기술 개발 역량이 일정 수준에 이르고 난 다음의 고민거리이다. 대다수의 개발도상국은 경제를 발전시키기 위해 국제 분업 체계, 즉 글로벌 가치사슬에 참여해야 한다. 국제 분업 체계에 참여하기 위해서는 생산과정에서 국제표준을 수용해야 하고 생산된 제품들이 그 표준 또는 규격을 충족해야 한다. 즉, 표준, 적합성평가, 인증[19] 등을 포함하는 품질 인프라를 향상시켜 국제 분업 체계의 일원이 되어

---

18 이런 위험으로부터 벗어나기 위한 시도가 한국과 중국의 국제표준화 노력이다. 후자에 대해서는 5장 '세계 전략으로서의 표준화: 중국의 사례'에서 자세히 다루고 있다.

19 적합성평가(Conformity Assessment)는 독립적인 전문기관이 표준이나 기술규정 요건 등을 충족하는가를 판단하는 절차를 뜻한다. 적합성평가의 한 활동으로서 인증(certification)은 "제품(서비스 포함), 공정, 사람, 조직 또는 시스템 등이 설정된 표준이나 기술규정에 적합하다는 것을 보증해 주는 절차"(한국표준협회, 2009: 293)이다. 계량(metrology)과 더불어 표준, 적합성평가, 인증 등을 통틀어 '표준 인프라'라고 한다. 표준 인프라는 품질을 보장하는 기반이 되기 때

야 한다.

이런 맥락에서 볼 때, 표준은 개발도상국의 혁신 및 기술역량 증진에서 순기능을 수행한다. 국제표준에는 그 자체 내에 선진국에서 개발된 기술적 지식이 압축되어 있다고 볼 수 있다. 따라서 기술적 관점에서 볼 때 개발도상국에게 표준은 학습의 원천이자 혁신의 계기이다. 경제 발전 중인 개발도상국에게 표준은 '기술고정화(technology freezing)'의 속성을 지니기보다는 핵심 행위자들의 기술역량을 강화하고 기술혁신을 촉진하는 역할을 한다. 개발도상국의 기업은 역량과 혁신의 표지로서 표준을 채택하는 한편, 적합성 평가와 인증의 역량을 갖출 필요가 있다. 개도국 기업들은 무역 및 환경지속가능성 등에 관한 규정/규제를 준수하는 역량을 높임으로써 세계 시장에서의 경쟁력을 향상시켜야 한다.

국제표준은 개발도상국 기업이 수출을 하고 글로벌 가치사슬에 참여하기 위해 반드시 충족시켜야 하는 필수 요건이다. 표준은 외부 지식의 원천으로서 유용한 학습 수단이다. 개발도상국 기업은 표준을 통해 점진적 혁신을 이루고 생산성을 향상시킬 수 있으며, 또한 품질 보증을 확보함으로써 글로벌 가치사슬에 참여할 수 있다.

문에 '품질 인프라'라고 불리기도 한다. '표준 인프라' 또는 '품질 인프라'를 구축하는 것은 개발도상국 경제 및 산업 발전의 출발점이다.

2장

경쟁의 도구로서의 표준

■

표준은 기업들의 경쟁에서 결정적인 고리가 된다. 마이크로소프트가 수십 년 동안 PC를 장악할 수 있었던 이유는 무엇일까? 단순화의 위험을 무릅쓰고 말하자면, 한마디로 윈도 오퍼레이팅 시스템(Windows OS)이 사실상 표준으로 시장을 장악하고 있었기 때문이다. 구글은 2020년 3월부터 데스크톱 PC에서 마이크로소프트의 인터넷 익스플로러로는 유튜브를 시청할 수 없게 만들었다. 이런 결정의 배경은 무엇일까? 이제 크롬이 브라우저 시장에서 사실상 표준으로 확실하게 자리 잡았다는 의미이자 마이크로소프트의 인터넷 익스플로러를 고사시키겠다는 자신감이다.

이 장에서는 표준이 경쟁의 도구로서 어떻게 활용되고 있으며 왜 중요한가를 살펴본다. 먼저 표준과 지적재산권의 관계를 통해 표준의 중요성을 확인한다. 2절에서는 최근의 사례로 자주 인용되는 블루레이(Blu-ray)와 HD-DVD의 싸움을 자세히 소개한다. 3절에서는 표준경쟁의 핵심 요소 중 하나인 플랫폼과 모듈 개념을 설명한다. 한편 표준경쟁은 기업 차원에 국한되지 않고 한 국가의 산업전략 또는 발전전략을 가늠할 수 있는 척도가 되었다. 따라서 4절에서는 3G, 5G 등 중국이 정보통신기술 분야에서 추진하고 있는 국제표준화 시도를 통해 표준에서 점차 중요해지고 있는 지적재산권의 역할에 대해 알아본다.

1 표준과 지적재산권

오늘날 표준을 둘러싸고 벌어지는 기업 간 경쟁(예를 들어, 삼성과 애플의 소송전)과 국가 간 경쟁(5G를 둘러싼 미·중 간 분쟁)을 이해하기 위해서는 표준을 지적재산권과의 연관 속에서 이해할 필요가 있다. 여기서 관건인 개념이 표준특허라고 번역되는 SEP(standards-essential patent)이다. 부연하자면 표준에 꼭 필요한 특허라는 뜻이다. 사실 표준특허라는 번역어는 형용모순(形容矛盾)이다. 표준은 정의상 공개해서 공통으로 사용하는 것을 목적으로 하고, 특허는 발명자의 독점적 권리를 일정 기간 보호해 주는 제도이기 때문이다. 기본적으로 표준은 공공재이고, 특허는 사유재산이다.

그러면 표준에 꼭 필요한 특허란 무슨 뜻일까? 공공재이면서 동시에 사유재라는 뜻일까? 이것이 바로 표준특허를 둘러싼 문제의 원인이다. 유럽전기통신표준화기구(European Telecommunication Standards Institute: ETSI)의 정의에 따르면, 표준특허란 표준화가 이루어지는 시점에서 일반적으로 활용 가능한 최신 기술과 보통의 기술 관행을 기술적 관점에서 고려할 때, 해당 특허를 사용하지 않고는 그 표준에 적합한 장비나 방법을 만들거나 팔거나 빌리거나 폐기·수리·사용 혹은 운영하는 것이 불가능한 상태를 유발하는 표준을 뜻한다(강병구, 2009: 136). 간단히 말해서 그 특허를 사용하지 않고는 해당 표준이 구현하고자 하는 기술을 실행할 수 없는 상황이라고 할 수 있다.

표준특허가 주목받게 된 시기는 1990년대 2G 이동통신표준인 GSM이 시장에 나올 무렵이다(강병우, 2019a). GSM은 유럽 지역표준으로 만들어졌다. 당시 GSM 관련 표준특허를 상당수 보유한 미국 모토로라는 유럽 2G 이동통신시장에 진입하기 위해 이를 전략적으로 활용했다. GSM 기본 기능을 실행하는 데 필수적인 특허를 보유한 노키아, 지멘스, 알카텔, 에릭슨 등 4개 회사와만 라이선스를 맺음으로써 시장을 선점해 버린 것이다.

표준특허를 남용하는 특허 괴물(patent troll)의 등장도 표준특허를 논란의 중심으로 만들었다. 특허 괴물이란 기술을 직접 개발하기보다는 특허를 구매해서 보유하고 있다가 보유한 특정 특허를 사용하는 표준이 널리 사용되기 시작하면 (과도한) 특허 사용료를 요구하면서 소송을 제기하는 회사를 뜻한다. 표준이 한번 정해지고 그 표준을 사용하기 시작하면 관련 기술, 장비 등에 대한 투자가 이미 집행되어 그 표준에 묶여버리는 기업들의 약점을 노린 것이다. 이런 작전을 보통 홀드업(hold-up)이라고 한다. 대표적인 경우가 램버스(Rambus) 사건이다. DRAM 표준화에 참가하고 있던 램버스사는 자사의 특허가 DRAM 표준화에 반영되자 공동으로 표준을 개발하던 반도체 공학 표준단체인 JEDEC(Joint Electron Device Engineering Council)를 탈퇴하고 관련 기업들에게 특허 소송을 걸어 승소했다(강병우, 2019b). 표준특허의 또 다른 문제점으로 거론되는 것이 로열티 스태킹(royalty stacking)이다. 개별 표준특허의 로열티는 소액일 수 있지만 이 로열티가 쌓이면 액수가 매우 많아진다. 한 연구(Armstrong, Mueller and Syrett, 2014: 68)는 400달러짜리 스마트폰에 포함된 표준특허(예를 들어 와이파이, 블루투스, GPS, NFC, JPEG, MP4 등 우리들 귀에 익은 것만 나열해도)에 대한 로열티가 스마트폰 가격의 30% 이상(120달러 이상)에 달할 수 있다고 추정한다.

표준특허 분쟁을 통해 표준특허의 영향력이 널리 알려짐에 따라 정보통신기술의 다양한 분야에서는 한편으로는 표준을 만드는 데 참여하면서도, 다른 한편으로는 표준특허를 확보하려는 경쟁이 치열해졌다. 왜냐하면 표준특허가 없으면 그 사용권에 대한 비용을 지불해야 하는데 앞에서 보듯 그 비용이 만만치 않기 때문이다. 반대로 표준특허를 소유하면 사용료 수익을 얻을 수 있다. 해당 표준이 전 세계 시장에서 받아들여질 경우 그 액수는 상당하다. 따라서 기업들은 종종 다른 특허를 가진 기업과 크로스 라이선싱을 맺어 수익과 지출을 상쇄하기도 한다.

표준특허의 또 다른 장점은 특허침해를 주장하기 쉽다는 것이다. 표준을 사용한다는 사실 자체가 특허를 침해하고 있다는 증거가 된다. 또한 표준특허의 가치는 어마어마하게 평가되고는 한다. 구글은 125억 달러를 주고 모토로라를 매입한 뒤 채 2년이 안 돼서 29억 달러에 팔았다. 단, 29억 달러에는 특허 자산은 포함되지 않았다. 다시 말해 구글은 모토로라의 표준특허를 위해 100억 달러에 가까운 돈을 지불했던 것이다(강병우, 2019a).

이상에서 본 바와 같이 표준특허는 논란이 되는 경우가 많으며, 기술혁신 또는 신기술시장 성장에 장애가 되기도 한다. 표준기구들은 이러한 문제점을 최소화하기 위해 여러 가지 장치를 마련하고 있다. 우선 표준화 과정에서 표준특허가 존재한다고 인지한 기업은 이를 보고하도록 요구한다. 그다음에는 보유한 표준특허를 '공정하고, 합리적이고, 비차별적인(Fair, Reasonable and Non-discrimitary: FRAND)' 원칙에 따라 라이선스할 것을 선언해야 한다. 물론 '공정'하다거나 '합리적'이라는 말에는 다분히 논란의 소지가 있다.

표준특허는 주로 정보통신기술 분야에서 이슈가 되어왔다. 하지만 4차 산업혁명 기술에서는 다양한 산업 간에 융복합이 일어나면서 서로 다른 산업 간에도 표준특허의 라이선스에 대한 수요가 늘어날 것이고, 표준특허와 관련된 분쟁은 특정 산업 내의 분쟁이 아니라 이종 산업 간 분쟁이 되는 경우가 증가할 것이다. 예를 들어, 5G를 기반으로 이루어지고 있는 자동차 산업과 이동통신산업 간 융합은 새로운 종류의 표준을 요구한다. 두 산업에 속한 기업들은 각기 보유하고 있던 특허에 대한 사용을 요구할 수 있다.[1] 우리가 표준특허에 대해 계속 주목해야 하는 이유이다. 표준은 지적재산권, 즉 특허가 확산되는 기제에서 지렛대 역할을 할 수 있다.

2 기업의 전략적 결정과 표준: 블루레이 대 HD-DVD 경쟁 사례

표준은 산업경쟁에서 매우 유용한 수단이다. 따라서 투자 등 전략적 결정을 내려야 하는 경영자들은 표준의 속성에 대해 알 필요가 있다. 비디오 산업은 표준경쟁의 교과서이다. 1970~1980년대 걸쳐 비디오카세트 시장에서는 소니 중심의 베타 방식과 마쓰시타(현 파나소닉) 중심의 VHS(Video Home System) 간에 치열한 싸움이 벌어졌다(강병구, 2009: 21~25). 1990년대에는 DVD(Digital Versatile Disc)를 둘러싸고 소니, 필립스의 MMCD(Multi-Media Compact Disc)와 도시바, 마쓰시타 등의 SD(SuperDensity Disc) 간에 경쟁이 벌어졌다(강병구, 2009: 59~64). 2000년대에 DVD를 대체해 한층 고화

1 융합 산업 및 4차 산업혁명과 표준에 관한 내용은 6장 2절 '4차 산업혁명과 표준' 참조.

질을 지원하는 차세대 기술이 등장하자 비슷한 주인공들이 또 한 번의 전쟁을 벌였다.

이 싸움은 어떤 의미에서 직전에 DVD를 둘러싸고 벌인 시합의 후반전 또는 연장전으로 볼 수 있다. DVD 경쟁에서 소니 측과 도시바 측은 무한 경쟁을 벌이기보다는 타협을 택했다. 비디오카세트 표준경쟁에서 얻은 교훈으로 인해 양측은 죽기 아니면 살기 식(all or nothing) 표준전쟁의 무모함과 패배 시 치러야 할 막대한 비용을 알고 있었기 때문이다. 1995년 두 진영은 하나의 표준 DVD로 가기로 합의했다. 최악의 상황인 패배보다는 나눠먹기의 길을 밟기로 한 것이다. 기술 관점에서 볼 때 DVD 표준은 소니의 MMCD보다는 도시바의 SD에 가까웠고 도시바가 더 많은 특허를 보유하고 있었다. 이 점은 이후 차세대 DVD 표준경쟁에서 하나의 변수가 되었다.

이후 소니와 필립스는 차세대 HD 광학 디스크를 개발하기 시작했고 2000년 첫 번째 시제품을 내놓았다.[2] 이때 소니 측은 표준전쟁을 피하기 위해 도시바에 협력할 것을 제안했다. 그러나 더 많은 DVD 특허를 소유한 도시바는 자체 표준을 만들기로 했다. 2002년 2월 소니는 BDF(Blu-ray Disc Founders)를 결성해서 세를 모았다. 여기에는 삼성, LG, 필립스, 파이오니아, 샤프, 히타치, 파나소닉 등 주요 기기 제조기업이 참여했다. 같은 해 도시바도 여기에 대항하는 AOD(Advanced Optical Disc)라는 포맷을 내놓았다. 두 표준은 기존의 DVD와 후방호환성(backward compatibility)을 갖도록 개발되었다. 다시 말해서 새로운 방식의 플레이어로도 이전 방식의 DVD로

---

2 이하의 내용은 de Vries(2019)와 맥니콜(2007)의 '에필로그'를 참조해서 정리 요약한 것이다.

녹화된 영화를 볼 수 있게 한 것이다. 이는 소비자가 새 제품을 더 쉽게 받아들이게 하고 소비자의 심리적 전환비용(switching costs)을 낮춘다. 하지만 후방호환성은 신제품이 두 가지 방식을 지원해야 하기 때문에 소프트웨어적으로나 여러 측면에서 무거워지고 제조업자의 설계 유연성을 제한한다. 후방호환성을 위해서는, 즉 기존의 CD와 DVD를 둘 다 읽기 위해서는 별도의 부품도 필요했다(연합뉴스, 2006). AOD는 DVD 표준의 지적재산을 토대로 DVD 제조기기를 사용해서 만들었기 때문에 생산비용이 낮았다. 대신 용량을 늘리는 데 한계가 있었다. 과거 비디오카세트 표준 전쟁에서 2시간짜리 영화를 담기에는 부족한 저장 용량 때문에 마쓰시타(VHS)에 패배했던 소니(베타맥스)는 이번에는 용량을 내세웠다. 블루레이는 약 4시간 분량을 저장 가능한 반면, HD-DVD는 두 시간 반 정도를 저장할 수 있었다(맥니콜, 2007: 282).

2003년 도시바는 DVD포럼으로부터 AOD가 DVD의 공식 후속 기술임을 인정받았다. 이어 AOD를 HD-DVD로 이름을 바꾸었다. 2004년 도시바는 산요, NEC 등과 HD-DVD 프로모션 그룹(HD-DVD Promotion Group)이라는 연합군을 만들고, 마이크로소프트와 인텔로부터 HD-DVD만을 사용할 것이라는 지원 약속을 얻었다. 한편 블루레이 측도 큰 원군을 얻었다. 20세기폭스사와 디즈니 같은 대형 영화제작사, HP, 델 등의 PC 제조사, 주요 광학 디스크 제조업체인 TDK까지 BDF에 참여하기로 결정했던 것이다. 영화 제작사들에게는 소니가 제시한 콘텐츠 보호와 지역 코드(region coding)가 매력적인 참여 동기였다. 소니는 BDF를 BDA(Blu-ray Disc Association)로 재편하면서 문호를 넓혔다.

당시 일본 경제산업성은 일본 기업끼리 사투를 벌이는 것이 마땅치 않았다. 2005년 4월 경제산업성은 도시바, 소니 등에게 단일 표준을 만들 것을 요청했다. 1990년대의 DVD 경쟁에서와 같은 타협을 이루기 위한 교섭이 시작되었지만 결국 결렬되었다.

2006년부터 본격적으로 제품들이 출시되기 시작했다. 그해 3월 도시바의 HD-DVD 플레이어가 미국에서 499~799달러의 가격대로 출시되었고, 얼마 후 블루레이 플레이어는 999달러로 판매되기 시작했다. 한편 삼성전자와 LG전자는 두 가지 방식을 모두 볼 수 있는 듀얼 플레이어를 만들었지만 가격이 너무 비쌌다. 워너브라더스도 두 가지 방식에서 읽히는 프로토타입 디스크를 내놓았지만 다른 영화사들로부터 호응을 받지 못했다. 영화사들은 이미 각각 한 쪽과 손을 잡은 상태였다. 따라서 이 표준전쟁에서는 '게이트웨이 기술(Gateway technologies)'[3]이 문제를 해결하는 데 도움이 되지 못했다.

이때 콘솔 게임 산업(이 산업에서는 비디오 화질이 소비자를 유인하는 데 중요한 요소이다)에서 마이크로소프트가 HD-DVD 측의 동맹군으로 가담했다. 마이크로소프트가 자사의 게임인 엑스박스(Xbox)에 사용할 수 있는 외장 HD-DVD 드라이브 옵션을 200달러에 내놓은 것이다. 결과는 신통치 않아 엑스박스 사용자의 2% 이하 정도만 이 옵션을 선택했다. 소니도 동일한 작전을 구사했다. 자사의 플레이스테이션3 게임 콘솔에 블루레이 플레이어를 붙여 일체형으로 내놓은 것이다. 이미 그 수가 막대했던 플레이스테이

---

3 게이트웨이 기술에 대해서는 4장 2절 '팰릿과 컨테이너 국제표준화' 참조.

선 사용자들을 블루레이에 노출시켜 사용자 기반(installed user base)을 키우기 위한 작전이었다. 하지만 이것은 비용이 많이 드는 조치였다. 소니는 플레이스테이션 1대당 약 200달러의 손해를 감수해야 했다.

블록버스터, 타깃 같은 비디오 대여업체와 유통업자도 블루레이에 관심을 기울이기 시작했다. 일 년 가까운 기간 동안 플레이스테이션3와 여러 회사의 지원으로 블루레이가 사용자 기반에서 우위를 점하기는 했지만 여전히 HD-DVD가 싼 가격으로 잘 팔렸다. 무엇보다도 시장 자체가 커지지 않았다. 소비자들은 섣부른 선택의 위험성을 눈치 채고는 플레이어 구매를 꺼렸다. 만일 특정 플레이어를 섣불리 샀다가 다른 플레이어가 주류가 되면(즉, 시장표준이 되면) 자신이 샀던 플레이어로 볼 수 있는 영화의 수가 제한될 것이라는 사실을 소비자들은 알아챘던 것이다.

이 무렵 HD-DVD는 파라마운트와 드림웍스로부터 배타적 지원을 얻어냈다. 두 회사는 HD-DVD의 기술적 우수성과 저렴한 제조비용을 지원 이유로 언급했지만 업계에서는 모종의 거래가 있었다는 소문이 퍼졌다.[4] 블루레이 측도 뭔가를 해야 했다. 여섯 개 대형 영화사 중 두 개가 HD-DVD로 넘어가는 것은 매우 위태로운 상황이었다. 블루레이는 가장 큰 손인 워너브라더스를 설득하기로 했다. 워너브라더스는 두 가지 방식을 동시에 지원하고 있었다. 2008년 1월 4일, 라스베이거스 CES(Consumer Electronics Show)가 열리기 전, 워너브라더스는 5월부터 블루레이 영화만 출시할 것이라고 발표했다. 이것은 HD-DVD 측을 크게 한 방 먹인 것이었다. CES 2008에서 예

---

4 사실 저장 용량, 화질, 콘텐츠 보호 측면에서 보면 블루레이가 HD-DVD보다 우수하다는 것이 일반적인 평이었다.

표 2-1 **블루레이 대 HD-DVD 경쟁에서의 합종연횡**

블루레이(소니)	시기	HD-DVD(도시바)
MMCD	1990년대	SD
	1995 DVD 합의	
시제품 발표	2000	
BDF 결성: 필립스, LG, 파이오니아, 샤프, 히타치, 파나소닉, 삼성 참여	2002	도시바, NEC가 경쟁 포맷인 AOD 발표
	2003	DVD포럼이 HD-DVD를 공식 후속 기술로 인정 받음
BDF를 BDA로 재편: 20세기폭스, 월트디즈니, HP, 델, TDK 참여	2004	HD-DVD 프로모션 그룹 창립: 산요, NEC 참여
	2005 교섭 결렬	마이크로소프트, 인텔로부터 HD-DVD만 사용하겠다는 약속 얻음
- 블루레이 플레이어 출시 - 플레이스테이션3에 블루레이 플레이어 장착	2006	- 도시바 플레이어 출시 - 엑스박스가 외장 HD-DVD 드라이브 옵션 출시
블록버스터, 타깃 참여	2007	파라마운트, 드림웍스가 배타적 지원 결정
1월: 워너브라더스가 배타적 지원 결정 2월: 20세기폭스, 월트디즈니, 파라마운트, 유니버설, 컬럼비아, 넷플릭스, 베스트바이 참여	2008	3월 28일: HD-DVD 프로모션 그룹 해산

정되었던 모든 행사가 취소되었고, 20세기폭스, 월트디즈니, 파라마운트, 유니버설, 컬럼비아 등 나머지 대형 영화제작사도 블루레이 쪽으로 넘어갔다. 이것이 도시바가 패배하고 소니 쪽으로 세가 기운 결정적인 지점, 즉 티핑포인트(tipping point)였다. 이후 넷플릭스 등 비디오 대여업체와 베스트바이 등 대형 슈퍼마켓 체인들이 진열대에서 HD-DVD를 내리기 시작했다. 2008년 3월 28일 도시바는 패배를 받아들이고 HD-DVD 프로모션 그룹을 접었다. 〈표 2-1〉에서는 표준전쟁의 복잡다단함을 설명하기 위해 두 회사의 합종연횡 과정을 자세히 나열했다.

승리의 대가?

소니 대 도시바 간에 벌어진 표준전쟁의 승리는 소니에게로 돌아갔다. 그렇다면 소니는 값비싼 승리의 대가로 '승자독식'의 효과를 누렸을까?

워너브라더스가 블루레이의 손을 들어준 것은 당시 관계된 이해당사자들이 뭔가 빨리 결판이 나야 한다고 생각했기 때문이다. 승자가 나와야만 시장이 성장할 모멘텀을 가질 수 있었던 것이다. 비디오 대여 소매상도 진열대에 하나의 형식만 진열하기를 원했다. 진열대 공간은 모두 돈이다. 워너브라더스는 시장을 면밀히 모니터링한 결과 블루레이가 HD-DVD를 앞서고 있고 플레이스테이션3 덕에 넓고 탄탄한 사용자 기반을 갖추고 있다고 판단했다.

1970년대의 비디오카세트 표준전쟁에서와 마찬가지로 이번에도 보완재(complementary products)를 만드는 영화사들의 역할이 중요했다. 볼 수 있는 영화가 없으면 플레이어는 고철 덩어리에 불과하기 때문이다. 보완재를 충분히 공급해서 사용자 수를 늘리는 것이 승부의 관건이었다. 즉, 보완재 공급을 통해 사용자 기반을 늘려야 했다. 이를 위해 두 회사는 첫 번째 단계로 콘솔 게임을 활용했다. 도시바는 마이크로소프트와 손을 잡고 콘솔 게임인 엑스박스에 HD-DVD 옵션을 만들었다. 소니는 자사의 플레이스테이션3에 블루레이를 제공했다. 비디오 포맷 경쟁에서 제일 중요한 보완재는 영화이다. 소니는 대형 영화사들을 처음에는 콘텐츠 보호를 위한 지역코드로, 나중에는 집요한 설득으로 끌어들이는 데 성공했다. 영화사와 비디오 대여 회사 등 다수의 이해당사자들도 어느 쪽이든 빨리 결론이 나는 편이 모두에게 이익이라고 생각했다.

이 경쟁의 전개는 당사자들에게 큰 비용을 초래했다. 무엇보다도 도시바는 새로운 기술을 개발하기 위해 투자했던 자원을 성과 없이 날려버린 셈이 되었다. 즉, 포맷 경쟁에서 잘못된 선택(물론 경기가 끝나고 나서야 알게 되는 결과론적 분석이긴 하지만)은 막대한 비용을 초래한다. 이 경쟁은 워낙 치열하고 경쟁의 결과가 죽기 아니면 살기 식의 게임이기 때문에 포맷 '전쟁'이라고 불린다. 영화 제작사도 한때 신중하지 못한 선택으로 비용을 치러야 했다. HD-DVD 쪽에 섰던 회사들(드림웍스, 파라마운트)은 HD-DVD 포맷에 맞추기 위한 설비 투자 등의 자원을 투입했고, 나중에는 팔리기 어려운 HD-DVD 포맷의 재고 부담도 안게 되었다.

이 싸움에서 또 하나 주목할 것은 그렇다면 승자인 소니는 원했던 성과를 거두었는가 하는 점이다. 우선 두 가지 선택지가 치열한 경쟁을 벌이자 시장 성장이 제한되었다. 당시 더 좋은 영상을 제공하는 기기가 나왔다는 말을 듣고 사러 갔던 잠재적 구매자들은 호환되지 않은 두 가지 방식이 있다는 사실을 알고는 두고 보기로 하고 구매를 늦추었다. 시장을 키우는 데 실패한 것이다. 게다가 가격 경쟁이 붙으면서 소니는 수십만 대에 이르는 블루레이 플레이어를 원가 이하로 팔아야 했고, 플레이스테이션3도 손해를 보면서 팔아야 했다. 무엇보다도 승기를 잡았을 무렵에는 시장 자체가 다른 기술로 넘어가고 있었다. VOD(Video on Demand), 인터넷 다운로드 등 새로운 기술이 빠르게 등장했고, 싸움이 끝났을 때는 비디오를 보는 플랫폼이 바뀌기 시작했다. 시장 자체가 크기도 전에 다른 기술로 넘어가버린 것이다. "하루가 다르게 변해가는 디지털 세계에서 상대방의 발목을 잡고 늘어지다가 어느 날 갑자기 새로운 기술이 등장"하면서 "블루레이나 HD(원저 그대로; HD-DVD의 오기) 모두 패자가 될 수밖에" 없었다(맥니콜, 2007: 288). '죽기 아니면 살기'의 결기로 붙은 싸움이었지만, 결과적으로 '너 죽고 나 죽고' 식의 막가파 싸움이 되어버렸다고 할 수 있다.

이처럼 표준전쟁(standards wars), 지배적 디자인 경쟁(battles for dominant designs), 최근에는 플랫폼 경쟁(platform battles)이라고 불리는 싸움은 형태와 이름은 다를지라도 모든 산업과 업종에서 일어나고 있다. 모든 기술혁신에는, 특히 최근 더욱 중요해지는 디지털 변혁(digital transformation)에는 많은 경우 표준 요소가 포함되어 있다.[5]

따라서 경영자는 자사가 속한 산업과 업종이 어떻게 변하고 있는지, 그 변화를 좌우하는 기술 방향과 디지털 변혁은 무엇인지를 제대로 이해해서 전략적 방향을 정하고 적절한 투자 결정을 내려야 한다. 이때 적절한 결정을 내리기 위해서는 그 안에서 일어나고 있는 표준경쟁을 파악할 필요가 있다. 전략적 결정에 관여하는 경영자들은 예를 들어, 5G 시대를 맞아 우리 업계에서 일어나는 혁신과 디지털 변혁은 무엇인지, 그 변혁에는 어떤 표준이나 지배적 디자인 이슈가 있는지, 어떤 것들이 경쟁하고 있고 이 경쟁에 어떻게 대처하고 있는지 등의 질문을 투자, 연구개발 등 매 단계에서 스스로에게 던져야 한다. 왜냐하면 혁신을 이해하는 데 주요한 관건 중 하나가 표준이기 때문이다. 즉, 다양한 기술 선택지 중 하나를 골라야 할 경우, 어느 것이 향후 지배적 디자인 또는 표준이 될 것인지를 판단할 수 있어야 한다. 또 기업이 직접 개발 경쟁에 뛰어들 것인지, 다른 기업들과 어떻

---

5 5장 4절 '신산업 및 융합 산업에서의 국제표준화와 플랫폼' 참조.

게 경쟁하고 협력할 것인지에 대한 전략도 필요하다.

표준은 4차 산업혁명과 디지털 시대에 일어나고 있는 혁신과 경쟁의 메커니즘을 이해하는 데 중요한 하나의 고리이다. 그리고 이러한 메커니즘을 이해하려면 해당 산업 또는 특정 기술 분야에서의 경쟁뿐만 아니라 다른 분야와 산업에서의 경쟁 양상과 기술 동향도 두루 보는 넓은 시야가 필요하다. 블루레이와 HD-DVD 경쟁 사례에서 보듯 영화를 보는 플랫폼이 바뀌고 있는데도 두 기술은 무모하고 헛된 싸움을 계속하고 있었던 것이다. 경영자는 자신의 기업이 속한 산업 내에서의 표준경쟁과 플랫폼 경쟁도 봐야 하지만 틀 자체가 어떻게 변해가고 있는지에도 주의를 기울여야 한다.

상자2. 테슬러가 배터리 표준도 정한다[6]

전기자동차를 포함해서 각종 전기 제품에 사용되는 리튬 이온 전지는 일반적으로 모양과 케이스 재질에 따라 구분하는데, 다음 세 가지 타입으로 나뉜다.

	파우치형(Pouch)	각기둥형(Prismatic)	원통형(Cylindrical)
모양			
케이스	PET/PP 필름으로 코팅된 알루미늄 주머니	알루미늄 캔	철제 캔
크기	고객 주문(Customized)	고객 주문(Customized)	고정(18650, 21700*)

*18650: 지름 18mm, 높이 65mm, 21700: 지름 21mm, 높이 70mm
사진 자료: LG화학 홈페이지

6 2020년 7월 22일 전문가 면담 내용을 토대로 작성했다.

파우치형과 각기둥형은 완성품 제조업체가 자신의 시스템에 맞는 크기와 모양을 주문하면 전지 업체가 그 사양에 따라 생산했다. 즉, 그 전지는 주문업체의 제품에만 사용될 수 있었다. 예를 들면, 삼성전자, 애플 등이 자사의 스마트폰 설계와 디자인에 맞는 가로/세로/높이와 관련된 요구 조건(용량 등)을 주면 전지 업체에서는 그에 맞는 제품을 생산한다. 이는 휴대폰뿐만이 아니라 자동차에도 똑같이 적용된다. 현대, GM, 도요타 등 자동차 업체가 자신들의 차량 시스템에 맞는 전지의 크기와 요구 사항을 전달하면, 전지 업체는 그에 맞추어 생산하는 방식이다. 완성차 업체는 각각 차량을 설계하는 디자인 철학이 다르고 배터리를 위해 할당한 공간도 다르므로 전지 업체는 개별 요구에 따라 크기와 모양이 다른 전지를 개발해 완성차 업체로 공급한다. 표준 크기가 없고, 완성품 제조업체가 원하는 규격대로 만드는 것이다.

이에 반해 원통형 전지는 업계에서 널리 쓰이는 표준 크기가 있다. 가장 많이 사용되는 것이 18650이었다. 이 이름은 원의 지름이 18mm, 높이가 65mm인 데서 나왔다. 최초로 상업적으로 대량 사용된 것은 소니 노트북이었고, 이후 대부분의 노트북 업체는 18650 원통형 전지를 3~6개 조합해서 노트북에 넣었다. 예전의 노트북이 두툼했던 것은 원통형 전지를 사용했기 때문이다. (애플이 맥북에 파우치 전지를 적용해 디자인을 차별화한 이후 요즘에는 대부분 파우치 전지를 사용해 얇은 형태로 출시된다.) 1990년대 초 노트북에서 본격적으로 사용되기 시작한 원통형 전지는 이후 전동공구, 전기자전거(e-bike), 청소기, 전동 킥보드 등 다양한 기기에서 사용되면서 시장이 확대되었다. 18650은 하나의 산업표준으로 자리 잡았다.

2000년대 중반부터는 전기자동차 개발이 초미의 관심사로 떠올랐다. 기존의 완성차 업체와 테슬라를 비롯한 스타트업 모두 전기차를 출시하기 위해 배터리를 알아보기 시작했다. 기존 자동차 업체들은 내연 기관 차량에서 사용하던 플랫폼(자동차 설계나 제조의 기본 틀도 플랫폼이라고 부른다)을 최소한으로 변동시킨 전기차 콘셉트를 내세웠다. 따라서 각 자동차 업체는 기존 차 설계에 기반한 제한된 배터리 공간 때문에 스마트폰 회사가 그랬던 것처럼 전지 업체에 막대한 개발비를 주고 자신만을 위한 배터리를 개발해 달라고 요청했다. 예를 들어, 2010년 출시된 GM의 최초 전기차 볼트(Volt)는 LG화학의 파우치 전지를 사용했다. 볼트에는 288개의 파우치 전지가 적용되었다(≪디지털타임스≫, 2009.1.13).

반면에 테슬라는 기존에 내연 차량 자체가 없었고 전지 업체에 막대한 개발비를 줄 처지도 못 되었다. 따라서 처음부터 시장에서 쉽게 구할 수 있는 18650 원통형 전지로 최초 전기차 고성능 스포츠카인 로드스타를 2008년에 출시했다. 기존의 내연 차량 설계에 기반을 두지 않았기 때문에 설계 및 디자인상의 제약이 없었고, 처음부터 전기차 콘셉트에 맞는 차량 디자인으로 좋은 평가를 받았다. 이후에도 럭셔리 세단(모델 S)과 SUV(모델 X)를 파나소닉과 협력해 18650 원통형 전지로 만들었다. 이들 차량은 차량당 18650 원통형 전지 7000여 개를 연결해서 사용한다.

모델 S와 모델 X의 성공에 자신감은 얻은 테슬라는 자사 차량에 최적화된 크기인 21700 전지를 파나소닉과 공동 개발했다. 21700 전지는 테슬라의 보급형 전기차 라인업인 모델 3(세단, 2017년 출시), 모델 Y(SUV)

에 사용되었다. 모델 3와 모델 Y에는 각각 4000여 개의 21700 전지가 사용된다. 21700 전지가 나오면서 원통형 전지 시장은 급격하게 18650에서 21700으로 재편되고 있다. 이제 21700 전지는 자동차를 넘어서 파워뱅크(휴대용 충전기), 전동공구, 전기자전거, 청소기, 킥보드 등에서 빠르게 채택되고 있다. 이제 원통형 리튬 이온 전지의 사용을 새로 검토하는 기기들은 대부분 21700을 우선적으로 검토하게 되었다.

이로써 산업의 표준을 따를 수밖에 없는 처지였던 테슬라는 이제 새로운 표준을 만들어 다른 산업과 업체들이 자신이 만든 표준을 따를 수밖에 없게끔 만들어가고 있다. 전지 업체는 전기자동차, 그중에서도 테슬라가 주요 수요처가 될 것으로 예상되는 상황에서 21700을 주력 생산할 수밖에 없다. 이는 테슬라에게 비용 절감 요인이 되고 있으며, 나아가 테슬라가 전지 시장을 주도하는 회사가 된다는 것을 의미하기도 한다.

테슬라가 배터리 자체 생산을 시작할 경우, 이는 기존 전지 업체들에게 가격 인하 압박으로 작용할 것이다(≪피치원미디어≫, 2020.6.22).

21700 원통형 전지(왼쪽)와 18650 원통형 전지

3 표준과 플랫폼

오늘날 플랫폼은 음식 배달(배달의 민족, 요기요), 숙박(에어비앤비), 운송 서비스(우버, 타다) 등 거의 모든 산업에서 기반이 되고 활용되는 비즈니스 모델이다. 스마트폰의 운영체계인 구글의 안드로이드와 애플의 iOS도 하나의 플랫폼이다. 플랫폼을 작동시키는 기본 원리는 모듈화(modularization)인데, 모듈과 플랫폼의 연결고리에 표준이 있다. 모듈화는 디지털 사업에서 중심이 되는 개념이지만 물리적 제조업에서 시작되었다. 모듈화는 글로벌 가치망 또는 국제 분업 체계를 가능하게 한 혁신이다.[7]

플랫폼은 외부 생산자와 소비자들이 가치를 창출하는 상호작용을 할 수 있도록 마당을 제공한다. 플랫폼은 이러한 상호작용이 일어날 수 있도록 개방적이고 참여적인 인프라를 제공하고 거버넌스를 구축한다. 플랫폼의 가장 큰 목적은 사용자들을 맺어주고 상품이나 서비스를 교환할 수 있도록 함으로써 모든 참여자가 가치를 창출하게 하는 것이다(Parker, Van Alstyne and Choudary, 2016). 플랫폼의 힘은 자신이 소유하지 않은 자원을 활용해 가치를 창출한다는 데 있다. 가장 쉬운 사례로는 구글의 안드로이드와 애플의 iOS를 들 수 있다. 안드로이드와 iOS는 하나의 플랫폼으로, 이 플랫폼은 수많은 앱을 끌어들이며, 또 이 앱을 보고 자발적으로 찾아오는 사용자/소비자를 연결시켜 준다. 즉, 외부 공급자와 소비자가 상호작용하고 거래하는 장마당을 펼쳐놓은 것이다. 구글 안드로이드나 애플 iOS의 장마당에

---

7 이 장의 상자3 '모듈화와 국제 분업 체계' 참조.

올라와 있는 앱들은 구글과 애플이 자사의 자원을 사용해서 만든 것이 아니라 앱 개발자들이 안드로이드나 iOS라는 장터에서 소비자와 만나기 위해 자발적으로 만들어 올린 것이다. 수많은 앱을 플랫폼에 올리기 위해서는 연결고리가 단순하고 편리해야 한다. 즉, 접속과 분리가 플랫폼 자체와 각 앱의 기능에 영향을 주지 않으면서 수월하게 이루어져야 한다.

이것을 가능하게 하는 것이 모듈화이다. 모듈성(modularity)은 한 시스템의 구성요소들이 분리되거나 재조합되는 정도를 뜻한다(Schilling, 2017: 222). 모듈화는 구성요소들 수준에서는 효율성과 신뢰성이라는 표준화의 장점을 취하는 한편, 최종 제품 수준에서는 다양성과 유연성을 달성할 수 있게 한다. 모듈성은 표준 인터페이스를 통해 이루어진다. 개별 구성요소(즉, 개별 모듈)가 변하더라도 다른 구성요소의 설계가 변동되지 않는다는 것이 모듈성의 장점이다. 모듈화를 활용하면 제한된 수의 구성요소로도 다양한 최종 제품을 만들어낼 수 있으므로 이질적인 소비자 수요를 충족시킬 수 있다. 모듈 시스템에서는 한 구성요소가 다른 구성요소에 영향을 미치지 않고 개선될 수 있기 때문에 기업과 소비자는 전체 시스템을 바꾸지 않고도 제품을 업그레이드할 수 있다(Schilling, 2017: 223). 이 구성요소들을 연결하는 것이 표준화된 인터페이스이다. 구성요소 사이를 연결하는 문법(표준 또는 인터페이스 프로토콜)만 공유되고 준수된다면 어떠한 변화나 혁신도 용인된다. 다른 구성요소에 영향을 미치지 않기 때문이다. 여기서 표준은 혁신의 지렛대 역할을 한다.

플랫폼의 작동 원리를 이해하기 위해 스크루 드라이버의 예를 보자(티와나, 2018). 〈그림 2-1〉은 일체형 드라이버와 모듈형(분리형) 드라이버이다.

그림 2-1 **스크루 드라이버의 일체형 설계와 모듈형 설계**

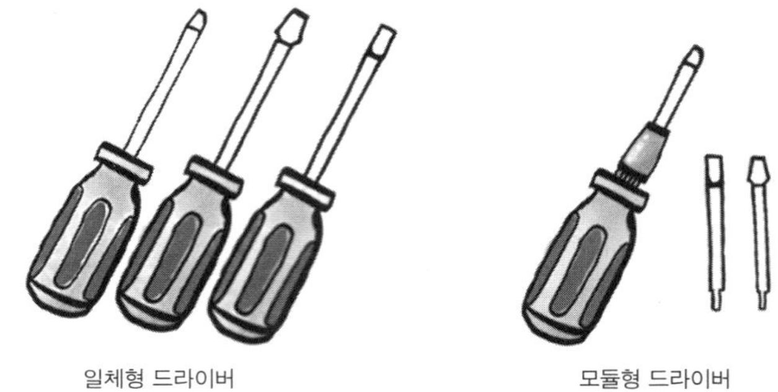

일체형 드라이버 모듈형 드라이버

일체형 드라이버는 핵심 기능인 비트 부분(나사를 돌리는 꼭지 부분)과 손잡이가 하나의 몸통으로 이루어져 있다. 모듈형은 손잡이 부분과 비트 부분을 떼었다 붙였다 할 수 있게 만들어져 있다. 일체형은 일자형과 십자형을 위해 두 개의 드라이버가 필요하지만, 모듈형에서는 손잡이에 일자형이든 십자형이든 다양한 모양의 비트를 끼우기만 하면 된다. 성능 측면에서 보면, 초기에는 일체형이 하나의 몸체로 튼튼하게 만들어져서 기능 자체에서 우월했다. 필자의 경험으로도 모듈형 드라이버는 연결 부분이 단단하지 못하거나 쉽게 고장이 나는 등 기능 면에서 부족한 점이 있었다. 그러나 이 점을 개선한 후 성능 면에서도 모듈형이 일체형을 금세 따라잡았다.

모듈형의 장점은 상대적으로 저렴한 비용으로 여러 가지 모양의 스크루 드라이버를 제작할 수 있다는 점이다. 만약 한 회사가 모든 모양의 드라이버를 만들어야 한다면 비용이 증가하고 제품의 다양성에 큰 제약이 따를 것이다. 모듈 구조에서는 하나의 하위 시스템이 변화하더라도 전체 또는 복합 시스템의 나머지 부분에 영향을 주지 않는다. 예를 들어, 비트가 사각 모양으로 새로 만들어지더라도 이것이 손잡이 등 전체 드라이버의 설계 및 활용에는 하등 영향을 주지 않는다. 비트를 만드는 작업자 또는 기업은 다른 하위 시스템 내부의 세부사항이나 작동 방법 등에 대해 알 필요가 없다. 알아야 할 유일한 정보는 연결 부위의 크기와 모양 등에 관한 것이다. 이 부분에 관한 정보는 이미 표준화되어 있다. 따라서 비트의 개선과 성능 향상에만 집중하면 된다.

스마트폰의 운영체계인 안드로이드나 애플 iOS에는 수천, 수만 개의 앱이 존재한다. 만일 이 앱들을 구글이나 애플 내부에서 만들어야 했다면 가용한 앱의 숫자는 아마도 수백 개, 많아야 수천 개에 불과했을 것이다. 모듈 설계에서는 연결을 담당하는 표준이 있기 때문에 앱 개발자는 하나의 하위 시스템에만 집중하고 특화해 전문화를 꾀할 수 있다. 따라서 자연히 혁신의 가능성이 높아진다.

디지털 환경의 플랫폼에서 표준 인터페이스의 역할을 하는 것은 API (application programming interfaces)이다(〈그림 2-2〉 참조). API는 앱을 플랫폼과 접속시키는 '고리'를 제공한다(티와나, 2018: 218). API는 구글맵 등이 외부에서 핵심 자원에 접근할 수 있도록 하고 다양한 앱을 수용할 수 있도록 설계된 표준화된 인터페이스이다. 앱 개발자가 자신의 앱을 플랫폼에서 작동시키기 위해서는 연결 고리에만 신경을 쓰면 된다. 즉, 앱 개발자는 앱이 플랫폼에서 작동한다는 사실만 알 뿐, 그 작동 원리나 내부 메커니즘은 알 필요가 없다. 사실 플랫폼의 메커니즘은 플랫폼 소유자(모듈 설계자, 즉 아키텍트) 고유의 영역이자 가치가 생성되는 부분이기 때문에 알 수도 없다. 앱

그림 2-2 **플랫폼과 API**

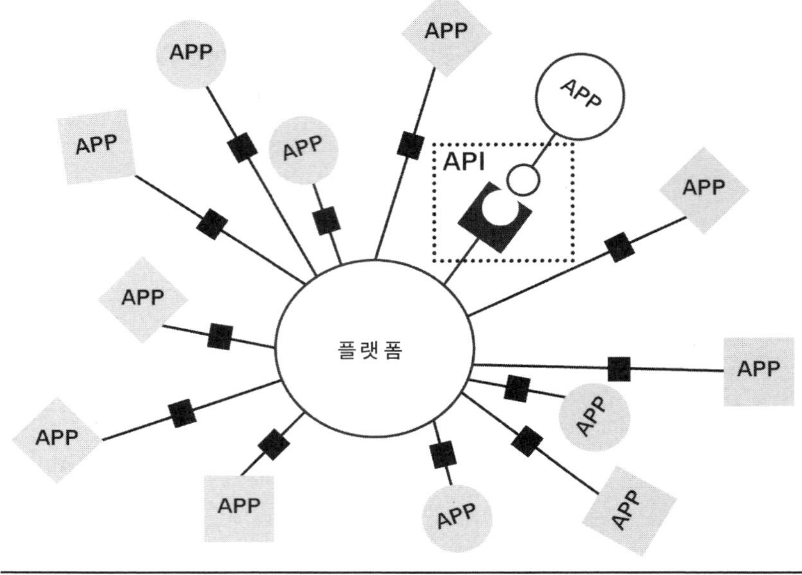

개발자들은 API를 사용해서 플랫폼에 접속하고 플랫폼의 기본 기능을 활용함으로써 플랫폼을 확장시킨다. API는 모듈의 기본 속성에서도 언급했듯이 처음 플랫폼이 만들어질 때 예상했던 것 이상으로 앱의 수를 늘리고 있고 질적으로도 앱을 향상시키고 있다. 이를 통해 플랫폼 자체의 유용성이 확장되고 있다.

플랫폼 소유자는 API를 관리함으로써 게임의 규칙을 자신에게 유리하게 만들 수도 있다. 특히 플랫폼 시장에서 API를 사실상 표준으로 만들어서 지속적으로 가치를 창출할 수도 있다(티와나, 2018: 219). 하나의 플랫폼이 사실상 표준이 되려면 네트워크 효과와 양면 시장의 메커니즘이 강하게 작동해야 한다. 네트워크 효과란 참여자 수가 증가함에 따라 네트워크의 힘이 기하급수적으로 커지는 현상을 말한다. 카카오톡의 힘은 수천만 명의 사용자로부터 나온다. 카카오가 카카오페이를 쉽게 빨리 시작할 수 있었던 이유는 대규모 사용자 기반에서 발생하는 네트워크 효과에 대한 기대 때문이었다.

플랫폼 소유자는 자사 플랫폼의 속성을 잘 파악해서 힘을 키우고 이를 활용할 방도를 찾아야 한다. 그중 하나가 양면 시장의 속성이다. 어도비사가 PDF를 활성화한 예를 들어보자. 어도비는 처음에 PDF 읽기 도구인 아크로뱃 리더(Acrobat Reader)와 쓰기 도구인 아크로뱃 라이터(Acrobat Writer)를 별도로 판매하려고 했다. 그러나 PDF로 읽을거리가 없을 때에는 아무도 아크로뱃 리더를 사려고 하지 않았다. 마찬가지로 아무도 아크로뱃 리더를 갖고 있지 않을 때에는 당연히 아무도 아크로뱃 라이터를 사려고 하지 않았다. 이 정체 상태를 깨기 위해 어도비는 아크로뱃 리더를 공짜로 뿌렸다. 즉, 소비자에게 보조금을 지급한 것이다. 아크로뱃 리더가 공짜가 되고 사용자가 늘어나자 아크로뱃 라이터의 가치는 극적으로 높아졌다. 생산자들은 아크로뱃 라이터를 사기 시작했고 어도비사는 한쪽에서 본 손해를 충당하고도 남는 이익을 다른 한쪽에서 거두었다. 한쪽에 대한 보조금 가격 전략으로 읽기 사용자와 쓰기 사용자 양쪽의 요구를 충족시키자 양면 시장이 지닌 교차 시장 네트워크 효과가 증폭되었고 이를 통해 PDF는 이 시장의 사실상 표준이 되었다. 1장에서 보았듯이 이후 PDF는 ISO의 공적 표준이 되었고 시장에서 더욱 확고한 지위를 갖게 되었다.

4 중국의 정보통신기술 국제표준화: 국가기술주의에서 지적재산권 기반으로

표준은 기업 및 산업 차원의 경쟁 도구에 그치지 않고 국가(산업) 발전전략의 수단으로도 사용된다. 오늘날 표준경쟁은 기업 차원에서뿐만 아니라 국가적·전 세계적 수준에서도 일어나고 있다. 이는 '표준 세계대전'이라고 칭해도 과하지 않다(이희진, 2019.6.21).

5G와 화웨이를 둘러싼 미국과 중국 간의 분쟁은 중국의 국제표준화 전략, 특히 정보통신 분야에서의 표준화 전략을 다시 검토하게 한다. 미·중 무역 분쟁의 주요 원인에는 기술표준 문제가 자리 잡고 있다(곽주영, 2018.12.15). 중국은 정보통신기술 분야에서의 국제표준화를 20여 년 가까이 추구해 왔는데, 미국과의 분쟁 상황을 국제표준화를 위한 시도라는 맥락에서 바라볼 필요가 있다. 중국은 2000년대 초반부터, 특히 중국의 경제개발 5개년계획이라고 할 수 있는 '제11차 5개년 사회경제규획'(2006~2010)을 시작으로 국제표준화를 전략적으로 추진해 왔다.[8]

미국은 화웨이 통신장비가 데이터를 뒤로 빼돌릴 수 있는 백도어(back-door)를 숨기고 있다고 주장하면서 주요 동맹국뿐 아니라 세계 많은 나라에도 화웨이 장비로 5G망을 구축하지 말 것을 요구하고 있다. 2019년 5월 15일 미국 상무부는 '정보통신기술 및 서비스(Information and Communications Technology and Services: ICTS) 공급망(Supply Chain)을 보호하기 위한 행정명

---

8 5장 '세계 전략으로서의 표준화: 중국의 사례', 특히 1절 '중국의 국제표준화' 참조.

령(Executive Order) 13873'을 발표했다. 이 행정명령은 미국의 정보통신기술 및 서비스에 대한 위협과 관련해 미국의 국가안보 및 미국인의 안전과 안보에서 허용할 수 없는 위험을 내포한 일련의 거래를 금지할 수 있는 권한을 미국 상무부 장관에게 위임하는 내용을 담고 있다. 이 행정명령에 따라 화웨이와 미국 기업 간의 거래가 제한을 받게 되었다.

이 절에서는 미국이 중국 화웨이를 제재하는 배경이 된 기술표준 경쟁에 대해 알아본다. 중국 국제표준화 노력의 대표적인 세 가지 사례, 즉 WAPI, TD-SCDMA, 5G를 통해 중국 국제표준화 전략의 변화를 살펴보고자 한다. 5G 사례를 통해 알 수 있는 것은 앞으로도 중국은 단지 정보통신기술 분야에서뿐만 아니라 이른바 4차 산업혁명 시대의 새로운 기술 및 융합 산업(스마트시티, 커넥티드카, 빅데이터, 인공지능, 얼굴인식 등)에서도 동일한 전략, 즉 지적재산권을 기반으로 한 표준화 전략을 구사할 것이라는 점이다. 이 절에서 다루는 내용은 머리말에서 제시했던 "5G와 화웨이를 둘러싸고 벌어지는 미·중 간 분쟁에서 보듯이 중국은 어떻게 기술 분야에서 미국에 맞설 수 있게 되었을까? 미국은 왜 그토록 화웨이를 견제할까?"라는 질문에 대한 답의 단초를 제공할 수 있을 것이다.

WAPI[9]

2003년 11월 중국 정부는 2004년 6월부터 중국에서 판매되는 모든 WLAN(Wireless Local Area Network)(무선랜. 근거리 무선 통신망이라고도 한다)

9 이 부분은 이희진·오상조(2008)의 글을 새롭게 보충하고 정리한 것이다.

장비는 WAPI라는 표준을 사용해야 한다고 발표했다. WAPI(WLAN Authentication and Privacy Infrastructure)는 중국이 개발한 무선랜 암호화 기술표준을 말한다. 당시 IEEE(Institute of Electrical and Electronics Engineers)에 의해 개발된 802.11 와이파이 표준은 세계적으로 널리 사용되는 무선 LAN 보안 프로토콜이었다. 그런데 와이파이는 보안상 취약점을 가지고 있었다. 이 보안상의 문제를 이유로 중국은 WAPI를 국내표준으로 제정하고자 했다. 하지만 WAPI는 와이파이에 기반을 둔 칩과 호환되지 않았다.

WAPI 암호화 알고리즘의 상세 내역은 24개 중국 기업에만 주어졌다. 그중 몇몇 기업은 외국 기업의 잠재적 경쟁자였다. WAPI가 국내표준으로 제정되면 외국의 칩 제조업체는 이들 중국기업에게 WAPI 사용에 대해 로열티를 지불해야 할 것이고, 만일 중국에서 제품을 시판하려면 개발을 위해 중국 기업과 반드시 협력해야 할 것이었다. 외국 칩 제조업체 입장에서, 이는 잠재적 경쟁자에게 기술의 상세 내역을 제공한다는 것을 의미했다. 이러한 요구는 당연히 외국 기업으로부터 불만과 저항을 야기했다. 나아가서 외국 기업들은 중국이 WAPI를 세계표준으로 밀어붙일 것이라고 우려를 표했다. 중국시장은 너무나 크기 때문에 외국 기업이 따라갈 수밖에 없을 것이고 그러다 보면 WAPI가 세계시장으로 확대될 수 있다는 것이 이들 기업의 우려이자 중국이 내심 바라는 바였다.

인텔은 중국 정부에 공개적으로 맞섰다. "우리는 여러 모로 분석한 결과 WAPI를 지원하지 않기로 했고 또 WAPI를 지원하는 어떠한 제품도 생산하지 않기로 결정했다. WAPI의 전개 과정, 성능, 그리고 사용자 경험의 질 등에 많은 우려가 있다"라고 선언했다. 인텔이 WAPI를 지원하지 않기로 한 발표에 대해 중국의 한 고위 관료는 국가 안보를 고려해서 만들어진 WAPI 표준을 충족시키지 못할 경우 중국 내에서 인텔은 관련 제품을 판매할 수 없을 것이라고 경고의 신호를 보냈다.

인텔 측의 주요 논리 중 하나는 WAPI가 세계무역기구(WTO)의 무역상 기술장벽(Technical Barriers to Trade: TBT)[10]에 관한 협정 조항에 대한 위반이라는 것이었다. 외국 기업들, 특히 미국의 칩 제조업체들은 중재를 위해 정부의 개입을 요구했고, 결국 미국 정부가 무역 분쟁의 가능성을 위협적으로 제기하면서 적극적으로 나섰다. 결국 중국 정부는 2004년 4월 WAPI의 시행을 무기한 연기한다고 발표했다. 당시의 중국은 G2라 불리는 지금만큼 막강하지 않았으므로 미국과의 무역 분쟁이라는 위협 앞에서 무릎을 꿇었다고 볼 수 있다.

이후 미국과 중국 간에는 WAPI를 국제표준화기구(International Organization for Standardization: ISO)를 통해 검토한다는 합의가 이루어졌다. 이것은 WAPI가 공적표준이 되는 과정을 거친다는 것을 의미했다. 인텔은 "우리는 국제표준과 일관되고 호환되는 공개 표준을 항상 지지해 왔으며, 중국 정부가 수정된 WAPI 표준 제안서를 ISO에 제출하는 것을 지지한다"라고 밝혔다(SinoCast 05/01/17). 그러나 이후의 과정에서 중국은 국제표준계

10 WTO는 TBT를 통해 각국의 표준 및 기술규정에 관한 정책이 국제무역의 장벽이 되는 것을 막고자 한다. TBT 협정 제2.4조는 '관련 국제표준(relevant international standards)'이 이미 존재하는 경우에 WTO 회원국은 자국의 기술규정을 이 표준에 기초해 만들 것을 요구한다. WTO/TBT에서는 표준을 "규칙, 지침, 상품의 특성 또는 관련 공정 및 생산방법을 공통적이고 반복적인 사용을 위해 규정한 문서로서 인증된 기관에 의해 승인된 문서"로 정의한다(한국표준협회, 2009: 32).

의 냉혹한 현실을 맛보아야 했다. 2004년 11월 미국 올랜도에서 열린 ISO 회의에서 WAPI 표준은 IEEE 802.11i와 함께 안건으로 제출되었다. 그런데 회의 며칠 전 중국 대표단 중 세 명의 비자가 거부되었다. 그것도 유독 무선랜 보안 전문가들에 대해 비자 발급이 거부되었다(Cledenin, 2006). 중국 대표단은 2005년 2월 프랑크푸르트에서 열린 후속 회의에서도 절차상의 하자 때문에 WAPI를 신속처리(fast track) 안건으로 올리는 데 실패했다. 그러자 중국 대표단은 회의장에서 곧장 퇴장했다. 중국 대표단은 IEEE 802.11i의 처리 과정에 비해 WAPI가 불공정하게 처리되었다고 주장했지만, 이는 중국 대표단이 상대방의 발언 내용을 녹음하지 못하도록 하는 ISO 관례를 따르지 않고 녹음을 한 데 대해 미국이 강력하게 항의한 결과였다(연합뉴스, 2006: 194). 중국 측의 주장은 와이파이 얼라이언스가 WAPI 처리를 고의로 지연시키고 그 사이 시장에서 와이파이 표준을 사실상 표준으로 만들고자 했다는 것이다(*China Daily*, 2005.2.25).

TD-SCDMA[11]

TD-SCDMA(Time Division Synchronous Code Division Multiple Access)는 중국이 개발한 3G 이동통신 기술이다. 3G에는 WCDMA(Wideband Code Division Multiple Access)와 CDMA2000(Code Division Multiple Access version of IMT-2000 specifications) 두 개의 주요 표준이 있었다. 전자는 유럽의 2세대 이동통신 시스템인 GSM(Global System for Mobile Communications)과 호환될

---

11 이 부분은 이희진·오상조(2008)의 글을 새롭게 보충하고 정리한 것이다.

수 있도록 설계되었고, 후자는 CDMA 방식과 쉽게 호환되는 미국 방식이다. TD-SCDMA는 독일 지멘스와의 협력을 통해 중국에 의해 개발되었다.

TD-SCDMA의 개발은 중국의 다탕(Datang)과 독일의 지멘스가 1999년 10월 공동 개발팀을 조직하면서 시작되었다. 중국이 독일의 지원을 받아 자국산 표준 TD-SCDMA를 개발한 의도는 무엇보다도 퀄컴과 같은 회사에 3G 특허료로 지불해야 하는 엄청난 액수의 로열티를 줄이기 위함이었다. 여기에도 시장 규모의 논리가 제시되었다. "중국은 자국산 표준의 개발을 정당화할 수 있을 만큼 충분히 크다"(Jen, 2003: 17). ITU는 2000년 5월 TD-SCDMA를 3G 표준으로 채택했으며, 3GPP(3rd Generation Partnership Project)[12]도 2000년 12월 TD-SCDMA를 3G 표준으로 받아들였다. 중국의 한 고위 당국자는 "다가오는 3G 세대에 중국의 이동통신시장은 더 이상 해외 기업의 놀이터가 되지 않을 것이다"(Jen, 2003: 18)라고 말했다. 더 이상 서구 기술에 의존하지 않겠다는 의지의 표현이었다. 중국에게 TD-SCDMA는 단순히 '국제표준'이 아니라 '정보통신 독립'의 의지를 의미했다(연합뉴스, 2006: 204).

중국은 TD-SCDMA를 개발하면서 지멘스 외에 다른 외국 기업들과도 활발한 기술 협력 관계를 맺었다. 중국 통신사와 관련 기업들은 TD-SCDMA

---

12 3GPP(www.3gpp.org)는 정보통신기술 분야의 주요 국가 및 지역 표준화 단체가 3G 이동통신의 기술규격을 개발하고 국제표준화하기 위해 1990년대 말 결성한 단체이다. ARIB(일본), ETSI(유럽), TTA(한국), TTC(일본), ATIS(미국), CCSA(중국) 및 TSDSI(인도) 등 7개 표준화 단체가 '기관 참가자'로서 3GPP의 활동을 주도하고 있다. 3GPP는 3G 기술표준을 마련하기 위해 결성되었지만 이후 이동통신 표준화를 선도하는 단체로 자리 잡았다. 특히 5G에서는 ITU가 제시한 IMT-2020의 요구사항에 부합하는 표준을 작성하는 유일한 표준화 단체이다.

표 2-2 **기업별 3G 무선통신 표준의 특허 분포**

기업(국가)	TD-SCDMA	CDMA2000	WCDMA
퀄컴(미국)	2%	31%	6%
노키아(핀란드)	32%	22%	35%
에릭슨(스웨덴)	23%	6%	31%
지멘스(독일)	11%	5%	5%
알카텔-루슨트(미국)	-	5%	-
모토로라(미국)	-	11%	-
다탕텔레콤(중국)	7%	-	-
기타	25%	20%	23%

자료: Kim, Lee and Kwak(2020)

포럼을 구성했는데 여기에는 노키아, 에릭슨, 모토로라 등 세계 유수의 통신장비업체들이 참여했다. 또한 중국 정보산업부는 TD-SCDMA 가치사슬을 구성하기 위해 TD-SCDMA 산업연맹(TD-SCDMA Industry Alliance)을 설립했다. 포럼이 모든 기관이 참여해 논의하는 장이라면, 산업연맹은 회원들끼리 특허를 공유하기 위한 모임이었다(연합뉴스, 2006: 208). 산업연맹에는 많은 중국 회사와 외국 회사들이 참여했다. 장비업체로는 다탕텔레콤, ZTE, 화웨이가, 휴대폰 제조업체로는 레노보, 하이센스(Hisense), TCL이, 그리고 서비스 제공업체로는 차이나모바일, 한국의 SK텔레콤 등이 여기에 포함된다. 〈표 2-2〉는 주요 통신기술 회사별로 3G 무선통신 표준의 특허를 보유한 비율을 보여준다. 다탕텔레콤은 CDMA2000과 WCDMA에서는 당연히 표준을 하나도 보유하지 못하고 있었으며, 중국 고유의 기술이라고 일컫는 TD-SCDMA에서도 7%만 보유하고 있었다.

2008년 베이징올림픽에서 TD-SCDMA를 통한 3G 시범 서비스가 제공되었고, 2009년에는 차이나모바일(TD-SCDMA), 차이나유니콤(WCDMA) 및 차이나텔레콤(CDMA2000) 세 회사에서 상용 서비스가 시작되었다.

TD-SCDMA는 주로 중국 현지 인력과 전문가에 의해 개발되었기 때문에 TD-SCDMA를 선택하는 회사들은 낮은 비용을 기대했다. 더욱 중요한 점은 해외 공급자들을 다루는 데 있어 자사의 교섭력이 강화될 수 있다는 것이었다. 그러나 부정적인 면도 있었다. 중국 회사들이 국내 시장만을 위해 사업을 하는 것은 아니라는 점이었다. 향후 정보통신 제품 및 서비스를 수출하는 것도 중국 회사들의 목표였다. 하지만 만일 중국 회사들이 TD-SCDMA를 채택한다면, 중국 시장을 넘어서서 확장을 도모할 경우 그 능력이 제한될 수 있었다. 중국 내 시장에서는 TD-SCDMA가 더욱 강력한 교섭력을 위한 수단이 될 수 있는 반면, 세계 시장에서는 중국 회사들의 능력을 제한할 수 있었다(Laperrouza, 2006: 207). 따라서 TD-SCDMA를 개발하거나 이 기술을 이용해 통신서비스를 제공하는 회사들은 회사의 이익이냐 아니면 국가의 이익이냐 하는 딜레마에 빠지기도 했다. TD-SCDMA는 중국에서 널리 사용되었지만 세계 시장으로 뻗어나가는 데는 성공하지 못했다. 이것이 중국이 5G 표준개발에서 독자적인 길을 걷지 않고 공동 개발에 참여한 이유이기도 할 것이다.

5G

5G 표준(공식 명칭은 International Mobile Telecommunications-2020: IMT-2020)은 이전의 무선통신기술 표준화와 달리 하나의 표준이 ITU 사양을 맞추기 위해 3GPP를 중심으로 만들어졌다. 앞에서도 보았듯이 2G 시대에는 유럽의 GSM과 퀄컴(미국)의 CDMA가 경쟁을 벌였고, 3G에서는 GSM의 맥을 잇

는 WCDMA, 퀄컴 계열의 CDMA2000, 중국이 개발한 TD-SCDMA 세 개의 표준이 존재했다. 4G 시대에도 FDD-LTE와 TDD-LTE(중국의 TD 계열) 사이에 경쟁이 있었다. 5G 표준이 하나로 만들어진 것은 막대한 투자에 따른 위험 부담을 줄이려는 동기에서 비롯된 것으로 보인다. 막대한 자국 시장의 힘을 바탕으로 고유의 기술에 기반한 자국만의 표준을 고집하던 중국도 공동의 표준을 만드는 데 참여했다.

중국은 5G를 게임 체인저(game-changer)로 보고 5G 표준 제정 과정에서 영향력을 확대해 왔다. 중국 기관과 회사들은 중국통신표준협회(China Communications Standards Association: CCSA)의 주도로 3GPP에 적극적으로 참여해 왔다. 2013년 산업정보기술부(Ministry of Industry and Information Technology: MIIT)는 중국의 5G 표준 제정을 지원하기 위해 IMT-2020 프로모션 그룹(IMT-2020 Promotion Group)을 설립했다. IMT-2020 프로모션 그룹에는 정부 최고위 기관 가운데 하나인 국가개발개혁위원회(National Development and Reform Commission: NDRC)와 과학기술부가 동참했다.

IMT-2020 프로모션 그룹은 세계적으로 통일된 5G 표준을 개발하기 위해 3GPP를 지원했다. 이 과정에는 차이나모바일, 차이나유니콤, 차이나텔레콤과 같은 이동통신회사와, 화웨이, ZTE 등의 장비 회사가 참여했다. 그리고 이 그룹은 인텔, 퀄컴, 에릭슨, 노키아, 삼성 같은 외국 통신장비회사와도 협력 관계를 맺었다. 외국 회사들도 중국의 시범 사업에 적극적으로 참여했다. 5G는 2019년 11월 공식 서비스가 시작되기 전 이미 약 1000만 명의 사용자를 기록했다. 2025년까지 6억 명 이상이 5G를 사용할 것으로 예상되는데, 이는 전 세계 사용자의 약 50%에 달할 것이다(*Xinhua*, 2019.10.31).

더욱이 중국 정부는 다양한 정책을 통해 5G를 국가 전략 차원에서 지원하고 있다. 대표적인 것이 '중국제조 2025(Made in China 2025)'이다. '중국제조 2025'의 로드맵에 따르면 중국은 2025년까지 5G 국제표준, 기술 및 관련 산업에서 주도 국가가 되는 것을 목표로 삼는다. 또한 '863 프로그램' 아래 국가 연구개발 사업을 통해 5G 이동통신시스템에 대한 개발과 테스트가 시행된다. '863 프로그램'(일명 국가 하이테크 연구개발 프로그램)은 외국 기술을 사용하는 데 따른 재무적 부담을 경감할 목적으로 다양한 분야의 첨단기술 개발을 장려하는 프로그램이다.

5G에 대한 중국의 투자와 연구개발 노력은 지적재산권, 특히 표준특허 확보라는 점에서 성과를 내고 있다. 1절에서 보았듯이 표준특허란 특정 표준이 목표로 하는 성능을 구현하기 위해 사용해야만 하는 특허를 말한다. 즉, 5G의 요건을 충족하기 위해 사용할 수밖에 없는 관련 표준을 뜻한다. 표준특허는 표준경쟁, 특히 정보통신기술 표준경쟁에서 점차 중요해지고 있다. 〈표 2-3〉에서 보듯이 5G 관련 표준특허는 화웨이가 가장 많이 보유하고 있으며(1554개), ZTE 등을 포함한 중국 기업들이 1/3 이상을 점하고 있다(IPlytics, 2019). 또한 5G 표준개발에 기여하는 제출 문건의 수도 중국이 압도적인데, 화웨이가 1만 844건을 제출한 것을 필두로 중국 기업들의 기여도가 40%에 육박한다(IPlytics, 2019). 다탕텔레콤이 중국의 기술이라고 주장하는 TD-SCDMA에서도 특허를 7%만 보유했던 것과는 크게 비교된다(〈표 2-2〉 참조).

5G에서의 표준특허 보유가 더욱 위협적인 이유는 5G가 단순히 개인 차원의 스마트폰 사용이라는 이동통신 부문에 그치지 않기 때문이다. 오늘날

표 2-3 **5G 표준특허를 보유한 상위권 기업**

기업(국가)	표준특허 수	비율
화웨이(중국)	1,554	15.0%
노키아(알카텔-루슨트 포함)(핀란드)	1,427	13.8%
삼성(한국)	1,316	12.7%
LG전자(한국)	1,274	12.3%
ZTE(중국)	1,208	11.7%
퀄컴(미국)	846	8.2%
에릭슨(스웨덴)	819	7.9%
인텔(미국)	551	5.3%
CATT*(중국)	545	5.3%
샤프(일본)	467	4.5%
OPPO(중국)	207	2.0%
기타**	142	1.4%
합계	10,356	100.0%

* CATT(China Academy of Telecommunications Technology)는 국유 통신장비 회사로, 다탕텔레콤이 자회사로 여기에 속해 있다.
** 기타에는 일본 후지츠(20개), 소니(14개), 타이완 미디어텍(13개), 애플(12개), KT(8개) 회사 등이 포함된다.
자료: IPlytics(2019)를 토대로 필자가 재작성

4차 산업혁명의 맥락에서 이야기되는 자율자동차, 스마트에너지, 스마트팩토리 등은 모두 5G 통신망을 통해 구현되며, 5G가 여러 융합 서비스/산업에서 사용되면 될수록 표준특허 보유자의 수익이 늘어나는 구조이다. 이전 세대의 이동통신 기술표준과 달리 하나의 표준만 만들어지는 5G에서는 어떤 기술표준을 채택하느냐가 아니라 누가 더 잘 활용하느냐가 승리의 관건이 되었다. 다시 말해, 다양한 산업 분야에서 활용되는 5G의 생태계를 어떻게 형성하는지가 중요해졌다. 즉, 각 분야에서 5G를 이용해서 수익을 내는 비즈니스 모델을 만들고, 이 모델로 산업생태계가 돌아가게 하는 것이 경쟁의 결정적인 기반이 된 것이다(이희진, 2019b).

기술국가주의: 지적재산권을 기반으로

중국 정보통신기술 분야에서 이루어지는 국제표준화 노력의 기저에는 '기술국가주의(techno-nationalism)'가 자리 잡고 있다. 기술국가주의란 외국 기술에 대한 의존을 피하거나 최소화하는 방향으로 국가 기술혁신 정책을 추진하는 것을 의미한다(Kohno, 1995). 기술국가주의는 보통 기술세계주의(techno-globalism)와 짝을 이루어 논의된다(Montresor, 2001). 기술국가주의는 세계화로부터 자국 내 기술을 보호하는 데, 기술세계주의는 세계화를 발판으로 기술 개발을 진작하는 데 각각 정책 목표를 두고 있다. 기술국가주의에서는 정부가 혁신을 주도하는 역할을 하며, 기술세계주의에서는 세계 시장이 그 역할을 하도록 개방적인 정책을 취한다. 기술국가주의는 외국인 또는 기업에 대해 폐쇄적인 반면, 기술세계주의는 개방적으로 협력을 추구한다(Ostry and Nelson, 1995; Yamada, 2000).

WAPI를 개발하고 의무 사용을 공표하면서 중국 정부가 가졌던 생각은 중국의 시장 규모가 막대하므로 중국에서 WAPI를 강제표준으로 정하면 외국 기업들은 이를 따를 수밖에 없다는 것이었다. 이렇게 되면 WAPI는 자연스럽게 경쟁력 있는 국제표준으로 부상할 것이라고 기대했다. 결과는 앞에서 보았듯이 미국의 위력 앞에서 물러섰다. WAPI는 중국의 기술만으로 개발되었고 중국 기업에만 암호화 알고리즘이 주어졌다. WAPI의 실패는 표준을 성공적으로 제정하고 정착시키는 데는 기술과 시장뿐만 아니라 우리 편[즉, 연합(alliance)]도 있어야 한다는 잘 알려진 사실을 다시금 일깨워 준다. 이후 중국은 WAPI에서와 같은 폐쇄적 또는 내향적 표준화가 아니라 개방적 또는 외향적 표준화라는 접근법을 채택했다. TD-SCDMA를 개발하고 표준화하는 과정에서는 외국 기업과 다양하게 협력했다. 개발 단계에서부터 독일 지멘스와 같이했고, TD-SCDMA 포럼과 TD-SCDMA 산업연맹을 구성해 외국 기업들을 끌어들였다. 이렇게 해서 TD-SCDMA는 중국 시장에서는 가장 많이 사용되는 3G 기술이 되었다. 하지만 세계 시장에서 지배적인 국제표준이 되지는 못했다.

필자는 한 연구(이희진·오상조, 2008)에서 두 사례를 비교하면서 WAPI는 기술국가주의에 가깝고 TD-SCDMA는 기술세계주의로 볼 수 있다고 주장했다. 그러나 5G의 사례는 중국의 국제표준화 전략을 새로운 시각에서 보게 한다. 5G 표준개발에서 중국은 중국 고유의 표준을 개별적으로 개발하는 전략을 버리고 국제표준에 동참하는 길을 걷기로 했다. 이런 방향 전환은 화웨이와 같은 중국 통신장비업체들이 가치를 만들어내는 전략을 5G부터 바꾼 것으로 볼 수 있다. 막대한 크기의 내수 시장을 바탕으로 시장을 석권한다는 단순 논리에서 벗어나 향상된 기술력과 지적재산권을 바탕으로 시장에서 수익을 내는 전략으로 옮겨간 것이다. 중국은 독자적인 표준을 만들어 다른 표준들과 경쟁하기보다는 공동의 표준개발에서 기술 리더십을 쥐는 것으로 방향을 선회했고 이는 어느 정도 성과를 거둔 것으로 보인다.

기술국가주의와 기술세계주의를 서로 다른 전략으로 보는 것은 의미가 없다. 기술세계주의는 기술국가주의를 구현해 나가는 과정에서 환경 변화에 따라 대응하는 하나의 방안에 불과하다. 중국의 국제표준화 전략은 모두 기본적으로 기술국가주의에 입각해 있다. 차이가 있다면 폐쇄적 접근(WAPI)에서 시작해 개방적 접근(TD-SCDMA)으로 이어졌고, 이제는 발전한 기술력을 바탕으로 지적재산권 기반 접근(IPR-based standardization)(Bekkers et al., 2014)을 하고 있다는 것이다. 실제로 중국의 표준특허 보유는 눈에 띄게 증가했으며, 중국 정부는 정보통신기술 산업에서 특허 지분을 늘리는 소수의 대기업에게 인센티브를 주고 있다(Ernst, 2017). 브레즈니츠와 머프리는 중국의 국제표준은 기술적으로 주변적이기 때문에 세계 시장에서 많이 받아들여지지 않을 것이라고 보았다(Breznitz and Murphree, 2011). 그러나 5G 표준에서 중국의 표준특허가 차지하는 높은 비중과 특히 미국이 보이는 예민하면서도 격한 반응은 중국의 기술이 더 이상 주변적이지 않다는 사실을 잘 보여준다.

이런 시도들이 모두 기술국가주의에 기반하고 있다고 보는 이유는 두 가지이다. 우선, 이 시도들은 모두 외국 기술에 대한 의존을 줄이는 것을 출발점으로 하고 있다. 나아가 기술적 독립을 추구하고, 궁극적으로는 정보통신기술에서뿐만 아니라 새롭게 부상하는 융합 분야에서도 기술혁신의 글로벌 리더십을 얻고자 한다. 또한 기술전쟁 또는 표준전쟁의 영향은 단지 기술 분야와 경제 영역에만 국한되지 않는다. 이들 문제는 이제 국제안보에서 핵심 쟁점이 되었다(Farrell and Newman, 2019). 5G를 둘러싼 미국과 중국의 경쟁은 단지 기술 경쟁이 아니라 국제안보, 국제관계에서 가장 중요한 전략적 문제로 부상했다. 중국의 국제표준화 전략은 새로운 접근법으로 진화하고 있지만 기본적으로 기술국가주의에 입각해서 해석할 수 있다.

기술국가주의는 미국의 화웨이와 중국에 대한 대응에도 그대로 적용된다. '국가안보'는 미국의 기술적 지배를 지속하기 위한, 특히 5G에서 중국의 영향력을 제어하기 위한 미국의 대항 논리로도 사용되고 있다. 화웨이는 미국의 국가이익에 대한 위협이자 글로벌 통신망에서 이루어지는 미국의 지속적인 지배에 대한 도전이다(Farrell and Newman, 2019). 트럼프 대통령이 내세운 '미국 우선주의(America First)', '미국을 다시 위대하게(Make America Great Again)' 등의 구호가 국가주의를 직설적으로 표현한 것이라면, 화웨이를 둘러싼 갈등은 국가주의가 기술 분야에서 발현된 것이라 할 수 있다.

앞으로 중국은 첨단 분야에서의 국제표준화 시도를 계속할 것이다. 국제표준화, 특히 지적재산권 기반 표준전략은 중국 산업 및 기술혁신 정책의 기반이 되었고 이러한 전략은 앞으로 첨단 기술 및 융합 산업 분야에서도 더욱 가속화될 전망이다. 중국 표준을 바라보는 데 있어 우리가 또 하나 염두에 두어야 할 점은 중국의 표준전략과 정책을 단순히 기술표준의 차원이 아니라, 기술표준을 넘어서서 세계 전략의 한 수단이라는 큰 틀에서 이해해야 한다는 것이다. 중국의 세계 전략인 일대일로(一帶一路)에는 '표준'이 하나의 방책으로 자주 등장한다(곽주영·이희진, 2017). 2020년 5월 21일 미국 트럼프 행정부가 발표한 「미국의 대(對)중국 전략적 접근」(White House, 2020)은 표준을 일대일로의 주요 축으로 보는 시각을 공식화한다. 여기에 대해서는 5장 '세계 전략으로서의 표준화: 중국의 사례'에서 자세히 다루기로 한다.

상자3. 모듈화와 국제 분업 체계

중국이 국제표준화에 이렇게 적극적으로 나서는 이유는 무엇일까? 이에 대한 답은 국제 분업 체계를 이해해야 추론할 수 있다. 1970년대 말 중국이 개혁개방 정책을 취하고 글로벌 가치사슬에 참여한 이후 미국과 중국 두 나라 간 경제적 관계의 전형은 "미국 기업들이 제품을 표준화하고 그 이익을 선점하면, 중국 기업은 이를 모방해 사업을 전개하는 형태였다"(다나카 미치아키, 2019: 4). 즉, 중국은 미국, 유럽, 일본 등 선진국의 기업이 만든 표준을 사용해서 정해진 방식에 따라 일부 모듈을 생산하고 공급해서 글로벌 가치사슬에 참가한 것이다. 하지만 이제 중국은 표준 채택자가 아니라 전체 시스템을 설계하는 시스템 아키텍트로 나아가고자 한다.

오늘날 모듈화가 일반화된 생산 체계에서 대부분의 제품은 위계적인 시스템으로 형성되어 있다. 이 체계 아래에서 혁신은 두 가지 방식으로 일어난다. 하나는 모듈 혁신(module innovation)이고, 다른 하나는 아키텍처럴 혁신(architectural innovation)이다(Schilling, 2017: 50~51). 모듈 혁신은 시스템 전체의 배열 또는 설정(configuration)에는 영향을 미치지 않고, 하나 또는 소수의 구성요소만 변화시킨다. 아키텍처럴 혁신은 전체 시스템의 전반적인 설계에 영향을 미치고, 구성요소들이 상호작용하는 방식을 변화시킨다. 예를 들어, 자동차 좌석의 쿠션이 향상되는 것은 자동차의 구동에 아무런 영향을 미치지 않는다. 그러나 자동차의 구동 방식이 내연기관에서 전기로 바뀌면 엔진 등 모든 주요 구성요소가 변화해야 한다. 나아가 충전을 위한 인프라뿐만 아니라 규제 등 입법에서도 완전히 다른 체계가 요구된다. 전자는 모듈 혁신이고, 후자는 아키텍처럴 혁신이라 할 수 있다.

아키텍처럴 혁신을 주도하는 시스템 설계자가 되기 위해서는 새로운 기술을 개발하고 그 기술의 표준을 제정해야 한다. 앞에서 본 플랫폼 설계자/소유자와 API를 통해 플랫폼에 접속하는 앱 개발자의 관계가 글로벌 가치사슬에서도 그대로 적용되는 것이다.

표준 인터페이스는 서로 다른 구성요소(또는 모듈) 생산자들을 조정(coordination)할 필요성을 감소시킨다. 모듈 방식은 제품의 생산자들 사이의 관계와 상호작용 방식도 변화시켜 조직을 유연하게 한다. 이것을 "느슨하게 연결된 조직 구조(loosely coupled organizational structure)"라고 한다(Schilling, 2017: 223~224). 이런 느슨한 구조에서는 개발과 제조가 빈틈없이 통합되지 않아도 된다. 공동의 표준 또는 '기술 문법(technical grammar)'을 공유하고 준수하면 필요한 조정이 이루어질 수 있다. 따라서 모듈 제품 설계와 인터페이스 표준은 기술시스템을 분해해서 생산 활동을 여러 나라로 분절화할 수 있다. 즉, 글로벌 가치사슬을 만들어내는 것이다. 특히 표준화된 인터페이스 규격(specifications)은 후발 산업국 기업이 구성요소들 사이의 상호작용에 대한 충분한 지식이 없더라도 시장, 즉 글로벌 가치사슬에 들어올 수 있게 한다. 1980년 PC 산업과 1990년대 CD/DVD 산업에서 보듯이, 모듈러 아키텍처와 인터페이스 표준은 기술 확산을 촉진하고, 진입장벽을 낮추며, 후발 국가들에게 경제성장의 기회를 제공했다(Ogawa, Shintaku and Yoshimoto, 2005).

그러나 여기에는 결정적인 한계가 존재한다. 모듈 단계 기술에 성공적으로 적응해서 글로벌 가치사슬에 들어간 기업이라 할지라도 스스로 혁신을 통해 가치를 창출하고자 할 때에는 한계에 마주친다는 것이다(Chesbrough and Kusunoki, 2001). 즉, 모듈을 뛰어넘는 기술을 개발하는 데에는 제한이 따르고, 창출할 수 있는 가치도 특정한 선을 넘을 수가 없다. 이것이 모듈성의 한계이다. 이는 시스템 아키텍처 설계자와 모듈 제공자 사이의 이해 충돌로 이어지고(Ernst, 2005), 결국 대부분의 선진국과 개발도상국 사이에는 모순적 관계가 발생한다.

여기서 한 걸음 더 나아가서 개발도상국은 기술 함정 또는 특허 함정(Suttmeier and Yao, 2004; Suttmeier, Yao and Tan, 2006)에 빠지게 된다. 기술 함정이란 개도국 기업이 제품을 만들어서 팔면 팔수록 선진국의 기술 소유 기업에게 로열티를 점점 더 많이 지급하게 되는 현상을 말한다. 이 함정으로부터 벗어나기 위해 후발국은 시스템 아키텍처 역량을 키워야 한다. 이를 위한 하나의 방책이 표준 설정이다. 표준을 만드는 것은 주도 기업에게 자사 고유의 기술에 맞게 글로벌 룰을 만들 수 있는 기회와 우위를 제공한다.

모듈 생산 방식은 개발도상국 기업들에게 주변 기술을 습득해 글로벌 가치사슬에 참여할 수 있는 기회를 부여했다. 하지만 핵심 기술에 대한 접근이 제한되고 진입장벽이 낮아 다수의 기업들이 참여하면서 결국은 바닥치기(Race to the Bottom) 가격 경쟁에 내몰리고 있다. 모듈 기반 성장의 한계에 직면한 몇몇 개도국은 제품 아키텍처를 자국 기업에 유리하게 설계해서 아키텍처 측면에서 우위를 달성하는 표준 전략을 개발하고 활용하려 하고 있다. 중국이 취하고 있는 전략이 바로 이 전략이다.

3장

통합의 도구로서의 표준

■

표준은 사회가 작동하는 기본 원리이다. 한 사회가 질서 있게 돌아가기 위해서는 공통의 문법이 필요하고, 그 역할을 하는 것이 표준이다. 서로 다른 둘 이상의 사회·경제 체계가 순조롭게 교류하기 위해서는 반드시 표준이 필요하고 각 사회의 표준이 조화되어야 한다. 지역통합을 지향하는 EU와 아세안(Association of South East Asian Nations: ASEAN)에서 표준조화(Harmonization of standards)를 이루는 것이 핵심 과제인 이유이다.

이 장에서는 통합의 도구로서의 표준에 대해 알아본다. 통합의 주요 수단이라는 것은 반대로 이 수단이 제대로 작동하지 않으면 갈등의 계기가 될 수도 있다는 뜻이다. 표준은 통합의 도구가 되기도 하지만, 이 작업이 순조롭지 못할 때에는 통합이 저해되고 심지어 갈등의 요인이 되기도 한다.

1절에서는 먼저 북한의 표준시 변동(변덕)으로 이야기를 시작한다. 이 사례에서 시간이 어떻게 정치적 상징물이 되고 (시간)표준이 어떻게 통합(또는 최소한의 협력)의 징표로서 사용되고 읽히는가를 살펴본다. 2절에서는 호주의 철도 '궤간 단절(breaks of gauges)'에 대해 소개한다. 호주 철도의 궤간 단절은 표준통합과 국가 형성(nation building)의 관계를 보여주는 재미있는 역사적 사례이다. 우리나라에서도 남북관계가 호전될 때마다 첫 번째로 등장하는 소재가 남북 철도협력이다. 남한과 북한 사이에는 궤간표준이 문제가 되지는 않지만, 철도 시스템은 여러 기반 분야가 복잡하게 얽혀 있는 대규모 기술시스템(large technological system)이고 거기에는 다양한 종류의 표준이 포함되어 있다. 호주의 궤간 단절 사례는 철도협력이 왜 중요한지를 유추해 볼 수 있는 유익한 사례이다.

3절에서는 EU의 통합 과정을 살펴본다. EU는 통합 과정의 매 단계에서 표준의 조화를 주요 목표로 삼았다. 4절에서는 독일이 통일될 당시 이루어진 표준통합 과정을 검토한다. 독일이 통일되는 과정에서 표준은 큰 비용을 유발하는 요소였다. 독일의 사례는 표준 측면에서 남북 간 어떤 노력이 필요한지 생각할 거리를 준다. 마지막 절에서는 남북 표준협력의 과제와 방향을 검토한다.

1 왔다 갔다 북한의 표준시

북한은 광복 70주년을 맞는 2015년 8월 15일 표준시를 한국과 같은 동경 135도 기준에서 일본 도쿄가 아니라 한반도의 한가운데를 지나는 동경 127.5도(127도 30분)를 기준으로 고치기로 결정했다고 발표했다. 이 '평양 표준시'는 우리가 사용하는 표준시보다 30분 늦다. 표준시를 변경한 이유에 대해 북한은 '일제 잔재 청산'을 강조했다. "일제의 100년 죄악을 결산하고 우리나라에서 일제 식민지 통치의 잔재를 흔적도 없이 청산하며 김일성 동지와 김정일 동지의 존함으로 빛나는 백두산 대국의 존엄과 위용을 영원토록 떨쳐나가려는 것이다"(BBC, 2018.4.30).

그런데 겨우 2년 후 2017년 5월 5일 다시 동경 135도로 복귀했다. 2년이라는 기간이 일제의 잔재가 말끔히 해소되기에는 부족한 시간이고, 설사 일제의 잔재가 해소되었다 하더라도 다시 일제의 흔적으로 회귀할 이유는 없다. 그렇다면 북한은 왜 표준시로 다시 복귀한 것일까?

북한 표준시의 복귀, 다시 말해 평양시의 폐기는 김정은 노동당 위원장이 일주일 전인 그해 4월 28일 열린 남북정상회담장에서 즉흥적으로 제안했다고 한다(고도의 계산에 따른 계획된 행동인지는 알 수 없지만 공식 회담 안건에 없었다는 점에서 즉흥적이라 할 수 있다). 김정은은 남북정상회담 장소에 서울시간과 평양시간을 가리키는 두 개의 시계가 걸려 있는 것을 보고 "매우 가슴이 아프다"라면서 시간 통일을 제안했다는 것이다. 즉, 표준시의 통일은 두 사회의 '통합'이라는 전제에 바탕을 둔 상징적 조치이다. 물론 두 개의 표준시에 따른 불편함, 예를 들어 개성공단 재개 등 북한이 원하는 경제활동의 불편함을 염두에 둔 수정이라는 해석도 가능하다. 하지만 당시 시점에서 경제적 협력은 두 정상의 능력을 벗어난 국제 제재 조치의 일환이라는 점에서 '통합'이라는 상징성에 방점을 찍는 해석이 설득력 있다.

이는 2015년 평양표준시가 만들어진 시점의 정치적 상황을 보면 이해할 수 있다. 평양표준시를 신설한 본래 이유는 일제 잔재를 청산하기 위해서가 아니라 사실은 이명박, 박근혜 정부 시절 남북관계가 매우 악화되었기 때문이다. 이는 평양표준시 신설에 대한 통일부의 반응에서도 읽혀진다. "… 일방적으로 표준시를 변경해 남북 간 시간대마저 분리시켜 이질성을 심화시키고 남북협력의 장애를 초래하게 된 것에 대한 우려를 표명…"(≪중앙일보≫, 2015.8.12).

북한이 일제를 청산하기 위해 평양표준시를 신설한 것이라면 왜 지난 70년 동안은 일본에 의해 설정된 135도 표준시를 지켰는지[1]에 대해서도 설명이 궁색하다. 평양표준시 신설은 일제 청산이 아니라 한국과의 관계를 정리하기 위한 정치적 목적이 더 강했던 것으로 봐야 한다.

표준시가 사회정치 통합의 상징으로서 사용되는 사례는 다양하다. 자연시와의 불일치가 매우 큰 데도 불구하고 사회정치적 통합을 목적으로 하나의 표준시를 고수하는 경우이다(이희진, 2006: 56~57). 미국은 하와이를 제외하고도 이스턴 타임, 센트럴 타임, 마운틴 타임, 퍼시픽 타임, 네 개의 표준시를 갖고 있다. 정식 국호가 의미하듯이 미국은 51개 주의 합중국으로서 국가 전체의 통합 못지않게 각 주의 자율성도 존중한다. 이에 반해 동서 간 거리가 미국과 비슷한 중국은 표준시가 단 하나, 즉 베이징 표준시뿐이다. 따라서 중국의 서부 변방 지역인 티베트는 아침 8시에도 어두울 때가 많다. 왜냐하면 티베트의 시계는 수천 킬로미터 떨어진 베이징 표준시에 맞추어져 있기 때문이다. 베이징 표준시와 각 지역의 지역시 간 차이가 엄청나고 이로 인해 동서 변방 지역의 사람들이 큰 불편함을 겪음에도 불구하고 중국은 왜 하나의 표준시를 고집할까?

---

1 우리나라 표준시의 역사를 간단히 살펴보면, 1908년 4월 1일 대한제국이 동경 127.5도(127도 30분)를 기준으로 삼았다. 영국 그리니치가 기점인 시간보다 8시간 30분 빠르다. 1912년 1월 1일 일본은 통치의 편의라는 현실적 필요와 통합의 상징을 이유로 조선의 표준시를 동경 135도, 즉 일본 도쿄 시간으로 변경했다(+9:00). 광복 후 1954년 3월 21일 일제 잔재 청산의 일환으로 127.5도로 표준시를 변경했다. 그러나 5·16 직후인 1961년 8월 10일 다시 도쿄 시간으로 환원되었다. 여기에는 시차 환산의 편리성(1시간 단위로 시간 환산이 용이한 15도 간격의 표준 경도 자오선을 기준으로 삼는 것이 일반적이다)이라는 명분과 주한미군과 주일미군의 표준시 일치 요구 등도 영향을 미쳤다고 한다(≪경향신문≫, 2010.8.9).

중국의 단일 표준시는 중국의 역사와 정치를 반영하고 있다. 역사적으로 중국은 중앙집권국가였다. 현재도 중국은 중화인민공화국이라는 정체(政體) 아래 여러 소수민족이 포함되어 있다. 이런 상황에서 베이징 표준시는 중국 공산당 정부의 중앙통제를 상징하는 강력한 표상이다. 구소련의 사정도 비슷했다. 구소련에서는 적절한 경도상의 위치에 따라 표준시가 정해진 것이 아니라 정치적 목적으로 모스크바 표준시가 시행되었다. 고르바초프 대통령이 페레스트로이카를 단행할 당시 발트해 공화국들이 모스크바에 대한 도전으로 감행한 첫 번째 행위는 핀란드 시간대를 그 지역의 공식 시간으로 채택하는 것이었다(이희진, 2006: 57).

북한이 평양표준시를 채택하겠다고 한 것은 더 이상 대화나 통합의 길이 아니라 각자 갈 길을 가자는 의미였고, 동경표준시로 회귀한 것은 다시 한 번 잘해보자는 의사에 대한 '시간적 언명'이었던 것이다. 이렇듯 '표준'은 사회통합 또는 국가통합의 중요한 지표이자 정치적 상징이다.

2 호주 철도의 '궤간 단절'과 국가통합

표준시간이 사회/국가통합(또는 분리)의 계기가 되는 것과 마찬가지로 철도 궤간(궤도 간격, Gauge)표준이 한 나라의 통합을 좌우하기도 한다. 20세기에 들어선 후 상당한 기간까지도 호주 철도 이용객은 주요 주도(州都, state capital) 사이를 이동할 때면 주의 경계에서 열차를 갈아타야 했다. 각 주 철도의 궤간이 달라서 같은 열차로 달릴 수 없었기 때문이다. 호주의 2대 도

시인 시드니와 멜버른은 1962년에 표준 궤간[2]으로 연결되었지만, 멜버른-애들레이드 노선에는 1995년에야 비로소 표준 궤간이 놓였다. 이렇게 주마다 다른 궤간이 사용된 것은 철도가 주요 도시들을 연결하던 19세기 중반 철도시스템이 건설되기 시작했을 때부터였다. 각 주의 철도는 각기 다른 궤간을 사용했고 열차는 주 간 경계를 넘을 수가 없었다. 따라서 승객들은 주를 이동할 때면 기차를 환승해야 했고 화물은 국경 역에서 옮겨 실어야 했다. 이러한 현상을 "상이한 궤간의 네트워크가 만나는 지점"을 의미하는 '궤간 단절(breaks of gauge)'이라고 한다(Puffert, 2009: 3).

호주 철도 궤간 단절의 기원[3]

호주에서 궤간 단절의 문제는 1850년대에 호주에 철도가 처음 건설되던 때부터 시작되었다. 이 문제를 이해하기 위해서는 철도의 발상지인 영국에서 궤간과 관련해 어떤 일이 있었는가를 먼저 알 필요가 있다.

1830년에 리버풀과 맨체스터를 잇는 철도가 최초로 개통된 이후, 영국 전역에서 사기업들이 철도 노선을 구축했다. 초기 철도는 단일 노선을 운영했기 때문에 지역 또는 노선을 연결하기 위해 조율을 할 필요는 없었다. 하지만 후에 서로 다른 궤간을 사용하는 노선들이 만나기 시작하면서 철도가 네트워크라는 인식이 생기기 시작했고 네트워크 연결 문제가 부상했다. 이에 영국 의회는 위원회를 구성해 궤간의 국가표준화를 논의했다(Bayley,

2 조지 스티븐슨이 잉글랜드에서 처음 철도를 부설할 때 사용했던 궤간으로 전통적으로 사용되던 마차의 바퀴 간격이라고 한다. 이후 우리나라를 포함해 전 세계적으로 가장 많이 사용되어서 '표준'으로 불린다.

3 이 부분은 이희진·엄도영(2019: 221~233)을 발췌·정리한 것이다.

1973). 1846년에는 "그레이트브리튼에서는 4피트 8.5인치, 아일랜드에서는 5피트 3인치 이외의 궤간으로 여객 수송을 위한 철도를 부설하는 것은 합법적이지 않다"라고 명시한 법이 통과되었다(Bayley, 1973: 6). 4피트 8.5인치는 미터법으로는 1435mm 궤간으로, 이것이 오늘날 전 세계적으로 많이 사용되고 표준 궤간이라고 불리는 것이다. 5피트 3인치는 1600mm로, 아일랜드식 광궤라고 한다. 아일랜드는 섬이라서 연결 문제가 심각하지 않았기 때문에 기존에 부설되어 있던 궤간을 활용하는 방향으로 결정되었다.

철도가 처음 건설되기 시작할 무렵 호주 대륙은 대영 제국의 몇 개 식민지(colony)로 나뉘어 있었다. 1854년 9월, 빅토리아(Victoria) 멜버른에서 첫 증기 기관차 운행이 시작되었고, 1856년 4월에는 남호주(South Australia)에서 첫 노선이 개통되었다. "잉글리시 궤간(English gauge)"을 사용하라는 영국 정부의 권고에도 불구하고, 이 두 노선은 "아일랜드 광궤"(5피트 3인치, 1600mm)를 사용했다(Lee, 2003: Chapter 4). 궤간은 기술적·경제적 요인을 고려해 결정되었다. 아일랜드 광궤는 간격이 넓어서 "부드럽고 빠른 이동"이 가능하지만 "건설 및 유지 비용이 비싸다"(Bayley, 1973: 5).

한편 뉴사우스웨일스(New South Wales) 식민지에서는 호주의 첫 철도회사인 시드니 철도회사가 1848년에 설립되었다. 식민부 총독인 얼 그레이는 모든 호주 철도가 표준 궤간을 사용해야 한다고 명시했다(Lee, 2003: Chapter 4). 그러나 책임 엔지니어였던 아일랜드 출신 프랜시스 실즈는 1850년에 호주의 궤간을 아일랜드식 광궤로 변경하자는 주장을 했고, 회사는 이를 받아들였다(Bayley, 1973).[4] 연봉 갈등으로 실즈가 물러난 후, 제임스 월러스라는 스코틀랜드인이 채용되었는데, 그는 표준 궤간으로 되돌아갈 것을 주장했

표 3-1 **호주의 주요 궤간**

궤간	너비	사용하는 주	특성
광궤 (아일랜드식)	5피트 3인치 (1600mm)	빅토리아(VIC)와 남호주(SA) 일부	부드럽고 빠르지만, 비쌈
표준궤 (잉글랜드식)	4피트 8.5인치 (1435mm)	뉴사우스웨일스주(NSW)와 주 간(interstate) 철도 네트워크	광궤와 협궤의 특성을 절충
협궤	3피트 6인치 (1067mm)	퀸즐랜드(Qld), 서호주(WA), 태즈메이니아(TAS), 남호주(SA) 일부	저렴하며, 험한 지역에 적합

다. 그리하여 1855년에 개통한 시드니에서 패러매타(Parramatta)까지의 노선은 표준 궤간으로 만들어졌다. 그동안 빅토리아와 남호주는 이미 광궤 기관차와 차량을 주문하고 건설했다. 태즈메이니아(Tasmania), 서호주, 그리고 퀸즐랜드(Queensland) 등 다른 식민지들은 경제적인 이유로 협궤인 3피트 6인치(1067mm) 궤간을 채택했다. 협궤는 인구 밀도가 낮은 지역에 적합하다. 〈표 3-1〉은 호주에서 사용되는 세 가지 주요 궤간을 요약한 것이다.

이것이 호주의 철도 시스템을 병들게 한 "엉망진창 궤간 혼돈(guage muddle)"의 시작이었다(Lee, 2003: Chapter 4; Puffert, 2009). 영국의 저명한 철도학자 크리스티안 월마(Christian Wolmar)는 자신의 책에서 다음과 같이 밝혔다. "호주 철도의 파란만장한 역사는 여러 측면에서 철도 네트워크를 어떻게 관리하면 안 되는가를 보여주는 좋은 사례이다. 철도가 중요한 통합 기능을 하고 표준화된 방법으로 구축되어 확장이 가능했던 다른 나라들과

4 당시에 빅토리아는 뉴사우스웨일스주의 일부였으나, 1851년에 별개의 식민지로 뉴사우스웨일스에서 분리되었다. 퀸즐랜드는 1859년에 식민지가 되었다. 따라서 1850년대까지는 뉴사우스웨일스가 가장 세력이 막강했고, 영국 정부에 관해 어느 정도 호주를 대표했다고 할 수 있다. 1901년 1월 1일 연방이 설립된 이후에는 식민지들이 연방제도하의 '주(state)'가 되었다.

는 다르게, 호주 각 주가 운영하는(state-run) 철도 기업들은 광활한 대륙을 가로질러 먼 거리를 이동하고자 하는 화물 운송업자와 사람들의 삶을 힘겹게 만드는 데서 비뚤어진 쾌감을 느꼈던 것 같다"(Wolmar, 2014: 296).

『허클베리 핀의 모험』으로 유명한 마크 트웨인은 1895년 호주를 방문했는데, 당시 새벽 5시 궂은 날씨 속에 앨버리(뉴사우스웨일스와 빅토리아의 경계 부근의 역)에서 열차를 갈아타야 했다. 미국의 대륙횡단철도를 알고 있던 트웨인은 이 말도 안 되는 경험을 하고 난 후 아직도 자주 인용되는 비꼬는 말을 남겼다. "저런 아이디어를 낳은 마비된 지능을 생각해 보라"(Twain, 2007: 47; Arnold, 2014). 이 상태는 식민지였던 뉴사우스웨일스와 빅토리아가 앨버리에서 철도로 처음 연결된 1883년부터 두 주의 수도가 표준 궤도로 연결된 1962년까지 계속되었다. 그런 "마비"는 계속 진화했고, 퍼스에서 브리즈번까지 가려면 상이한 궤간으로 인해 최대 여덟 번 환승해야 하는 상황에 이르렀다(Hope, 1965: 26).

철도 애호가이자 전직 부총리인 팀 피셔[5]에 따르면 실제로 호주에서는 적어도 22가지의 궤간이 사용되었다(〈그림 3-1〉 참조). 피셔는 "보통 다양성은 좋은 것이다. 그러나 호주의 사례에서 저 많은 종류의 철도 궤간과 기관차들은 궁극적으로 엄청나게 비싼 실수의 대가를 불러왔고 경제적 효율성을 위해 한 것이 하나도 없다"라고 일갈한다(Fischer, 2018: 53). 팀 피셔는 〈그림 3-1〉 포스터의 제목으로 "위대한 호주 철도 궤간들"이라는 제목을

5 팀 피셔는 호주 연방정부의 부수상이자 통상장관(1996~1999)이었다. 팀 피셔는 철도 애호가이자 역사가로서 호주 철도 역사에 관한 저서도 남겼다. 특히 궤간 단절에 대해서 관심이 많아 〈그림 3-1〉과 〈그림 3-2〉와 같은 유명한 포스터를 만들기도 했다. 팀 피셔는 통상장관으로서 한국을 방문하기도 했다.

그림 3-1 **호주의 22가지 궤간**

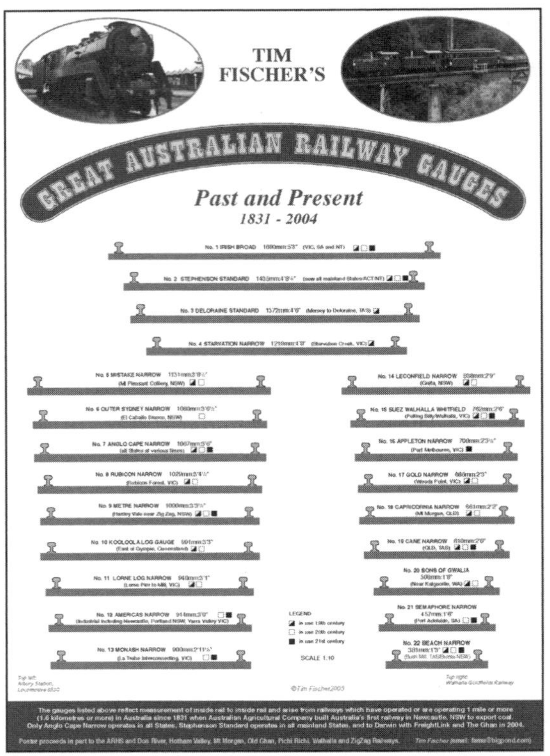

자료: 팀 피셔 가족의 허가를 받아서 사용

달아서 희화화한다. 팀 피셔는 세계 철도 궤간 포스터(〈그림 3-2〉 참조)도 만들었는데 호주 궤간 포스터에는 22개의 궤간이 포함되어 있는 반면, 세계 궤간 포스터에 나온 궤간은 17개이다. 세계 궤간 포스터는 전 세계적으로 많이 사용되는 17개만 포함한 것이기는 하지만, 두 포스터의 비교는 호주 궤간 단절의 복잡성을 잘 보여준다.

그림 3-2 **세계의 17가지 궤간**

자료: 팀 피셔 가족의 허가를 받아서 사용

시드니 – 멜버른 노선은 1962년에야 비로소 표준화되어 인구가 가장 많은 두 개의 도시가 연결되었다. 태평양 쪽의 시드니부터 인도양 쪽의 퍼스를 잇는 동서 대륙횡단 노선 인디안 – 퍼시픽 라인은 남호주와 서호주의 궤간이 조금씩 표준 궤간으로 전환되는 과정을 거쳐 1970년에 개통되었다. 〈그림 3-3〉은 1969년 동쪽 노선과 서쪽 노선이 브로큰힐에서 표준 궤간에

그림 3-3 **1969년 표준궤 철도 노선이 브로큰힐에서 만난 것을 기념하는 명판**

자료: 필자가 직접 촬영

의해 만난 것을 기념하는 명판이다. "호주 동서부 해안을 연결하는 표준 궤간 철도 노선이 브로큰힐에서 만나는 것을 기념하기 위해 1969년 11월 29일 존 그레이 고튼 호주 총리에 의해 제막식이 거행되었다"라고 쓰여 있다. 태평양 연안의 시드니에서 인도양 연안의 퍼스까지 가는 첫 기차는 1970년 2월 23일에 출발했는데, 이는 호주 연방 발족 이후 가장 중대한 사건 중 하나로 간주되었다. 멜버른 - 애들레이드 노선이 1995년 표준 궤간으로 변경되고 나서야 비로소 주요 주도(노던 테리터리[6]의 수도 다윈은 제외)가 동일한 표준 궤간으로 연결되었다. 애들레이드와 노던 테리터리의 다윈을 연결하는 노선은 남겨져 있던 협궤 구간을 표준 궤간으로 전환한 후, '더 간(The

6 노던 테리터리(Northern Territory)는 주(state)가 아니라 준주(Territory)라는 별도의 단위로 불린다. 연방정부에 대한 독립성이 주보다 약하다.

Ghan)'[7]이라 불리는 호주 남북 종단철도에 의해 2004년에 마침내 연결되었다(Wolmar, 2014; Bayley, 1973; Laird, 2011).

호주 철도의 궤도가 단절된 원인

호주의 궤간 단절은 약한 연방제, 철도 건설의 타이밍과 결부된 잠김효과, 그리고 국가 차원에서의 경제적 분절화와 결합하면서 지속되었다.

호주의 궤간 단절이 지속된 주요 원인 중 하나는 호주 특유의 약한 연방제 때문이다. 1901년 1월 1일 탄생한 호주 연방의 헌법은 국방과 우편에 관한 권한은 연방 정부에 귀속시켰지만, 철도는 각 주의 관할로 남겨두었다(Laird, 2011). 이는 캐나다, 미국 등 다른 영국 식민지와는 극명히 대조되는 점이었다. 1867년 캐나다 연방은 철도를 연방 책임으로 두었고, 미국 대법원은 19세기 말에 주 경계를 가로지르는 철도 운영을 제한하는 주의 법들을 폐지했다. 이는 캐나다와 미국의 철도가 민간 기업에 의해 운영되었음에도 불구하고, 19세기 말에 궤간 표준화를 이루고 횡단 철도를 건설하는 데 거버넌스 요소들이 기여할 수 있었던 이유이다. 철도에서 거버넌스란 "국경을 넘는 철도 사이의 상호운용성(interoperability)을 가능하게 하는 일체의 규칙과 관행"(Schot, Buiter and Anastasiadou, 2011: 267)을 의미한다.

하지만 호주에서는 철도가 연방정부의 규제를 받지 않고 주 소유로 남았

---

7 'The Ghan'이라는 이름에 호기심을 갖는 독자가 있을 듯하다. 'Ghan'은 Afghanistan에서 유래된 말이다. 19세기 식민지 시대에 호주의 탐험가들을 도왔던 아프간 출신의 낙타몰이꾼들을 기리기 위해 종단 열차 이름에 붙여졌다. 호주에서는 19세기 사막 지대에서의 운송을 위해 낙타를 들여왔는데, 20세기 들어 자동차의 발달로 더 이상 낙타가 필요 없어지자 버려져서 야생 낙타(feral camels)가 되었다.

다. 전직 총리 폴 키팅은 호주 철도의 낙후를 개탄하면서 "본질적으로 호주 연방제의 주 중심 성격 때문에 … 호주는 대륙의 필요를 충족시키지 못하는 철도 시스템을 갖게 되었다"라고 말했다(Laird, 2011: 4). 이 문제를 해결하기 위해 여러 특별 위원회가 만들어졌지만 주 사이의 이해관계 충돌 때문에 번번이 실패했다. 예를 들어, 뉴사우스웨일스는 다른 주의 교체 작업 비용을 납부하는 것을 거절했고, 빅토리아와 남호주 역시 다른 주가 비용을 지불하지 않는 한 광궤시스템을 표준궤로 변경하는 데 동의하지 않았다(Puffert, 2009).

또 하나의 요인은 타이밍이었다. 시스템 발달의 순서, 즉 철도 건설의 결정적 단계가 진행되는 시점이 막대한 잠김 효과를 가져왔다. 스티븐슨(Stevenson, 1987)은 연방이 세워졌을 때 연방정부가 철도에 관한 권한을 갖고 있었다고 하더라도 문제를 해결하기에는 늦은 시점이었다고 주장한다. 호주 연방은 철도 건설의 전성기가 끝날 무렵인 1901년에 등장했다. 그 당시에는 호주 철도 네트워크의 절반(약 2만 2000km)이 이미 구축되어 있었다. 연방이 철도 성장기와 같은 시기에 성립되거나 또는 그 이전에 성립된 캐나다와 미국에서는 대륙횡단철도 건설이 국가 형성, 국가 단일성 및 정체성과 관련되었다.

미국, 캐나다, 호주, 이 세 나라는 모두 대영 제국의 유산이고 광대한 땅덩이에 걸쳐 있지만 미국/캐나다와 호주의 철도 발전 양상은 서로 달랐다. 미국과 캐나다에서는 대륙횡단철도가 경제적 이유뿐만 아니라 정치적 이유 때문에도 중요하게 여겨졌다. 미국의 경우 대륙횡단철도는 "5000km에 가까운 땅덩어리를 가로질러서 미국의 여러 지역을 통합"시키는 중요한 수단으로 여겨졌다. 철도학자 월마는 "대륙횡단철도가 없었다면 미국은 아마 연합 상태를 유지하지 못했을 것"이라고 말하기도 했다(Wolmar, 2014: 120). 캐나다의 경우도 대륙횡단철도를 "상업적 이유에서뿐만 아니라 다른 지역 — 특히 분리 독립하겠다고 위협하는 브리티시컬럼비아와 같은 지역 — 을 통합하기 위해"서도 만들었다(Wolmar, 2014: 125). 하지만 호주 철도는 각 식민지가 공식적으로 별개의 지위를 얻어가던 시점에 도입되어 오히려 지역 정체성을 강화하는 데 기여했다.

호주 궤간 단절의 또 다른 원인이자 가장 중요한 원인은 바로 국가 경제 체제의 분절화이다. 호주 식민지들 또는 이후 (출현한) 주들 사이의 경제는 서로 보완적이라기보다는 경쟁적이었다. 서로 간의 교역보다는 영국과의 교역이 더 중요했고, 영국과 더 상호의존적이었다. 각 주의 경제는 넓은 내륙 지역에 분산해서 거주하는 사람들에 의해 운영되는 농업과 목축업에 기반을 두었다. 한편 각 주에는 주요 항구 도시가 있었다. 수출을 위해서는 내륙의 농업 중심지를 다른 주의 항구가 아닌 자기 주의 항구와 연결하는 것이 중요했다. 각 식민지는 대개 수도인 항구에서 내륙 지방으로 가는 철도 네트워크를 깔았다.

주 경계 지역에 있는 생산지에서는 자기 주의 항구보다 이웃 주의 항구가 더 가까운 경우도 있었다. 따라서 가까운 이웃 주의 항구로 수송하고 그곳에서 수출하도록 하는 것이 경제적으로 더 효율적인 경우도 있었지만, 다른 주로 철도를 연결하는 것은 쓸데없는 일이었다(Stevenson, 1987). 이것은 오히려 자기 주에 정치적·경제적으로 해가 되는 일이었다. 각 식민지가 수립한 철도 전략의 공통점 중 하나는 "이웃 식민지의 부유한 목축 지역의 무역을 자기 주 항구와 수도로 유인하기 위해 철도를 건설하는 것"(Lee, 2003)이었고, 각 식민지 정부 또는 주 정부는 이런 시도를 저지해야 했다. 한마디로 모든 주의 생산기지와 수송기지를 연결하는 표준화된 철도 시스템을 구축할 동기와 근거가 전혀 없었던 것이다(Stevenson, 1987). 다른 주와 연결하는 것은 선거에서 표를 얻는 데 전혀 도움이 되지 않았다.

이렇게 분절화된 경제와 철도 시스템으로 인해 호주는 철도망의 네트워크 효과를 누릴 수 없었다. 표준화에 관한 결정권은 각 주의 거버넌스 내에 있었고, 특히 철도 네트워크 거버넌스에서의 각각의 결정은 개별 주의 경제적·정치적 득실이 우선적인 고려 사항이었다. 철도는 주의 소유였고, 대개 각 주의 항구도시로 내륙의 화물을 운송하기 위해 건설되었다. 따라서 각 주 중심의 경제적 이익을 우선시했고, 이 때문에 네트워크 효과로 창출되는 더 큰 규모의 경제적 이익을 등한시하게 되었다(Stevenson, 1987).

미국과 캐나다의 대륙횡단철도가 지역을 통합하고 국가의 정체성을 확립하는 데 기여한 것과 다르게, 호주 철도는 각 주를 중심으로 지역 정체성을 강화했다. 미국, 캐나다의 대륙횡단철도는 '하나의 국가'라는 관념을 형성하는 역할을 하면서 국가통합의 중요한 계기로 작동했다. 철도 시스템은 본래 주 사이의 무역, 의사소통, 그리고 인적교류를 촉진시키고 증가시킬 것으로 기대되는데, 호주에서는 철도망이 정반대의 역할을 수행했다. 호주의 각 주로 분절화된 경제 체제와 지역 중심주의는 주별로 서로 다른 궤간의 철도망을 낳았고, 상이한 궤간의 철도망은 다시 경제 분절화와 지방주의를 강화시키는 악순환을 가져왔다(김범수, 2012: 214~215; 클라크, 1995: 184~185).

우리나라에서도 남북 관계가 호전될 때마다 언급되는 첫 번째 협력사업이 철도이다. 이는 철도의 사회통합 또는 국가통합 기능에 대한 기대에서 비롯된 것이다. 궤간이 단절된 호주 철도의 역사에서도 보듯이 분절화된 철도망은 분절을 심화시킬 수 있다. 남북 철도협력은 이런 관점에서 추진할 만한 가치가 있다.

3 EU 통합과 표준

표준화 역사에서, 아니 인류 역사에서 가장 야심찬 표준통합 프로젝트를 들라면 EU가 단행한 유로(Euro)로의 통화 단일화를 들 수 있을 것이다. 유로는 1999년 1월 1일 일단 회계상 목적으로 도입되어 전자 지불의 형태로 사용되기 시작했다. 3년 뒤인 2002년 1월 1일부터는 현금이 유통되기 시작해서 본격적인 유로 시대를 열었다.[8] 처음에는 11개 나라에서 사용하기 시작했고, 현재는 27개 EU 회원국 중 19개 나라에서 약 3억 4000만 인구가 사용하고 있다. 유로를 사용하는 나라들을 묶어서 유로존(Eurozone)이라고 부른다. 서로 다른 화폐를 사용하던 나라들 사이에 통화의 '표준화'를 이룬 것이다.

표준의 '통합 기능'을 유로만큼 잘 보여주는 사례도 없다. 출장이나 여행 목적으로 유럽 여러 나라를 넘나들다 보면 유로가, 즉 표준이 얼마나 효율

---

8 유럽중앙은행. https://www.ecb.europa.eu/euro/intro/html/index.en.html.

적이고 소비자의 복지를 향상시키는지 쉽게 이해할 수 있다. 특히 같은 유럽이면서 유로를 사용하지 않는 스위스, 스웨덴, 덴마크 같은 나라를 가기 위해 환전해야 하는 번거로움을 경험하면 그 편리함을 더욱 깨닫게 된다.

유로는 EU 통합 프로젝트에서 하나의 사례일 뿐이다. 유럽이 EU로 통합되어 가는 전 과정에서 표준화 정책은 통합의 한 축으로 작동해 왔다. 모든 통합에는 표준화가 하나의 전제 조건으로 필요하기 때문이다. 유럽은 역내 통합을 위한 표준화 정책을 1960년대부터 도입했다. 유럽의 표준화 프로젝트는 보통 구접근전략(Old approach), 신접근전략(New approach), 세계접근전략(Global approach) 세 단계로 구분된다. EU는 자신들의 목표인 단일 시장을 이루기 위해 역내 무역장벽을 해소하고 국가 간 상이한 기술규정 및 표준들을 조화시킬 필요가 있었다. 상품, 나아가 서비스의 자유로운 이동을 보장하기 위해서는 다양한 장치들이 필요했고, 이를 위해 각 시기의 상황과 조건에 맞는 정책들이 구사되어 왔다(정병기, 2013; 엄도영·김동휴·이희진, 2015).

EU는 정책의 효율성을 개선하기 위한 전략적 도구로 표준화를 활용하고 있다(한국정보통신기술협회, 2019). EU의 최고 행정기관인 유럽집행위원회는 표준이 산업경쟁력을 강화하고, 단일시장을 촉진하며, 환경을 보호하고, 혁신을 촉진한다는 점을 강조하면서 다양한 표준 전략과 정책을 실행하고 있다. 2011년에는 '유럽표준 전략비전(A strategic vision for European standards)'을 발표했다. 이 문건은 '2020년까지 유럽경제의 지속가능한 성장을 강화하고 촉진하기 위한 전진'이라는 부제를 달고 있다. 즉, 경제성장의 기반으로서의 표준의 중요성을 강조한 것이다. 비전은 다섯 가지 전략 목표를 제시하는데, 그중 첫째는 'ICT 분야의 서비스 및 애플리케이션 호환성을 확보하기 위해 표준을 신속히 보급한다'이다. 정보통신기술 분야에서의 표준의 역할을 강조하고 있는 것이다. 이어서 표준은 기업 경쟁력 향상의 도구이므로 빨라진 제품 개발 주기에 맞게 신속하게 개발되어야 하며, 또한 표준이 국제시장에서 유럽 기업에게 경쟁력을 주는 중요한 역할도 수행해야 한다고 목표로 제시한다. 유럽표준화기구들이 개발한 표준은 유럽의 정책 및 규제를 지원하는 역할을 수행해야 한다. 표준은 많은 집단에 영향을 미치므로 많은 구성원이 참여할 수 있도록 포괄적이어야 한다. 2015년 10월 발표된 '단일시장 전략(Upgrading the Single Market: More opportunities for people and business)'에서도 실천 항목 중 하나로 '표준체계 현대화'를 내세우고 있으며, 실행 방안으로 '표준화 공동 이니셔티브(Joint Initiative on Standardisation)'를 추진하고 있다. 이니셔티브에서도 실천 항목으로 유럽 표준화 체계에 대한 교육 및 이해 증진, 표준화 과정의 조정, 투명성 및 포용성, 그리고 유럽 기업의 경쟁력 강화를 주요 항목으로 제시한다.

유로가 EU에서의 표준의 통합 기능을 보여주는 사례라면 GSM(Global System for Mobile communication)은 시장 통합을 넘어서서 경쟁력의 수단으로서 표준이 지닌 힘을 EU에 일깨운 사례이다. GSM은 유럽 표준개발의 성공 사례로 자주 언급된다. 유럽의 통신표준화기구인 ETSI(European Telecommunications Standards Institute)가 1980년대 개발한 GSM은 유럽에서 개발된 2세대(2G) 이동통신표준으로, 모든 유럽 국가에서 의무적인 법적 표준(mandatory de jure)으로 채택했다. 이는 시장을 키우는 데 아주 중요한 역할을 했고 GSM 표준이 세계적으로 채택되는 데 기여했다. GSM의 성공을 잇기 위한 노력도 계속되고 있다. 정보통신기술 분야는 '유럽표준 전략비전'에서도 언급되듯이 EU의 표준화 노력에서 핵심적인 위상을 지닌다. 2015년 5월 EU가 발표한 '디지털 단일시장 전략(Digital Single Market Strategy for Europe)'은 디지털 경제에서 중심을 차지하는 네트워크의 크기를 활용하기 위해 유럽시장의 파편화를 줄이고 시장 규모를 확대해야 한다고 강조한다(한국정보통신기술협회, 2019). 이를 실행하기 위한 방안으로 2016년에는 '디지털 단일시장을 위한 ICT 표준화 우선순위(ICT Standardisation Priorities for the Digital Single Market)'를 발표했다. 5G, 사물인터넷, 사이버보안, 클라우드, 빅데이터를 시급한 다섯 가지 우선순위 영역으로 포함시키고 ICT 표준에 관한 국제 대화 및 협력에서 EU의 영향력을 강화할 것을 제시한다.

이상에서 본 바와 같이 통합을 향한 EU의 노력에는 항상 표준이 중심에 자리 잡고 있다. 표준은 EU가 단일시장을 달성하기 위한 통합의 도구로서뿐만 아니라 유럽 기업에 경쟁력을 향상시키는 도구로서의 역할도 담당하고 있다.

4 독일 통일과 표준화

독일이 통일되는 과정에서 표준의 영역에서는 어떤 일이 벌어졌는가에 대해 알려진 바가 많지 않다. 필자는 이 문제에 대한 자료를 수집하기 위해 2015년 독일 표준기구인 DIN을 방문한 적이 있다. 이 방문의 성과라면

DIN 내부에도 독일 통일 과정에서 추진된 표준에 대한 연구나 자료가 그다지 많지 않다는 것을 확인한 정도라 하겠다. 다행히 운 좋게도 DIN에서 30년 이상 근무한 직원과의 면담을 통해 연구와 자료가 많지 않은 이유를 짐작할 수 있었다.

통일이 되면서 동독의 산업 및 사회경제 체제 전반이 서독의 체제에 흡수 통합되었고, 그 결과 동독이 사용하던 표준은 더 이상 서독과 통합하고 조화해야 할 대상이 아니게 되었다. 산업계가 서독의 표준체계로, 다시 말하면 글로벌 표준으로 바뀌면서 동독의 표준(TGL)은 경쟁력을 상실한 채 자연스럽게 사라진 것이다. 단, 보수·유지 차원에서 동독의 규격이 일정 기간 사용되기는 했다. 만일 동독의 표준체계가 스스로 생존력을 가지고 '저항'했더라면 사회통합을 위한 관점에서 서독과 동독의 표준조화를 탐구한 연구들이 제법 있었을 것이다. 베를린 장벽이 무너진 후 채 1년이 안 된 시점(1990년 8월)에서 이루어진 한 조사에 따르면, TGL(동독 표준) 중 75%는 이미 DIN 표준으로 전환되었거나 별도의 조정이 필요하지 않았고, 10%는 별도의 동독 법규와 바로 연계되어 그대로 유지되었으며, 15%만이 기술 수준과 기업의 필요에 따라 DIN의 작업이 필요했다(정병기·이희진, 2013: 226).

그러나 이것이 독일 통일 과정에서 이루어진 표준통합에 대한 연구가 필요 없다는 것을 뜻하는 것은 아니다. 독일도 통일 과정에서 표준과 관련된 시행착오를 겪었고 막대한 비용이 소요되었다. 남한과 북한의 통일 및 통합 방식에 대해서는 여러 이론(異論)이 분분하지만, 장기적으로 남과 북은 어떤 형태로든 산업 및 경제 교류를 가질 것이다. 이를 대비해 표준 측면에서의 준비와 연구가 필요하다. 이 점에서 독일 통일 과정을 표준 관점에서

들여다볼 필요가 있다.[9]

독일의 통일은 급작스럽게 이루어졌다. 마찬가지로 독일의 표준통일도 준비 없이 급작스럽게 이루어졌다고 볼 수 있다. 그러나 서독과 동독의 표준 교류가 전혀 없었던 것은 아니다. 게다가 동독과 서독의 표준이 분리된 것은 실질적으로 30년이 채 안 되었다. 해방 이후 75년이 지난 한반도와 비교하면 절반이 안 되는 기간이다.

제2차 세계대전의 종전으로 동독과 서독이 분할 통치되기 시작한 것은 1945년이지만 독일에서는 1961년 베를린 장벽이 설치되기 이전까지 16년간 DIN의 표준이 공통으로 사용되었다. 심지어 1952년에는 서독 표준위원회가 독일 전체를 대표하는 유일 표준화기구로 ISO에 참여하기도 했다. 1953년경부터 동독에서는 여기에 대한 문제가 제기되기 시작했다. DIN 표준은 자본주의적 이해관계에 기초해서 만들어진 체계이므로 동독에서는 사회주의 소련의 GOST 표준에 부합하는 체계를 갖추어야 한다는 주장이었다. 하지만 실질적으로 움직임이 나타난 것은 1960년대 들어 진영 대립이 본격화되기 시작한 무렵부터이다. 1961년 베를린 장벽이 세워지면서 유럽공동체에 속한 서독 표준이 아니라 동유럽 사회주의 국가들의 경제협력 기구인 COMECON(Council for Mutual Economic Assistance: 상호원조회의) 국가들의 표준에 부합하는 정책이 추진되기 시작했다. 1964년에는 당시까지 사용되던 DIN 표준 대신 TGL이 사용되기 시작했다. TGL은 DIN 표준과 달리 강제적 구속력과 법규의 위상을 지닌 기술규정이었다. 1972년에

9 이하 독일 통일 과정에서의 표준협력에 대해서는 정병기·이희진(2013)을 요약·정리했다.

는 동독의 표준기구인 ASMW(표준화계량검사청)가 창설되었다. 또한 동독은 1979년에는 IEC에, 1988년에는 ISO에 독자적으로 회원으로 가입했다. 국제적으로도 두 개의 상이한 표준체계가 인정된 것이다.

독일의 표준화와 관련해 재미있는 사실은, 베를린 장벽이 무너진 것은 1989년인데 베를린 장벽이 무너지기 1~2년 전부터 서독과 동독 간의 표준교류가 눈에 띄었다는 점이다. 통일 이전의 표준 교류를 보면, 먼저 1988년 9월 프라하에서 열린 ISO총회를 계기로 DIN과 ASMW가 '프라하 협정'을 맺고 표준 관련 문서교환을 합의했다. 1989년 1월에는 DIN과 소련 국가표준화위원회 간에 표준협력 협정이 체결되었다. 소련은 산업 및 경제 발전을 위해 서독, 나아가서 서방경제체제와의 협력이 필요했고 그 출발점으로 표준협력이 필요했다.

베를린 장벽이 붕괴되기 직전인 1989년 10월에는 DIN과 ASMW가 '표준화와 인증 분야 공동협력 협정'을 맺고 표준화 활동과 관련된 정보/문서 교환, 품질 관련 검사 결과 및 인증 상호 인정을 위한 전제조건 마련 등에 합의했다. 이 협정을 체결한 이후 DIN 표준이 보급되기 시작했고, 동독 출신 표준 전문가들이 DIN의 기술위원회 등에 참여했다. 또한 동독 표준인 TGL과 서독 표준인 DIN을 비교하는 연구가 실시되었으며, 동독 지역에서는 DIN 표준에 대한 교육이 활발하게 진행되었다. 구체적인 조치들이 취해진 것은 베를린 장벽이 무너진 이후이지만, 장벽이 붕괴되기 직전 DIN과 ASMW 사이에 이 같은 협정이 있었기 때문에 행동이 순조롭게 진행될 수 있었다.

통일 과정에서는 표준을 통일하기 위한 조치들이 이루어졌다. 1990년 7

월 1일 '화폐·경제·사회통합 조약'이 체결되었는데 사흘 후 '표준통일 달성을 위한 협정'이 체결되었고, 같은 날 ASMW의 활동이 중지되었다. 표준통일 협정의 주요 내용은 동독 정부는 DIN에 모든 표준화 활동을 인계하고, DIN이 ISO와 IEC에서 독일 전체를 대표한다는 것이다. 1990년 1월부터는 동독의 표준이던 TGL이 대부분 효력을 상실하고 DIN 표준으로 교체되었다. 이렇게 표준통일 조치가 신속하게 이루어질 수 있었던 것은 베를린 장벽이 붕괴되기 이전부터 서독과 동독의 표준화기구들이 교류를 해오고 있었기 때문이다.

독일 통일 과정에서 이루어진 표준통일에서는 다음 몇 가지 사실에 주목할 필요가 있다.

첫째, 서독과 동독의 표준이 분리되어 있던 시기는 1962년부터 1990년 1월까지로, 30년이 채 되지 않는다. 그에 비해 한국과 북한의 표준은 1945년 해방 이후부터 75년 가까이 완전히 분리되어 발전되어 왔다. 독일에 비해 두 배가 넘는 기간이다. 독일은 분단되었던 기간이 짧음에도 불구하고 동독 지역의 표준과 제품의 품질을 국제적 수준으로 끌어올리는 데 많은 노력과 비용이 소요되었다. 이런 사실들을 고려할 때 표준통합은 한반도의 미래를 준비하고 기획하는 데 주요 요소가 되어야 한다.

둘째, 서독과 동독의 표준협력은 통일에 대한 논의가 본격화되기 이전부터 이미 시작되었다. 이는 장벽의 붕괴를 감지한 동서독 표준공동체의 발빠른 대응이 아니었나 하는 추측도 가능하지만, 독일 통일이 급작스럽게 이루어진 사정을 감안한다면 그렇지는 않은 것 같다. 그보다는 세계 경제의 움직임과 서방 중심 경제의 우월성에 기인했다고 보는 편이 설득력이

그림 3-4 **동독의 신호등 꼬마**

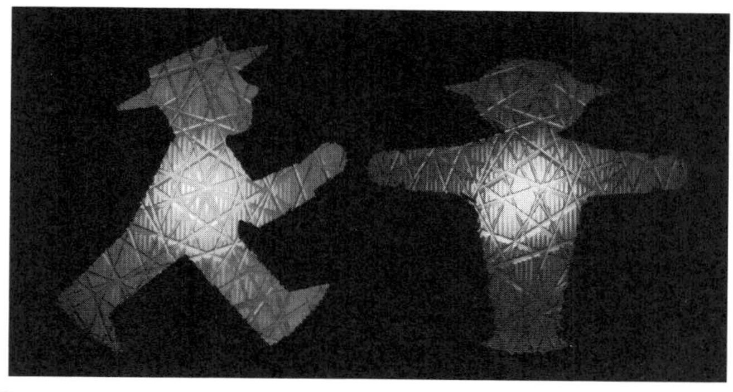

있다. 다시 말해, 사회주의권 산업과 경제가 세계 시장으로 편입되기 시작하면서, 동독이나 소련이 산업 및 경제협력, 통상을 원활하게 해주는 표준의 문제에 관심을 가질 수밖에 없었던 것이다. 이런 점에서 볼 때 북한과 남한의 표준협력도 통일, 경제협력, 경제통합 등 내부적인 대의에서 시작되기보다는 북한이 국제 분업 체계에 참여하기 위한 불가피한 선택으로 일어날 가능성도 있다.

셋째, 표준을 경제적·산업적 필요에서뿐만 아니라 사회통합의 관점에서도 볼 필요가 있다. 표준통일의 효과는 비단 경제적 측면에만 한정되지 않는다. 독일, 특히 베를린에서는 '신호등 꼬마(Ampelmännchen)'라고 불리는 마스코트 기념품을 판매하는데(〈그림 3-4〉 참조), 신호등 꼬마는 1961년 동독에서 한 교통심리학자가 보행자만을 위해 고안해 낸 교통신호체계였다. 이 교통신호체계는 보행자들은 자동차 신호와 차별화된 보행자 고유의 신호에 빠르게 반응한다는 점을 고려해 만든 것이었다. 이 보행자 신호등에는 색맹에 대한 배려도 작용했다. 통일 이후 거의 모든 제도와 문물이 서독식으로 통일되었으나, 이 동독 보행자 신호등은 관광기념품으로 살아남았고, 통일 이전 동독에 대한 향수의 상징이 되었다.

독일이 통일되면서 동독의 모든 사회적 규범 및 상징체계가 서독 것으로 대체되는 과정은 동독인들에게 정치경제적 측면과는 별개로 사회문화 차원에서 좌절감과 소외감을 안겨주었다. 만일 남북 사이에 경제협력이 활성화된다면 글로벌 가치사슬에 참여해야 하기 때문에 남한 표준으로 통일되는 것이 현실적이다. 남한의 표준이 글로벌 표준이기 때문이다. 하지만 북한과의 표준/품질 협력에서 사회문화적 차원도 고려하는 세심한 배려가 필요할 것이다.

5 남북 표준협력

독일의 사례에서도 보듯이 북한과의 관계에서 표준은 중요한 고리이다. 남북관계가 최소한의 경제적 교류에서부터 궁극적 통일에 이르기까지 어떤 형태와 방식을 상정하든지 간에 필수적으로 고려해야 할 것이 바로 표준이다. 북한과의 관계에서 표준은 어떻게 접근해야 할 것인가? 북한은 우리와 매우 특수한 관계이지만 일반론으로 보면 하나의 개발도상국이다. 북한과의 표준 교류는 일단 이런 관점에서 시작하는 것이 현실적이다. 그중에서도 품질의 관점에서 접근하는 것이 예상되는 부작용을 줄일 수 있을 것이다(이희진, 2019a).

개발도상국 기업이 수출을 하고자 할 때 가장 먼저 부딪히는 문제는 품질이다. 물론 무엇을 만들어서 팔 것인가를 정하기 위한 소비자 기호 등 시장에 관한 정보가 필요하지만, 일단 시장이 정해지면 그다음에 당면하는 문제는 품질이다. 품질에 대한 정의에는 여러 가지가 있다. 가장 기본적으로는 다음과 같이 이해하면 된다. 수출을 하려면 수입국에서 요구하는 여러 가지 규격(specifications)을 맞추어야 하는데 이 규격들은 대부분 표준 또는 기술규정의 형태를 취하고 있다. 수출 기업들은 수입국에서 환경, 안전, 보건, 위생 등의 이유로 요구하는 각종 규정을 충족시키기 위해 많은 시간과 노력, 비용을 들인다. 특히 개발도상국 기업은 규격을 맞추고 품질관리 관점에서 일관성을 유지하는 데 어려움을 겪기 때문에 수출에 애로를 겪는다. 즉, 요구하는 표준을 알고 그 표준에 맞춘 제품 ─ 통계적으로 이야기하면 유의 수준을 벗어나지 않는 제품 ─ 을 만들어야 한다. 그것이 품질이고 그 역량이 품질관리 역량이다. 표준을 준수하는 역량, 즉 품질관리 역량은 개발도상국 산업 발전의 토대이며, 이러한 역량을 지니고 있어야 세계시장에서 경쟁할 수 있다. 국제표준을 따른다는 것은 국제적으로 인정되는 기술 수준을 갖추었다는 뜻으로, 이는 제품의 품질을 보증하고 수출 증대에 기여한다. 즉, 표준 준수는 적합성평가에 기반한 인증을 통해 제품의 품질에 대한 신호를 소비자에게 보내는 역할을 한다(이희상·문승연, 2018; Moon and Lee, 2020). 1장 5절 '표준은 혁신을 도모한다'에서 보았듯이 개도국과 개도국 기업들에게 표준은 학습의 원천이자 혁신과 역량 향상의 계기이다. 즉, 표준을 수용해야만 글로벌 가치사슬에 진입할 수 있다.

북한도 마찬가지이다. 북한이 경제 발전을 이루고자 한다면 어떤 형태로든, 즉 개성공단과 같은 남북협력을 통하는 형태이든, 중국의 산업경제 체계에 더욱 깊이 편입되는 형태로든 글로벌 가치사슬에 참여해야 한다. 표준은 북한 생산 단위에 품질을 높일 수 있는 학습과 혁신의 기회를 제공한다.

품질을 통해 북한에 접근해야 하는 또 다른 이유도 있다. 표준 하면 규범을 생각하는 경향이 있어 북한이 표준이라는 말에 거부감을 느낄 수도 있다. 독일의 사례에서도 보았듯이, 분단 이후에도 동일한 표준체계 아래 움직였던 동독에서는 1960년대 초부터 분리 주장이 제기되었다. 서독의 DIN 표준이 자본주의적 가치체계 아래에서 만들어지고 발전된 체계라는 점 때문이었다. 그러나 1980년대 말부터 동독은 말할 것도 없고, 소련조차도 서독과 표준을 교류하기 시작했다. 자본주의 세계시장에 참여하기 위해서는 서방의 표준체계와 교류해야 했기 때문이다.

마찬가지로 북한이 국제무역질서와 가치사슬에 참여하기 위해 가장 먼저 선행되어야 할 기초 작업은 국제표준에 대한 이해와 수용이다. 표준은 곧 품질의 문제이자, 생산성 향상의 관건이다. 개성공단에서 공장을 운영했던 기업인도 다음과 같이 제안한다. "북에서는 표준이 규범적 성격을 가지며 강제로 적용이 되기 때문에, 우리가 북측에 표준협력을 하자거나 표준을 일치화시키자고 하면, 북측은 경계를 할 수도 있다. 대신 표준을 포함한 포괄적인 개념인 품질 협력을 제안하면 북측이 다가올 수도 있다. 북측 산업의 품질을 국제적 수준, 즉 국제표준에 준하는 수준으로 만들어보자는 제안에는 북측이 큰 관심을 가질 수 있다"(이주란, 2019).

북한의 기업이 국제 수준 또는 지역 수준의 글로벌 가치사슬에 성공적으로 진입하기 위해서는 국제 수준의 환경과 품질 표준, 인증을 획득하거나, 제품 품질을 담보할 수 있는 신뢰성 있는 표준 및 인증 시스템을 만들고 내부 역량화해야 한다. 이는 규범의 문제가 아니라 생산성을 향상시키고 국제무역질서 또는 세계 분업 가치사슬에 참여하기 위해 가장 먼저 선행되어야 할 기초적인 작업이다.

당장 어려움이 따르고 눈에 보이는 성과가 없어 보일지라도 북한과의 표준협력을 차분히 준비해야 하는 또 하나의 이유는 북한의 산업경제 체계가 중국 쪽으로 더 깊이 편입되는 것을 막아야 하기 때문이다. 만일 북한의 표준이 중국 쪽으로 넘어가면 나중에 우리 기업들은 북한에 들어가기 위해 추가적인 비용을 내야 할 것이다. 5장 '세계 전략으로서의 표준화: 중국의 사례'에서 보듯이 중국은 일대일로 사업의 일환으로 일대일로가 지나는 연변국에 대한 표준협력을 강화하고 있다. 만일 북한이 중국식 표준체계로 기운다면 이는 남북 사이에 또 하나의 벽이 생기는 것이고 이를 제거하는 데에는 막대한 비용과 시간이 필요할 것이다. 현재도 북한의 표준(국가규격, Korea People's Standards: KPS)에는 러시아 표준과 중국 표준의 영향이 깊이 스며들어 있다. 북한이 폐쇄 경제를 유지하는 상태에서는 이것이 그다지 큰 문제가 아닐 수 있다. 그러나 북한이 국제 분업 체계로 진입하면서 중국의 방식으로 기운다면 이것은 향후 한국 기업들에게 막대한 부담을 지우는 결과를 낳을 것이다.

남북 표준협력의 중요성과 필요에도 불구하고 이를 실시할 수단은 많지 않다. 무엇보다도 통일부 등 남북문제의 주요 정책 입안자들이 표준 문제에 대한 인식을 강화할 필요가 있다. 남북 관계가 호전되는 시기에는 잠시 관심을 끌지만(이희진, 2019a) 우호적인 기운이 조금만 수그러들어도 누구도 관심을 갖지 않는 분야가 표준이다. 1장에서 이야기했듯이 표준은 공기와 같아서 그것이 사라지기 전까지는 누구도 그 존재를 알기 어렵다는 것을 위안 삼아야 하겠지만 아쉬운 일임에는 틀림없다.

독일의 사례와 개발도상국에 대한 국제표준협력사업[10]을 토대로 지금의 남북관계 단계에서 할 수 있는 몇 가지 활동을 다음과 같이 제안한다.

먼저, 북한의 국제표준화 활동을 지원하고 같이하는 것이다. 대부분의 개발도상국은 낮은 기술역량, 예산 부족 등의 이유로 ISO, IEC, ITU 등 국제표준을 정하는 주요 기구에 대한 참여가 매우 저조하다. 북한의 사정도 다르지 않다. 한국표준협회 글로벌표준화센터의 자료에 따르면 북한은 ISO의 전체 TC와 SC(각각 249개, 505개) 중 P멤버로는 22개에, O멤버로는 71개에 참여하고 있으며, IEC(TC 104개, SC 100개)에는 단 3개에 P멤버로 참여하고 있다(한국표준협회 글로벌표준화센터, 2018).[11] 한편 우리나라는 P멤버 참여, 간사직 수임 등의 측면에서 9대 주요 표준국으로, ISO와 IEC의 전체 표준개발위원회 중 96%에서 모니터링 또는 투표가 가능하다.[12]

독일의 예를 보면, 1961년 이후 내부적으로 두 가지 표준 시스템 간 교류

---

10 4장 5절 '표준과 개발도상국 협력' 참조.

11 각 산업 및 기술 분야에서 실제 표준 제정 작업이 이루어지는 단위를 기술위원회(Technical Committee: TC)라고 한다. TC는 산하에 분과위원회(Sub-Committee: SC)와 작업반(Working Group: WG)을 둔다. P멤버(Participating Member, 정회원)는 해당 위원회의 문서를 회람할 수 있고, 개발 중인 표준안에 대해 의견 제시 및 투표권 행사를 할 수 있다. O멤버(Observer Member, 참관회원)는 문서 접근권은 있으나 투표권이 없다.

12 P멤버(모니터링, 투표) 기준 73%, O멤버(모니터링) 기준 23%로, 대부분의 산업 및 기술 분야 TC에 참여하거나 동향을 파악할 수 있다(한국표준협회, 2017). 한국과 주요 표준 주도국이 ISO 내 TC/SC와 WG에서 책임자급을 수임하는 현황은 〈표 5-4〉 참조.

가 중단되었다. 1988년 동독은 서독과는 별도의 회원으로 ISO에 가입했다. 이것은 동서독 표준 문제에서 양가적 의미를 지닌다. 우선, ISO의 1국가 1회원 제도에 따라 동서독의 표준 분리가 국제적으로 인정을 받았다는 의미이다. 한편, 국제협력의 틀 안에서 동서독 표준협력의 장이 형성되었다는 의미도 간과할 수 없다. 1961년 이래 막혔던 동독과 서독의 표준 교류가 적어도 ISO 차원에서나마 재개된 것이다. 실제로 DIN과 ASMW의 '프라하 협정'은 동독이 ISO 정회원이 되고 난 후 개최된 프라하 ISO총회에서 맺어졌다.

따라서 북한과의 표준협력은 북한이 국제표준화 주요 기구에 참여할 수 있도록 지원하는 방식을 출발점으로 삼을 수 있다. 북한 표준계를 국제표준화에 노출시키는 것은 북한 국가규격을 국제표준에 부합하도록 하는 데 일조할 것이다. 한 조사에 따르면 북한의 국가규격 1만 6330여 개 가운데 ISO 및 IEC 국제표준과 부합화시킨 국가규격은 1399개로 약 8.6%이다(2015년 기준). 그중에서도 전자, 통신 및 정보기술 분야가 가장 많이 부합화되어 있다(1204개 중 411개로, 약 34% 수준이다)(최현규, 2018). 부합화 정도가 높다는 것은 국제표준을 따른다는 뜻이고, 90% 이상 부합화가 이루어진 한국의 산업과 교류하기가 그만큼 수월해진다는 의미도 된다.

둘째는, 너무 당연한 이야기이지만, 지속적으로 자료를 수집하고 조사연구를 수행하는 것이다. 이 연구에서는 남북 산업표준·품질 협력 전략을 기안하고 각 산업별 또는 분야별로 표준을 통합하기 위한 시나리오를 구상해 볼 수 있다. 독일의 예에서도 보듯이 동독 표준 중 75%는 별도의 조치 없이 산업계에 의해 서독 표준으로 전환되었다. 하지만 남북관계에서는 산업별 또는 기술별로 다른 경로가 필요할 수 있으므로 각 분야의 특성에 맞춘 전환 전략이 필요하다. 예를 들어, 속도 면에서도 점진적으로 전환할 것인지, 아니면 한번에 전격적으로 — 보통 빅뱅(Big Bang) 접근이라고 불리는 — 전환할 것인지를 고려할 필요가 있다. 철도, 전압 등 사회기반시설은 점진적으로 통합을 이루는 것이 경제적으로 더 큰 비용을 유발한다. 이런 분야는 타협과 절충이 필요한 것이 아니라 충격요법의 단일화가 필요하다. 어중간한 절충은 오히려 막대한 경제적 비용을 가져올 수 있기 때문이다. 개성공단 같은 경우에는 점진적으로 한국식 산업표준과 경영표준을 적용해 나갈 수 있다. 개성공단에서 공장을 운영했던 기업들을 대상으로 남한과 북한의 상이한 표준(또는 국가규격)으로 인한 애로사항은 무엇이었으며 이를 어떻게 극복했는지 등에 관해 조사할 필요가 있다. 향후 다시 생산 활동을 시작할 때 품질관리 또는 표준관리를 하기 위해서는 지금부터라도 '표준'적 지침과 표준/품질관리 교육 자료 등을 준비해야 한다. 또한 독일의 사례에서도 보듯이 산업적 관점에서뿐만 아니라 사회통합을 위해서도 사회문화 표준 등에 대해 장기적인 안목을 가지고 대처 방안을 마련해야 한다. 북한은 표준체계를 통합할 경우 북한 산업이 남쪽에 예속될 것으로 우려할 수 있기 때문에 북한의 피해의식을 최소화하는 정책적 고려가 필요하다.

우리나라 헌법은 표준에 대해 명시적 조항을 가지고 있다. 헌법 제127조 제2항은 "국가는 국가표준제도를 확립한다"라는 언명으로 표준에 대한 국가의 책임을 강조한다. 북한과의 표준협력을 고민하고 수행하는 것은 단지 산업적·경제적 차원의 문제가 아니라 헌법적 책무이다.

4 장

무역에서의 표준

■

표준은 경쟁의 도구로서 기업 차원에서뿐만 아니라 국가 차원에서도 매우 유효한 수단이다. 또한 표준은 통합의 도구로서 한 사회나 국가가 하나의 체계로서 작동하기 위해 꼭 필요한 토대이다. EU는 단일시장 형성이라는 목표를 이루기 위한 중요한 축으로서 표준화에 관한 다양한 정책을 펼쳐왔다. 이처럼 국제통상 및 무역에서도 표준의 역할이 점차 중요해지고 있다. 앞 장에서는 역내 교역을 증진하기 위한 EU의 표준화 노력을 살펴보았다. 이제 이 장에서는 몇 가지 사례를 통해 무역에서 표준이 담당하는 역할에 대해 살펴보기로 한다.

1절에서는 2000년대 초 EU 의회에서 벌어진 보드카를 둘러싼 논쟁을 다룬다. '보드카란 무엇인가?'라는 질문은 마치 심오한 논쟁을 불러일으킬 것 같지만, 실은 각국이 자국의 보드카 산업을 지키거나 육성하기 위해 '무슨 원료로 만든 것을 보드카라고 부를 수 있는가?'를 두고 논쟁을 벌인 것이었다. 즉, 보드카 '표준'을 정하기 위한 분쟁이었다.

2절에서는 물류에서 보편적으로 쓰이는 팰릿과 컨테이너의 사례에 대해 살펴본다. 이들 사례도 표준에 관한 재미있는 이야기와 이론적 쟁점을 안고 있다. '세상을 바꾼 상자'라는 별명을 지닌 컨테이너의 성공적인 표준화 사례와 다수의 표준이 병립하는 것으로 마무리된 팰릿 표준화 사례를 통해 대규모 기술시스템 표준화에 관한 함의를 생각해 본다.

컨테이너의 사례를 통해서도 볼 수 있듯이 표준은 무역을 원활하게 하기 위해 유용한 수단이지만 반대로 사용될 수도 있다. 각국은 자국 산업을 보호하기 위해 자국으로 수입되는 상품에 대해 필요 이상의 규격을 요구하기도 한다. WTO는 무역상 기술장벽(TBT) 협정을 통해 각국의 표준 및 기술규정[1]에 관한 정책이 국제무역의 장벽이 되는 것을 막고자 한다. TBT 협정은 WTO 회원국이 자국의 기술규정을 만들 때, '관련 국제표준(relevant international standards)'이 이미 존재하면 그 표준을 기초로 해서 만들 것을 요구한다. 기술선진국 및 기업 입장에서는 자신들의 핵심 기술을 중심으로 국제표준을 만들어놓으면 그 국제표준이 더욱 광범위하게 사용될 가능성이 높아진다. 이로 인해 국제표준을 주도하는 것에 대한 관심이 높아졌다(곽동철, 2019a).

ICT 분야에서도 표준은 TBT와 관련해서 중요한 쟁점으로 떠오르고 있다. 3절에서는 WIPI와 한·미 FTA에 대해 다룬다. 2장에서는 미국이 WTO의 TBT 규정을 근거로 중국의 WAPI에 반대했다는 사실을 살펴본 바 있다. 우리나라도 WIPI라는 표준을 둘러싸고 미국과 유사한 분쟁을 겪은 바 있다. 이 분쟁은 미국이 우리나라와 FTA를 체결하면서 다른 나라와의 FTA에

1 WTO TBT 협정은 '준수의 강제성' 여부로 표준과 기술규정을 구분한다. 표준은 "규칙, 지침 또는 상품의 특성 또는 관련 공정 및 생산방법을 공통적이고 반복적인 사용을 위하여 규정하는 문서로서, 인정된 기관에 의해 승인되고 그 준수가 강제적이 아닌 문서"를 말하며, 기술규정은 "적용가능한 행정규정을 포함하여 상품의 특성 또는 관련 공정 및 생산방법이 규정되어 있으며 그 준수가 강제적인 문서"이다(WTO TBT 협정 부속서 1). 무역상 기술장벽에 관한 협정(WTO국문협정문), 외교부, http://www.mofa.go.kr/www/brd/m_3893/view.do?seq=294183.

비해 표준 관련 조항을 더 정치하고 엄격하게 만드는 계기가 되었다.

4절에서는 농식품표준과 개발도상국에 대해 살펴본다. 1장 5절 '표준은 혁신을 도모한다'에서는 개발도상국과 표준에 대해 간단히 살펴보았는데, 4절에서는 무역의 관점에서 표준이 개발도상국에게 어떤 의미가 있는지를 검토한다. 표준은 공산품에만 존재하는 것이 아니라 농식품 분야에도 존재한다. 실제로 농식품 분야에서 증가하는 표준은, 혁신과 표준의 관계에서 본 바와 마찬가지로, 개발도상국 농업과 농식품 수출에 기회이자 위기 또는 장애로 작용한다. 따라서 농식품 산업에서 공적표준과 민간표준에는 어떤 것들이 있는지, 그리고 이 표준들은 개발도상국의 수출에 어떤 영향을 미치는지 알아본다.

마지막으로 5절에서는 개발도상국을 위한 표준협력이 왜 필요한지를 검토한다.

1 보드카란 무엇인가

2007년 6월 유럽의회에서는 수년간 유럽의 보드카 업계를 달구었던 표준전쟁에 종지부를 찍는 중요한 표결이 있었다. 표준전쟁이라는 말은 2장 2절 '기업의 전략적 결정과 표준: 블루레이 대 HD-DVD 경쟁 사례'에서 본 것처럼 상이한 비디오 포맷 간의 경쟁으로 잘 알려져 있는 개념이다. 그런데 이 보드카 표준전쟁은 상호 호환되지 않는 기술 사이의 싸움이 아니라 정의(definition)와 라벨링[2]에 관한 논쟁이었다. 즉, 보드카란 무엇인가, 그리고 어떤 것에 보드카라는 이름을 (특히 제품에 상표로서) 붙일(labelling) 수 있는가 하는 것이 쟁점이었다.

EU에서 일어난 '보드카 전쟁'은 다국적 주류 기업인 디아지오(Diageo)에 의해 야기되었다.[3] 디아지오는 특이하게 포도만으로 만들어진 '시락(Cîroc)' 보드카 마케팅을 펼쳤다. 전통적으로 보드카는 밀, 호밀 등 곡물이나 감자로 만든다. 따라서 전통적 방법을 고수하는 양조업자들은 포도로 만든 것을 '보드카'라고 칭하면서 마케팅하는 것을 받아들일 수 없었다. 이들은 폴란드, 스웨덴, 핀란드, 라트비아, 리투아니아, 에스토니아 등의 양조업자로 '보드카 벨트'라고 불렸다. 프랑스가 주도한 '포도 벨트' 국가에서는 보드카의 정의를 넓게 잡기를 주장했다. 다양한 재료를 사용하거나 과일향을 첨가하는 것은 보드카 맛에 근본적인 영향을 미치지 않기 때문에 이런 제품에도 보드카라는 이름을 붙여도 된다고 주장했다.

이 논쟁은 각 나라의 음주 문화와 전통의 보존이라는 의미도 지녔다. 전통 생산자들은 하나의 문화유산인 보드카가 위스키, 럼 등 다른 증류수와 같이 좁고 엄격한 정의를 지녀야 한다고 주장했다. 위스키, 그라파, 포도주, 브랜디 등의 주류에 대해 엄격한 정의를 이미 확보한 '포도 벨트' 생산자들은 보드카에 대한 엄격한 정의에 대해 반대하면서 다른 술과 달리 보드카의 맛은 원료로부터 영향을 받지 않는다고 주장했다.

보드카의 정의와 관련된 논쟁이 벌어진 것은 전통과 문화유산에 관한 대립 때문이기도 했지만 막대한 경제적 이익이 달려 있기 때문이었다. 보드

---

2 라벨링(Labelling, 식품 표기)에 대해서는 〈표 1-1〉 참조.

3 Fomin and Lee(2018: 167~180)에서 요약 정리.

카는 2017년 시점에 전 세계 증류주 시장의 약 1/3을 차지하고 있었다.[4] 보드카 분쟁이 발생했던 당시에 EU에서만 보드카 업계에 약 6만 개의 일자리가 걸려 있었다.[5] 보드카 논쟁은 멀리 미국에서도 반향을 일으켰다. 이미 1년 전에 EU의 농업 최고 책임자는 너무 제한적인 보드카 재료 표준화는 국제 통상 분쟁을 야기할 위험이 있다고 경고했다. 사탕수수로 보드카를 만드는 미국은 만일 EU가 너무 제한적인 보드카 정의를 채택한다면 WTO로 문제를 가져갈 것이라고 엄포를 놓은 바 있기 때문이다.

결과는 '포도 벨트'의 승리였다. 결의안의 보드카 표준은 에틸알코올이 만들어지는 재료에 대해 제한을 두지 않았다. 2007년 6월 19일 유럽의회는 "보드카는 … 1) 감자 그리고/또는 곡물, 또는 2) 다른 농업 원료로 … 만든 증류주이다"[6]라는 결의안을 통과시켰다. 대신 새로운 라벨링 표준에 대해 전통적인 곡류와 감자 이외의 재료로 만들어진 보드카는 레이블에 그 성분

---

4 https://www.thedrinksbusiness.com/2017/08/top-ten-vodka-brands/(2020년 4월 5일 검색).

5 http://www.europarl.europa.eu/sides/getDoc.do?language=EN&type=IM-PRESS&reference=20070615IPR07881. European Parliament. "Vodka 'whisky whiskey' definitions go down smoothly for MEPs"(June 19, 2007)(2020년 4월 5일 검색).

6 (a) Vodka is a spirit drink produced from ethyl alcohol of agricultural origin obtained following fermentation with yeast from either:

1) potatoes and/or cereals, or,

2) other agricultural raw materials, distilled and/or rectified so that the organoleptic characteristics of the raw materials used and by-products formed in fermentation are selectively reduced. (중략)

(d) The description, presentation or labelling of vodka not produced exclusively from the raw material(s) listed in paragraph(a)(1) shall bear the indication "produced from …", supplemented by the name of the raw material(s) used to produce the ethyl alcohol of agricultural origin. [from the "European Parliament legislative resolution of 19 June 2007 on the proposal for a regulation of the European Parliament and of the Council on the definition, description, presentation and labelling of spirit drinks(COM(2005)0125 – C6-0440/2005 – 2005/0028(COD))"]

/재료를 표기해야 한다고 규정했다. 즉, 감자나 곡물이 아닌 다른 원료를 사용해서 만든 보드카는 그 사실("produced from…")을 제품 라벨에 명시해야 한다는 조건을 달았다. 원래 제안 내용 중 하나에는 이 문구가 보드카 글자 크기의 2/3여야 한다는 조건도 있었지만 결의안에는 포함되지 않았다.

보드카 벨트의 대표격인 폴란드의 반응은 매우 비판적이었다. 폴란드에게 보드카는 주요 재정 수입원이었다. 폴란드는 EU의 새로운 정의가 자국의 농민, 양조업자, 소비자 모두에게 매우 부정적인 영향을 미칠 것이라고 비난했다. 비전통적인 보드카 생산자들에게는 이 넓은 정의가 새로운 기회를 가져다주었다. 이 정의에 따르면 포도주를 만들고 남은 찌꺼기나 씨로 알코올 도수가 38~45도인 술을 만들면 거기에도 보드카라는 이름을 사용할 수 있게 되었다(결의안에 따르면 보드카의 '최저' 알코올 도수는 37.5도이다).

이탈리아의 증류주 그라파나 프랑스의 증류주 마르가 와인과 엄격하게 구별되는 것과는 다르게 보드카는 이제 재료와 상관없이 보드카라고 부를 수 있게 된 것이다. 한 전문가에 따르면 보드카에 대한 정의를 비제한적으로 넓게 채택한 유럽의회의 결정은 매우 이례적이라고 한다. 왜냐하면 "전통적인 생산 관행을 보호하는 것이 EU가 취해온 기본 원칙 중의 하나이기 때문이다". 예를 들어, EU 법 아래에서 와인은 쌀이나 건포도로 만들 수 없으며, 또 오직 증류된 와인으로 만들어진 술만 브랜디라고 할 수 있다.

보드카란 무엇인가? 그리고 보드카 표준을 정하는 것이 왜 중요한가? 표준은 시장에 대한 접근을 가능하게 하기도 하고 막을 수도 있는 가이드라인으로 사용된다. 보드카 정의에 관한 논쟁이 중요한 이유는 그러한 정의

그림 4-1 **보드카 레이블**

'Distilled From Grain'이 명기되어 있는 스웨덴산 보드카(왼쪽)(보드카 벨트)와 'Distilled From Fine French Grapes'가 적혀있는 프랑스산 보드카(오른쪽)(포도 벨트).
자료: 구글

가 보드카를 어떻게 생산하고 어떻게 이름 붙일 것인가에 관해 유럽 행정부가 공포하는 가이드라인을 규정하고, 그 가이드라인에 따라 보드카 산업과 시장, 그리고 그에 딸린 수많은 일자리가 영향을 받기 때문이다.

2 팰릿과 컨테이너 국제표준화

앞에서 '보드카란 무엇인가?'에 관한 유럽의회의 표준 정의가 세계 보드카 생산자들과 보드카 무역에 어떻게 영향을 미치며, 그 논쟁이 어떻게 흘러갔는지에 대해 살펴보았다. 이 절에서는 보드카 같은 물건을 실어 나르는 물류 수단의 표준화 사례를 통해 무역과 표준의 관계에 대해 알아본다. 먼저 여러 개의 표준이 존재한다는 것(다르게 말하면 표준이 존재하지 않는다는 의미이기도 하다)이 무역에 어떤 장애를 초래하는지를 팰릿(pallet)의 사례를 통해 알아본다. 그리고 팰릿의 사례를 국제무역에서 운송 수단 표준화의 성공 사례로 자주 언급되는 컨테이너 국제표준화와 비교하고 두 사례의 차이점 및 두 사례가 대규모 기술시스템 표준화에 대해 주는 함의를 논의한다.

유통에서 팰릿은 "하나의 적재 단위로서 제품을 보관하고 쌓고 다루고 옮기기 위해 사용하는 이동 가능하고 평평하고 튼튼한 틀"(Raballand and Aldaz-Carroll, 2007: 685)이다. 우리가 물류창고나 슈퍼마켓에서 흔히 보는 나무로 된 틀이다(〈그림 4-2〉 참조). 나무 외에도 플라스틱 등 다양한 소재로 만들어진다. 팰릿을 사용하면 유통 및 운송의 효율이 매우 높아지고, 제품 손상을 막을 수 있으며, 적재 효율성도 높아진다.[7]

팰릿은 제2차 세계대전 당시 미군이 군수 물자 이동에 사용한 이후 전 세계적으로 확산되었다. 이 과정에서 각국의 물류 회사들은 자국의 산업 및 제품의 필요와 조건에 맞는 다양한 크기의 팰릿을 만들었다. 그 결과 팰릿을 통한 무역 물류는 운송 효율성을 저해하고 오히려 비용을 높이는 경우가 생기게 되었다. 예를 들면, 수출국가의 팰릿에 적재된(palletized) 물품이

---

7 물류(logistics) 또는 유통에서 낱개 물건들은 보통 우리가 상자라고 부르는 카톤(carton)에 담긴다. 카톤은 팰릿에 올려지고, 해외 수송 시에는 팰릿이 컨테이너에 실린다. 이렇게 팰릿, 컨테이너를 이용해 일정 규모의 단위 화물로 만들고, 수송, 보관, 하역(예: 지게차에 의한 상하차) 작업이 일관되게 이루어지는 것을 유닛 로드 시스템(Unit Load System)이라고 한다. 이는 물류의 효율성을 높이는 데 중요하다. 일관된 시스템을 구축하는 데에는 표준화가 필수적이다. 한국파렛트컨테이너협회, http://www.kopal.or.kr/index.php/info/unitload(2020년 4월 30일 검색).

그림 4-2 **물류용 팰릿**

자료: 구글

목적지에서 내려져(depalletized) 수입국의 규격 팰릿으로 다시 적재되어야(repalletized) 하는 경우가 생기곤 했다. 이는 특히 개발도상국 기업들에게 더 부정적인 영향을 미치는데, 개도국이 수출하는 부가가치가 낮은 물품은 운송비용의 비중이 상대적으로 매우 높기 때문이다(Raballand and Aldaz-Carroll, 2007).

이런 문제를 해소하는 방법은 당연히 표준화이다(Eom, Lee and Ahn, 2016). 국제적으로 통용되는 하나의 팰릿을 만들기 위해서는 국제협력이 필요했고 ISO 기술위원회(ISO/TC 51)[8]가 구성되어서 팰릿 국제표준화에 착수했다. 1980년대부터 시작된 논의는 2003년에 비로소 팰릿 크기에 관한 국제표준[9]에 합의했다. 그런데 결론은 "대부분의 나라가 채택할 수 있는,

8 ISO/TC 51: Pallets for Unit Load Method of Materials Handling.

9 ISO 6780: 2003 on 'Flat Pallets for Intercontinental Materials Handling – Principle Dimensions

표 4-1 **6개의 ISO 6780 팰릿 국제표준**

	미터	인치	사용 지역	비고
직사각형 평면 크기	1200×800	47.2×31.5	유럽	1988년 승인
	1200×1000	47.2×39.4	유럽	1988년 승인
	1219×1016	48×40	북아메리카	1988년 승인
정사각형 평면 크기	1067×1067	42×42	북아메리카	2003년 추가
	1100×1100	43.3×43.3	환태평양 지역	2003년 추가
	1140×1140	44.9×44.9	유럽	1988년 승인

자료: Eom, Lee and Ahn(2016)

국제적으로 인정되고 승인된 제한된 수의 팰릿 크기들을 사용함으로써 유통 효율성을 증진"(Raballand and Aldaz-Carroll, 2007: 688)한다는 것이었다. 그런데 '제한된 수'가 여섯 개였다. 즉, 이미 세 대륙에서 사용되는 여섯 개 팰릿 크기를 ISO 국제표준으로 채택하는 타협 또는 미봉책을 내놓는 데 그친 것이다(〈표 4-1〉 참조).

한편 컨테이너의 표준화는 이와 다른 양상을 보여준다(〈상자4〉 참조). 컨테이너는 세계 무역을 획기적으로 바꾼 혁신으로, 운송의 비용을 이전과는 비교할 수 없이 낮춤으로써 세계인의 삶을 변화시켰다. 마크 레빈슨(Mark Levinson)은 자신의 책에서 하나의 상자가, 즉 선박 컨테이너가 어떻게 세계를 축소하고 세계 경제를 확장시켰는지 흥미롭게 기술하고 있다(Levinson, 2006). 1961년 컨테이너 표준화를 다루기 위한 ISO기술위원회[10]가 미국의 주도로 구성되었다. 이 무렵은 미국 국내표준 컨테이너에 관한 합의가 이루어진 직후였고[11] 대규모 투자가 이루어지기 전이었다. 많은 협상 끝에 1968

and Tolerances'.

10 ISO/TC 104 on 'Freight containers'.

년 미국이 제안한 폭 8피트, 높이 8피트, 길이 10, 20, 30, 40피트가 ISO 668 표준으로 결정되었다. 유럽이 제안한 규격과 미국에서 사용되는 또 다른 규격인 ISO 시리즈 2 표준이 논의되기도 했지만 공식 국제표준으로 발전되지는 않았다. 1972년에는 길이 40피트 컨테이너에만 허용되던 높이 8피트 6인치가 길이 20피트와 30피트에도 받아들여졌다.[12]

상자4. 대규모 기술시스템의 표준화: 컨테이너 사례

대규모 기술시스템(large technological systems)이라는 개념은 토머스 P. 휴즈(Thomas P. Hughes)에 의해 널리 사용되기 시작했다. 휴즈는 명확한 정의를 제공하지는 않았지만, 그는 대규모 기술시스템이라는 개념에 대해 혼란스럽고, 복잡하며, 문제해결을 위한 구성요소들을 포함한다고 기술했다(Hughes, 1989). 기술시스템은 물질적 요소와 사회적 요소라 할 수 있는 기업 등의 조직도 포함한다. 또한 규제, 입법과 같은 제도도 기술시스템의 일부이며, 자연 자원도 그 자원이 기능하기 위해서는 사회적으로 구성되고 변용되어야 하기 때문에 기술시스템의 일부이다. 물질적이든 비물질적이든 간에 시스템의 일부로서 작동하는 구성요소들은 다른 요소들과 상호작용한다. 모든 요소는 직접적으로 또는 다른 요소와의 상호작용을 통해 간접적으로 공동의 시스템 목적을 달성하는 데

11 폭 8피트, 높이 8피트, 길이는 10, 20, 30, 40피트로 합의되었다.

12 컨테이너 표준에 길이(dimensions)만 있는 것은 아니다. 무게를 견딜 수 있는 바닥의 강도, 컨테이너 모서리를 고정시키는 트위스트 록(twist lock), 코너 피팅(corner fittings) 등의 표준화에도 여러 쟁점이 있었지만 1965년에 ISO에서 마무리되었다.

기여한다.

기술시스템은 가용하고 적절한 모든 수단을 동원해 문제를 해결하거나 목적을 달성한다. 여기서 문제란 대부분 적어도 그 기술시스템을 설계하거나 활용하는 사람들에게 유용하거나 바람직하다고 여겨지는 방식으로 물리 세계를 재구성하는(reordering) 것이다. 기술시스템의 설계자와 관리자는 위계를 선호하고, 따라서 시스템은 시간이 흐를수록 하위 시스템을 갖는 위계 구조로 나아간다. 그 결과 위계 시스템의 구성은 정치적일 수밖에 없다.

블라디슬라브 포민(Vladislav Fomin)은 대규모 기술시스템을 표준화의 관점에서 조망한다(Fomin, 2019). 대규모 기술시스템은 독립적으로 개발되어 온 기술들이 엮여 공동의 대형 시스템을 형성하기 때문에 대규모 기술시스템의 발전에서는 표준화가 핵심적 요소이다. 전체 시스템이 작동하기 위해서는 다양한 기술과 연계된 이해관계자 집단 간의 활동을 조정하는 역할이 중요하다. 표준이 없으면 대규모 기술 인프라는 별개의 독립적인 기술들의 집합일 뿐이며 통합된 전체로서 기능할 수 없기 때문이다.

대규모 기술시스템의 형성에서 표준이 수행하는 역할은 기술, 조직, 경제 세 가지 측면에서 살펴볼 수 있다(Fomin, 2019). 우선 기술적 측면에서 보면, 표준은 상이한 기술들 사이의 상호운용성을 가능하게 하거나 '게이트웨이'의 역할을 수행한다. 게이트웨이를 만드는 것은 매우 복잡한 사회기술적 과제이다. 게이트웨이가 작동하게 하려면 인터페이스 표준을 설계하고 테스트하고 이것이 넓은 범위의 상황에서 적합하도록 맞추어야 한다. 또 표준화 기구의 절차에 따라 만들어졌음도 보증해야 한다. 합의의 절차를 따라야 하는 것이다.

조직적 측면에서 보면, 표준은 서로 다른 '시스템 건설자'들의 이해관계를 교섭하고 수용하는 도구이다. 여기에는 보통 개발자, 규제 당국, 제조사 등 관련 기술 회사들이 포함된다. 표준은 다양한 이해관계자들에게 새로운 기술이 어떻게 자신들의 이해를 반영하면서 만들어지는가를 이해시키는 데 도움이 된다. 이 과정을 통해 새로운 기술의 기술적·경제적 속성에 대한 타협을 시작한다.

경제적 관점에서 보면, 표준은 시장에 대한 문을 열어준다. 표준이 만들어지면 시장의 새로운 기술시스템에 대한 문턱이 낮아지는 효과가 생긴다. 새로운 기술시스템이 소비자들에 의해 받아들여지기 시작하면서 새로운 시스템의 시장 규모가 커진다. 이는 새로운 기술시스템의 직접 참가자에게 유리할 뿐만 아니라 관련 산업과 시스템에도 시장을 키우는 등의 긍정적인 효과를 가져온다.

컨테이너의 표준화는 이 세 가지 측면의 활동이 적절하게 이루어진 사례이다. 컨테이너의 표준화는 전후방으로 복잡하게 연결된 세계적 규모의 운송시스템이 표준화된 경우로, 대규모 기술시스템을 표준화한 모범사례이다(Levinson, 2006; Busch, 2011).

1960년대 이전 항구에서는 선적과 하역 작업이 부두 노동자들에 의해 이루어졌다. 대부분 화물의 모양은 제각각이었고 항구에는 상자, 포대, 다양한 크기의 물건이 널려 있었다. 비용이 매우 많이 들고 비효율적이었다. 당시 선박 수송 과정에서 가장 비용이 많이 드는 작업은 출발지 항구에서 트럭이나 기차 등의 육상 수송 수단에서 배로 화물을 옮기는 선적 과정과 도착지에서 반대의 작업을 하는 하역 과정이었다. 한 연구에 따르면 도어-투-도어 해상 운송의 총비용 가운데 바다에서 이동하는 데 드는 비용은 24.4%에 불과했고 항구에서 화물을 올리고 내리는 데만 48.7%가 소요되었다(Bernhofen, El-Sahli and Kneller, 2016).

해운업을 경영하던 맬컴 맥린(Malcom McLean)은 출발지 공장에서 화물을 컨테이너에 담아서 선박에 한번에 싣고 내리고 구매업체의 창고까지 한번에 운반하는 방법을 고안해 실행에 옮겼다. 결과는 대성공이었다. 1956년 4월 뉴어크항에서 휴스턴까지 아이딜X(IdealX)호가 컨테이너를 성공적으로 운반했다. 당시 개별 화물을 중간 크기 화물함에 선적하는 데 톤당 5.83달러가 들었던 데 비해, 아이딜X의 경우는 15.8센트밖에 들지 않았다(Levinson, 2006: 51~52).

컨테이너의 유용성이 알려지면서 해운사들은 자사 고유의 컨테이너를 사용하기 시작했고 자사의 항구나 다른 항구에서 자기 회사의 컨테이너에 맞는 도크와 크레인을 설치하고 운용했다. 이것이 비효율적이라는 것을 아는 데는 그리 오래 걸리지 않았다. 상이한 종류와 크기의 컨테이너가 사용되는 한, 운송시스템 전체 비용을 줄일 수 없었고, 오히려 각 항구에서의 중복 투자로 비용이 증가할 수도 있었다.

맥린의 통찰력과 기여는 여기서 두드러진다. 그는 전체 선적 화물비용을 줄이기 위해서는 단지 금속 상자가 필요한 것이 아니라 화물을 취급하는 전체 시스템이 바뀌어야 한다고 주장했다. 이를 위해서는 물류 시스템을 구성하는 항구, 선박, 크레인, 저장 시설, 트럭, 기차, 해운사의 운영 방식 등 모든 것을 바꿔야 했다(Levinson, 2006: 53).

이 변화는 단순한 기술적 도전을 넘어서는 사회적(포민의 용어로 말하면 '조직적') 도전이었다(Busch, 2011: 167). 출발지 항구에서 배에 싣고 목적지 항구에서 내리는 표준 규격의 상자를 해운사끼리 합의하고 설계하는 것은 상대적으로 간단한 문제였다. 하지만 지상 운송 수단인 트럭과 기차로 운송할 수 있는 컨테이너를 설계하는 일은 훨씬 복잡한 문제였다. 철도에서는 터널과 다리를 통과할 수 있는 폭이어야 했다. 무엇보다도 전 세계적으로 사용되려면 대부분의 나라에서 운영되는 트럭과 기차 크기에 맞아야 했다. 유럽과 일본의 좁은 도로에서도, 또 협궤 열차가 달리는 동남아, 인도 등에서도 사용할 수 있도록 충분히 작아야 했다. 전 세계 항구에서 컨테이너를 배에 싣고 내리는 고가이동 기중기 같은 장비도 모두 바꿔야 했다. 다시 말해 선박, 기차, 트럭, 항구 등 운송시스템 전체가 재설계되어야만 원하는 효율성을 달성할 수 있었다.

이는 단지 기술적 문제가 아니라 기존의 시설을 유지하고자 하는 하위 시스템을 다루는 조직들과 지난한 타협을 거쳐야 하는 정치적 과정이기도 했다. 미국에서는 1961년 폭 8피트, 높이 8피트, 길이 10, 20, 30, 40피트 규격이 표준 컨테이너로 결정되었다.[13] 이 표준이 미국에서 자리 잡는 데는 정부 규제당국도 한몫했다. 연방해사청(Federal Maritime Board)은 이 규격을 사용하는 컨테이너 선박에만 보조금을 지급하겠다고 발표했다(Levinson, 2006: 137, 144~145).

---

13 해상 운송량을 나타내는 기본 단위인 TEU(Twenty-foot Equivalent Unit)는 여기서 온 것이다. TEU가 운송량의 기본 단위로까지 사용된다는 사실은 이 규격의 표준 컨테이너가 운송의 수단으로 얼마나 깊숙이 자리 잡고 있는가를 잘 보여준다.

컨테이너 표준화의 경제적 효과 중 하나는 컨테이너가 특정 회사에 속할 필요가 없고, 다른 회사와 교환해서 사용할 수 있게 된 것이다. 무엇보다도 목적지에 도착한 컨테이너가 출발지로 텅텅 빈 채로 되돌아올 필요 없이 거기서 화물을 싣고 제3의 목적지로 보내질 수 있게 되었다. 컨테이너 선박은 자본집약적 산업이기 때문에 항구에 머무는 시간을 최소화하고 배가 움직이는 시간을 최대로 늘려야 한다. 컨테이너를 사용하면서는 선적과 하역이 동시에 이루어졌고 정박 시간을 최소화할 수 있게 되었다.

팰릿 사용이 확대된 것도 이런 이유에서이다. 컨테이너 안에 상품을 싣기가 훨씬 수월해지고 효율적으로 되었기 때문이다. 표준 컨테이너는 해운사들의 시장을 획기적으로 넓혔다. 또한 표준 컨테이너는 각종 수출업자들에게 전 세계 시장에 접근할 수 있게 했다. 1960년대 이후 세계화와 국제무역이 증대된 주요 요인으로는 무역 정책의 자유화와 기술 발전에 따른 수송비의 감소가 꼽힌다. 수송비 감소의 중심에는 컨테이너화가 있다. 세계 무역이 급격하게 증가한 시기는 1960년대 중반 컨테이너가 국제 표준화된 이후 세계 컨테이너 시대가 시작된 시기와 얼추 일치한다. 베른호픈·엘살리·크넬러는 컨테이너화가 국제무역에 미친 효과를 양적으로 보여준다(Bernhofen, El-Sahli and Kneller, 2016). 표준 컨테이너 덕분에 태평양을 건너는 수송비용이 소매가격의 단 몇 퍼센트에 불과하게 되었고, 칠레에서 생산된 포도주를 부담 없이 즐길 수 있게 되었다. 반면 이전에는 전혀 경쟁 관계가 아니었던 개인, 기업, 국가들을 치열한 경쟁상대로 만들어버리는 결과도 초래되었다.

맥린의 아이디어와 컨테이너 표준화가 주는 교훈은, 이들이 단지 운송을 위한 대형 철제 상자를 만든 것이 아니라 운송의 문제를 시스템적으로 이해했다는 점이다. 즉, 철제 상자가 목적을 달성하기 위해서는 전후방으로 연결되어 있는 연관 산업의 모든 것이 체계적으로 조정되어야 했다. 이는 단지 기술적인 문제가 아니라, 대규모 기술시스템 이론에서도 말했듯이, 지난한 조직적 또는 사회적 조정/타협/협상/경쟁의 과정이었다.

팰릿 표준화와 컨테이너 표준화 비교

팰릿 표준화와 컨테이너 표준화는 왜 서로 다른 결과를 낳았을까?(Eom, Lee and Ahn, 2016) 먼저 생각해 볼 수 있는 이유는 표준화의 타이밍[14]이다. 타이밍은 상이한 표준들의 조화가 성공하느냐 마느냐를 결정하기도 한다. 표준화가 논의될 무렵 컨테이너는 아직 혁신의 초창기였다. 컨테이너 해운은 1950년대 말 미국에서 탄생한 산업이었고 초기에는 특정 회사의 컨테이너가 자사의 장비에만 맞게 되어 있었다. 따라서 자사가 관리하는 항구에서만 순조롭게 하역 작업을 할 수 있고 타사의 항구에서는 하역 작업을 못하는 경우도 발생했다. 운송이란 여러 항구를 오고 갈 때 효율성이 높아지기 때문에 컨테이너 발전 초기에 미국에서는 표준화 필요성이 제기되었고, 국내표준화에 대한 합의가 이루어지자마자 1961년 ISO에 미국 표준을 국제표준안으로 제출했다. 그 당시에도 이미 상이한 크기의 컨테이너를 사용하는 해운사가 있었고 유럽 회사들은 유럽 철로 운송에 적합한 크기를 사

14 3장 2절 '호주 철도의 '궤간 단절'과 국가통합'에서도 언급된 사항이다.

용하고 있었지만 ISO 표준 제정은 비교적 일찍 시작되었기 때문에 지역 간 차이가 크지 않았다. 그 결과 대다수의 주요 해운사가 국제적으로 인정받은 호환되는 크기의 컨테이너를 사용하게 되었다.

한편 팰릿은 국제표준화 논의가 시작되기 수십 년 전부터 이미 사용되고 있었다. 제2차 세계대전 이전부터 병참 목적으로 미군에 의해 사용되었고, 일본에서는 전후 미군에 의해 사용되던 팰릿이 보급되었다. 호주도 제2차 세계대전 당시 미군이 주둔한 적이 있는데 그 유산으로 비교적 일찍 팰릿이 사용되었다. 즉, 국가 차원에서의 팰릿 표준화는 이미 1950년대에 시작되었고, 여러 나라에서 국가표준이 자리 잡은 것은 1970년대였다. 팰릿 국제표준화는 1980년에야 ISO에서 시작되었는데 그때는 이미 팰릿 산업의 이해당사자들이 각국의 지배적인 국가표준에 묶여 있었다.

게이트웨이와 참호화도 두 표준화의 차이를 이해하는 데 유용한 개념이다. 두 개념 모두 타이밍과 밀접하게 연관되어 있다.

표준화된 게이트웨이(standardized gateway)는 대규모 통합시스템 내에서 느슨한 상호의존과 호환성을 통해 여러 하위 시스템을 통합하는 기술을 말한다. 표준화된 게이트웨이 기술은 인프라 변화에서 촉매 작용을 할 수 있다. 표준은 대규모 기술시스템에서 구조적 변화를 촉진할 수 있는데 ISO 컨테이너가 바로 그런 사례이다. 즉, ISO 컨테이너는 철도, 도로, 선박 등 다른 형태의 운송 수단, 또는 상이한 운송 하위 시스템들을 연결하는 역할을 했다. ISO 컨테이너는 서로 다른 운송 수단들을 연결하는(intermodal) 특성을 지녔으므로, ISO 컨테이너를 통해 상이한 운송 하위시스템들 사이에 호환성이 형성되었다. ISO 컨테이너가 지닌 복합 수송 특성은 시스템 유연성을 창출해 컨테이너들을 상호 교체하면서 사용할 수 있게 했다(Egyedi, 2001; Egyedi and Spirco, 2011).

ISO/TC 104에서는 미국, 일본, 유럽의 도로교통 규정이 자주 논의되었다. 왜냐하면 컨테이너 너비는 트럭, 대형 화물차 같은 도로 운송 차량의 너비와 호환되어야 하기 때문이다. 타협과 교섭의 과정을 거쳐서 8인치 단일 너비 표준으로 합의가 이루어졌다. ISO 컨테이너는 대규모 기술시스템에서 게이트웨이 기술이 잠재력을 실현하는 데 필요한 기술, 운영 및 정치 측면의 호환성을 형성하는 데 성공했다.

표준은 참호화(entrenchment)[15]의 촉매제이기도 하다. 참호화는 표준화된 게이트웨이의 반대 개념이다. 이 개념은 팰릿 국제표준화가 결국 복수의 표준으로 끝맺은 이유를 분석하는 데 유용하다. 표준이 만들어지는 동안에 참여자들은 여러 가지 기술적 또는 정치적 선택을 한다. 그리고 이런 결정은 기술 개발에서 특정한 변수를 상수로 만든다. 표준은 한번 시행되기 시작하면 특정한 기술적 관행을 더욱 강화한다. 어떤 표준이 성공적으로 자리 잡기 시작하면 사용자가 늘어나고, 이런 사용자 증가는 새로운 사용자들을 불러들인다. 널리 사용되는 표준 또는 시스템을 사용하는 것이 편하고 안전하기 때문이다. 이제 사용자들은 이 표준 또는 시스템에 몰입

---

15 참호(trench)는 "야전에서 몸을 숨기면서 적과 싸우기 위해 방어선을 따라 판 구덩이"라는 뜻이며(네이버 국어사전), 참호화(entrenchment)는 참호로 공고하게 진지가 구축된 상태 또는 그 과정을 의미한다. 참호화는 긍정적인 의미로 "단단하게 자리 잡음[확고함]"(네이버 국어사전)을 뜻하기도 하고, 부정적인 의미로 너무나 단단하게 자리 잡아서 후퇴도 전진도 하지 못하는 상황을 뜻하기도 한다. 표준은 한번 자리 잡으면 참호화의 힘을 이용해서 잠김효과를 가져오기도 하지만, 반대로 자신의 참호/진지에만 집착해 전체의 효율성/효과성을 해치기도 한다.

하고 투자를 늘린다. 특정 표준 또는 시스템을 오래 사용하면 할수록 치러야 할 대가, 즉 전환비용이 상승하기 때문에 다른 표준으로 갈아타기가 힘들어진다. 다시 말해, 네트워크 효과가 전환비용을 상승시키고 이로 인해 시스템의 고착성이 높아진다. 그 결과 변화를 꾀하기가 점점 더 어려워진다. 팰릿 표준화가 본격적으로 논의될 당시 주요 대륙의 관련 표준은 이미 그런 상태에 진입해 있었다. 따라서 어느 누구도 먼저 단지 전체의 편익을 위해, 그것도 매우 장기적으로나 실현될 편익을 위해 비용을 부담할 이유는 없었다. 각 지역 또는 각 나라의 팰릿 표준은 이렇게 참호화의 촉매제로 작동했다.

팰릿과 컨테이너 두 물류 기술의 국제표준화 사례는 오늘날 표준화, 특히 대규모 기술시스템 표준화에 관해 큰 교훈을 준다. 국제 차원에서의 표준조화를 이루기 위해서는 대규모 기술시스템이나 인프라가 형성되기 이전에 표준 제정이 시작되어야 한다. 대형 시스템이나 인프라가 자리를 잡으면 앞에서 살펴본 참호화 때문에 더 이상 진전을 시키기가 어렵다. 한때는 혁신이고 변화의 총아였던 것이 참호화되면 무수한 표준, 제도, 사양, 관례 속에 새겨진다(Egyedi, 2001). 물론 참호화가 부정적인 의미만 지닌 것은 아니다. 컨테이너는 공고하게 표준화가 이루어지고(즉, 참호화되고) 전 세계적으로 널리 사용됨에 따라 태평양을 건너오는 포도주를 채 만 원도 안 되는 가격에 즐길 수 있는 세상을 가능하게 만들었다. 대규모 기술시스템을 표준화하는 것은 마지막 장에서 다루는 4차 산업혁명 시대의 표준화에서도 중요하다.

3 WIPI와 한·미 FTA

표준은 앞의 두 사례에서 본 바와 같이 보드카 같은 제품이나 팰릿, 컨테이너와 같은 물리적 실체에만 존재하는 것이 아니다. 오늘날에는 정보통신 기술 분야에서의 표준도 자유무역협정(FTA) 등 통상협상에서 매우 중요한 주제가 되고는 한다.

표준은 FTA에서도 점차 중요한 위치를 차지하고 있다. 실제로 한·미 FTA의 통신에 관한 장은 기술 및 표준에 관한 조치를 담고 있다(한·미 FTA 협정문 제14장 통신 제14.21조 '기술 및 표준에 관한 조치'). 이 부분은 미국이 당시까지 다른 나라들과 맺어온 FTA와, 그리고 그 이후의 FTA에서 규정된 것 이상으로 표준과 적합성평가에 관해 상세하고 제한적인 내용을 담고 있다(곽동철·박정준, 2018). 이는 기본적으로 "통신 분야의 기술표준 선정을 시장 자율에 맡겨야 한다"(≪동아일보≫, 2007.5.8)라는 미국의 입장과 정부의 규제 권한을 최대한 유지하려는 한국의 입장이 부딪혔기 때문이다. 그 결과 한·미 FTA '기술 및 표준에 관한 조치'에는 여타 FTA에서 찾아보기 힘든 조항이 포함되어 있다. 무엇보다도 양국 정부는 기술규정, 표준 및 적합성평가 절차[16]를 개발하고 적용하는 데 있어 투명성 원칙을 준수할 것을 강조한다. 예를 들어, 한국이 표준, 기술규정 및 적합성평가 절차를 개발할 경우 이 과정에 참여하는 미국 측 인사에게 내국인 지위를 부여한다. 또한 시

16 적합성평가 절차는 "기술규정 또는 표준 관련 요건이 충족되었는지를 결정하기 위하여 직접적 또는 간접적으로 사용되는 모든 절차"로서, "특히 표본추출, 시험 및 검사, 평가, 검증 및 적합보증, 등록, 인증과 승인, 그리고 이들의 결합을 포함"한다(WTO TBT 협정 부속서 1).

장 실패를 해결하기 위해 정부가 규범을 제정할 경우, 시장의 힘만으로는 공공정책 목적을 달성하기 어렵다는 것을 기술표준 조치국인 한국이 증명해야 하고, 다른 대체 기술이 동일한 목적을 달성할 수 있다는 주장이 나올 때에는 그 주장을 증명할 수 있는 기회를 부여해야 한다(곽동철, 2019a). 한·미 FTA에서 미국이 이렇게 기술표준 문제를 예민하게 다룬 배경에는 바로 한국이 개발한 WIPI(Wireless Internet Platform for Interoperability)라는 모바일 인터넷 플랫폼 표준을 둘러싸고 미국과 벌인 분쟁이 자리하고 있다.

현재 우리가 사용하는 스마트폰에서는 애플의 iOS와 구글의 안드로이드가 플랫폼을 양분하고 있다. 스마트폰 이전의 휴대폰 시대에는 데이터 사용을 위한 주도적인 플랫폼이 없었다. 당시 이동통신업체들은 데이터 서비스를 음성 통신 이후 차세대 수익 원천으로 인식하기 시작했다. 그리고 사용하기 편리한 플랫폼을 개발해서 양질의 모바일 애플리케이션(당시에는 아직 앱이라 부르지 않았다)을 제공하고자 노력했다. 우수한 모바일 플랫폼은 애플리케이션 프로그램들을 편하게 사용하는 환경을 제공해 소비자 만족에 크게 기여할 수 있기 때문이다. 2000년대 초반 국내 이동통신업체들은 타사와의 모바일 데이터 서비스 경쟁에서 플랫폼을 중요한 경쟁력의 원천으로 여겼다. 따라서 국내 이동통신 3사는 경쟁적으로 자사 고유의 플랫폼을 개발해서 사용하고 있었다(〈그림 4-3〉 참조).

〈그림 4-3〉에서 보듯 여러 종류의 모바일 플랫폼이 존재한다는 사실은 콘텐츠 제공자와 단말기 제조사에게 상당한 골칫거리였다. 콘텐츠 제공업자는 동일한 콘텐츠를 여러 버전으로 개발해야 했다. 단말기 제작사도 여러 플랫폼을 장착해서 시장에 내놓거나 아니면 통신사별로 각사의 플랫폼

그림 4-3 **WIPI 이전 국내 이동통신업체의 무선인터넷 플랫폼 현황**

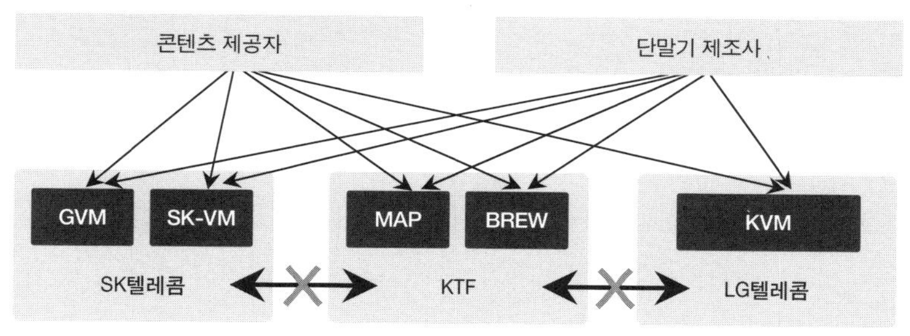

자료: 곽동철(2019a)

을 장착한 단말기를 공급해야 했다. 전자는 당연히 단말기 성능의 저하를 가져왔고, 후자는 생산 시스템을 더 복잡하게 만들고 생산의 효율을 떨어뜨렸다. 하나의 표준 모바일 플랫폼이 자리 잡으면 콘텐츠 제공업체들은 중복 투자를 할 필요가 없어지고 핵심 비즈니스인 콘텐츠 개발에 보다 집중할 수 있다. 단말기 제조사에게도 복잡성을 덜어주는 효과가 있다.

플랫폼 종류가 많다는 것은 이동통신사에도 골치 아픈 일이었다. 다수의 플랫폼이 존재하면 이동통신사 간에 모바일 애플리케이션이 호환되지 않으니 다른 이동통신사 사용자와 콘텐츠를 교환할 수도 없었다. 이는 규모의 경제가 작동할 수 없고 특히 네트워크 효과가 발생할 수 없다는 것을 뜻한다.

당시 정부는 모바일 플랫폼 표준화를 모바일 인터넷 시장을 활성화시킬 수 있는 정책 도구로 인식하고 이를 추진했다(오상조·김용영·이희진, 2006). WIPI는 이러한 구상하에서 모바일 애플리케이션 플랫폼 표준으로 등장했다. 정부는 중복 투자를 제거해 효율성을 증대하고, 통합된 플랫폼 환경을 제공해 모바일 인터넷 시장으로 잠재적 진입자의 참여를 독려하고자 했다. 다른 고려사항은 퀄컴이 만든 BREW 같은 외국산 플랫폼 사용에 대한 로열티를 줄이는 것이었다. 따라서 새로운 표준은 국내 기술로 개발되는 것을 전제로 했다. 정부는 일단 WIPI가 국가표준으로 승인된 후 한국에서 널리 사용되어 상용화에 성공하면 새로운 플랫폼이 국제표준이 될 수 있다고 판단했던 것으로 보인다(Lee and Oh, 2008). 로열티 절감, 국내 독자 개발, 국제표준화 세 가지 모두 중국의 WAPI 사례에서 사용되었던 논리와 같다.

2001년 5월 설립된 한국무선인터넷포럼(KWISF)이 모바일 플랫폼 표준화 작업을 주도했다. 2002년 5월 WIPI 1.0이 개발되었고 한국정보통신기술협회(Telecommunications Technology Association: TTA) 단체표준 TTAS-KO-06.0036(모바일 표준 플랫폼 규격)으로 채택되었다. 정보통신부는 2002년 WIPI를 무선인터넷 플랫폼 단일표준으로 의무화하고, 2005년 4월부터 국내에 출시되는 모든 휴대단말기에 WIPI 설치를 의무화하는 정책을 발표했다(곽동철, 2019a). 이것 역시 WAPI와 닮은꼴이다. 이어서 WIPI를 국내표준, 나아가 국제표준으로 만들기 위해 몇몇 조치가 취해졌다. WIPI는 3GPP 회의에서 발표되었고, 3G 무선통신표준 중 하나인 IMT2000 플랫폼으로 제안되었다. 또 중국의 CDMA 서비스 제공업체인 차이나유니콤에서 시연을 했고, 노키아, 선마이크로시스템즈와도 WIPI를 촉진하기 위한 협력 방안에 대해 논의했다. 이러한 모든 노력에도 불구하고, WIPI는 계획대로 흘러가지 않았다. 차이나유니콤은 자사의 CDMA 휴대폰에 퀄컴의 BREW를 탑재하기로 결정했다.

무엇보다도 가장 큰 난관은 미국 무역대표부가 오직 하나의 플랫폼 사용을 법으로 강제하는 것에 대해 강한 우려를 표명한 것이었다. WIPI 단일 표준은 외국 기업에 대해 차별적인 무역상 기술장벽이기 때문에 WTO TBT 협정에 위반된다는 주장이었다. 선마이크로시스템즈는 자사의 자바 기술이 WIPI에 사용되고 있다는 사실에 주목하고, 지적재산권 보호를 요구했다. 2003년 4월에는 자바 기술 사용에 대해 로열티를 지불하기로 합의가 이루어졌다. 이것은 외국 기업에 로열티를 지불할 필요 없이 국내 기술로 만들어진 국가표준을 갖고자 했던 본래 목적에서 후퇴한 조치였다.

퀄컴은 WIPI가 WTO의 TBT를 위반하는 불공정 행위라고 주장했다. 당시 퀄컴은 자사의 모바일 플랫폼인 BREW를 KTF(케이티프리텔, 당시 KT의 이동통신 자회사)에 제공하고 있었다. WIPI의 본래 계획은 한국에서 사용되는 모든 휴대폰에 오직 하나의 표준 모바일 플랫폼을 내장하는 것이었다. 이것은 BREW가 한국에서 사용될 수 없다는 것을 의미했고, 퀄컴은 이러한 계획에 TBT를 논거로 들면서 항의한 것이다. 양국 간의 분쟁은 2002년 6월부터 2004년 4월까지 13차례나 협상을 거치면서 지속되었다. 당시 미국 국무부 장관이었던 파월은 한국 외교통상부 장관에게 이 문제에 대한 협력을 요청하면서 강하게 압박했다. 미 무역대표부는 WIPI가 한국시장에서 미국 기업을 배제시킬 수 있다는 점에 우려를 표했다. 협상 중이던 2004년 2월 WIPI 2.0이 출시되었다. 미국 무역대표부는 WIPI 단일 표준이 "과도하게 무역을 제한하고 외국 경쟁업체를 차별하는 대표적인 무역장벽"(곽동철, 2019a)임을 지속적으로 지적하고 WIPI 폐지를 요구했다.

마침내 2004년 4월 한국 정부는 미국 정부와 모바일 인터넷 플랫폼 시장에서 경쟁을 허용한다는 협상안에 타협했다. 복수 모바일 플랫폼을 허용함으로써 WIPI의 본래 목적은 또 다시 한 발짝 후퇴하게 되었다. 이 합의는 WIPI가 휴대폰에 설치되기만 한다면 BREW를 포함한 다른 모바일 플랫폼을 동시에 사용할 수 있다는 것을 의미했다. 2005년 4월부터는 WIPI의 의무적 설치가 시행되었다. 이는 WIPI가 국가표준으로 설정되었음을 뜻하기는 했지만, 다른 모바일 플랫폼도 동시에 장착될 수 있다는 것은 원래의 목적과는 다른 결과였다.

이 사례에서 보는 바와 같이 정보통신기술 분야에서의 기술표준은 WTO의 TBT와 밀접한 연관이 있다. WIPI 사례를 겪은 미국은 한·미 FTA에서 정보통신기술 분야의 기술표준 문제를 주요 관심 분야로 다루었다. 이후에도 미국은 정보통신기술 분야에서 기술표준을 다루는 방식을 국제규범으로 만들려 하고 있다(곽동철·박정준, 2018). 그러한 시도 가운데 하나가 '기술선택 유연성(flexibility in the choice of technologies)'이라는 개념이다. 이는 정부가 민간 통신공급자의 기술채택에 개입하지 말고 기본적으로 시장경쟁 원리에 맡겨야 한다는 내용이다. 즉, 모바일 플랫폼 표준은 각 이동통신사의 기술과 해외 기술 간 경쟁을 통해 시장에 의해 정해져야 하며, 국가 주도의 표준이 강제되어서는 안 된다는 뜻이다. 기술선택 유연성은 '기술 중립성(technological neutrality)'과도 상통한다. 기술 중립성이란 보안 등 어떤 목적을 수행하기 위해 규제가 필요할 경우 특정한 기술의 사용을 지정하거나 강제할 것이 아니라, 그 규제가 이루고자 하는 목표만 제시하고 어떠한 수단이나 기술도 사용할 수 있게 열어놓아야 한다는 뜻이다.[17] 그렇지 않으면 지정된 기술은 독점적 위치를 누리면서 혁신을 저해할 수 있기 때문이다. 이는 혁신을 위해 필요한 조치이다.

4 농식품표준과 개발도상국

보드카의 예에서도 보았지만 농업도 표준 및 표준화의 영향을 받는다. 특히 개발도상국의 수출과 무역에 표준이 미치는 영향은 농식품 산업 부문에서 일차적으로 나타난다. 농수산업과 가공식품 산업은 개발도상국의 경제 발전에서 초기 동력이 되기 때문에 농식품 산업 분야에서의 표준이 개발도상국에 미치는 영향에 대해서는 여러 가지 논의가 있어왔다. 이 절에서는 농식품 분야에서의 표준이 개발도상국 수출에 어떤 영향을 미치는지에 대한 논란을 검토한다.

식품은 건강, 위생상의 이유로 강력하게 규제되는 부문이다. 먹는 것이 주로 자급자족으로 충족되었을 때는 식품에 대한 규제나 법이 필요 없었다. 음식이 상품이 되고 거래되기 시작하면서 양이나 질을 속이거나 인체에 해를 끼치는 문제들이 발생했고, 식품의 제조와 유통시스템이 글로벌화되면서 식품표준에 대한 필요성이 증대했다. 인체에 유해한 재료 등에 대

---

17 지금도 금융 결제에 많이 사용되는 액티브X 기반 공인인증서 '표준'이 좋은 예이다. 법으로 사용이 정해져 있어 이 공인인증서만 사용하면 금융기관은 '보안'의 목적을 달성한 것으로 간주하기 때문에, 더 나은(고객에게 소프트웨어적으로 가볍고 사용절차가 간편한) 방식으로 혁신할 필요가 없다. 공인인증서 서비스를 제공하는 회사도 확보된 시장에서 굳이 더 나은 보안과 서비스를 위해 혁신할 필요가 없다. 2020년 5월 20일 20대 국회 마지막 본회의에서 공인인증서와 공인전자서명 제도를 폐지하는 '전자서명법 전부개정안'이 통과되었다. 이제 공인인증서는 '공인'이라는 특권을 떼고 새로운 인증 기술들과 동일한 기반에서 경쟁해야 하는 처지가 되었다.

한 우려가 커짐에 따라 많은 나라에서 매우 엄격한 식품안전 표준을 강화하고 있다. 또한 경제 발전과 생활수준 향상은 소비자의 식품위생과 안전에 대한 인식을 높였고, 사람들은 점차 질 높고 다양한 음식을 추구하게 되었다. 농식품 거래의 글로벌화로 수입 농산물 및 가공식품에 대한 소비가 늘면서 소비자들이 유해한 식품에 노출될 가능성도 높아졌다. 따라서 '농장에서 식탁까지' 글로벌 식품 공급망에서 발생할 수 있는 위험을 최소화하기 위한 예방적 조치를 취하는 것이 아주 중요한 일이 되었다.

농업 무역에서 표준은 식품안전과 동식물 건강을 보증하고 제조식품의 품질적·기술적 측면들을 포함한다. WTO 규정에 따르면, 각국은 소비자의 안전, 보건, 위생 및 환경보호를 위해서 SPS(Sanitary and Phytosanitory Measures, 위생 및 검역 조치)와 TBT 협정 내에서 기술규정과 규제를 도입할 수 있다. 고소득 국가들은 일반적으로 더 엄격한 표준, 특히 더 높은 수준의 SPS 표준을 갖추고 있다. 소득이 높아지면서 식품안전에 대한 소비자의 의식이 높아지기 때문이다. 이런 표준들은 글로벌 공급망 내에서 믿을 수 있는 상거래를 위한 공통의 문법을 제공하는 셈이므로, 소비자에게 식품안전에 대한 신뢰를 높인다. 한편 농식품 생산자 및 수출기업은 수입업자로부터 부과되는 수입국의 표준을 충족시키기 위해 생산과정을 변경해야 할 수도 있는데, 이는 고정비용 상승을 낳는다.

농식품 분야의 공적표준 및 민간표준

이런 배경하에 농식품 분야에서는 다양한 표준이 국제적으로 생겨났다. 농식품 분야에서 최상위 준거가 되어온 국제표준은 코덱스(Codex)(food code의 라틴어인 Codex Alimentarius의 약어)라고 할 수 있다. UN식량농업기구(Food and Agriculture Organization of the United Nations: FAO)와 세계보건기구(WHO)는 식품 관련 국제표준을 제정하기 위해 FAO/WHO 연합 식품표준 프로그램(FAO/WHO Joint Food Standards Program)을 운영했다. 1963년 국제식품표준위원회(Codex Alimentarius Commission)[18]가 창설되었는데, 여기서 제정하는 표준을 코덱스라고 한다. 코덱스 기준은 WTO TBT 및 SPS 협정상 '국제표준'의 위상을 갖는다(강성진, 2019). 코덱스 국제식품표준은 세계 식품 교역의 안전과 질, 공정성을 확보하는 데 기여한다. 소비자와 수입업체는 자신들이 주문하고 구입하는 식품이 코덱스 규정에 맞는다면 안심할 수 있다. 코덱스는 소비자 건강을 지킬 뿐만 아니라 많은 경우 각국 식품 관련 입법의 기초가 된다. 코덱스는 무역장벽을 낮추는 역할도 한다. 코덱스 식품안전 표준은 WTO SPS 협정의 준거로도 사용되는데, 이는 코덱스가 무역 분쟁을 해소하는 데 큰 함의를 지닌다는 것을 뜻한다. 예를 들어, 코덱스 식품안전 조치보다 더 엄격한 조치를 취하고자 하는 WTO 회원국은 그 조치에 대해 과학적으로 정당화할 것을 요구받는다.

코덱스가 적극 권장하는 HACCP(Hazard Analysis and Critical Control Points) 시스템은 식품표준 및 인증에서 기본이 된다. 위해요소분석(Hazard Analysis)과 중요관리점(Critical Control Point)의 약자로, 보통 해썹으로 읽는다. HACCP은 1960년대 초 미국 항공우주국이 안전한 우주 식량을 만들기 위한 목적으로 시작한 식품안전 표준으로, 우리나라에서는 식품안전관리

18 http://www.fao.org/fao-who-codexalimentarius/home/jp/(2020년 3월 23일 검색).

인증기준이라 칭한다. 위해요소분석이란 "어떤 위해를 미리 예측해 그 위해요인을 사전에 파악하는 것"을 의미하며, 중요관리점이란 "반드시 필수적으로 관리해야 할 항목"이라는 뜻을 내포하고 있다. 즉, HACCP은 위해방지를 위한 사전 예방적 식품안전관리체계를 말한다.[19] HACCP 제도는 식품을 만드는 과정에서 생물학적, 화학적, 물리적 위해요인들이 발생할 수 있는 상황을 과학적으로 분석하고 사전에 위해요인의 발생 여건을 차단해 소비자에게 안전하고 깨끗한 제품을 공급하기 위한 과학적인 위생관리체계를 규정한다. 우리나라에서는 한국식품안전관리인증원에서 관리하고 있으며, 2006년부터 대부분의 식품에 의무적으로 적용되고 있다.

ISO 22000(식품안전경영시스템)은 ISO의 식품안전을 위한 품질관리 시스템이다. ISO 표준은 정의상 자발적으로 채택하도록 규정되어 있지만 ISO의 위상에 힘입어 널리 받아들여진다. ISO 22000은 ISO 9001 품질경영시스템을 기본으로 HACCP을 적용한다. FSSC 22000(Food Safety System Certification 22000, 식품안전시스템인증)은 ISO 22000에 기반을 둔 민간표준이다.[20] FSSC 22000은 글로벌 식품회사(네슬레, 크라프트, 다농, 유니레버 등)의 참여로 유럽식품협회(Confederation of the Food and Drink Industry of the EU: CIAA)에서 개발되고 국제식품안전협회(Global Food Safety Initiative: GFSI)로부터 정식 인정받은, 국제적으로 널리 사용되는 표준이다. 미국, 유럽 등 선진 시장에서는 식품·유통 분야의 기업에게 이 인증을 획득하라는 요구

19 한국식품안전관리인증원 홈페이지 참조. https://www.haccp.or.kr/site/haccp/sub.do?key=91 (2020년 3월 23일 검색).

20 한국표준협회, https://www.ksa.or.kr/ksa_kr/6895/subview.do(2020년 3월 23일 검색).

가 높다.

공적표준은 일반적인 원칙이나 가이드라인을 제공하는 데 비해, 민간표준은 실행과 적합성평가, 인증 등에 필요한 구체적인 규정을 마련해 제공한다(Henson and Humphrey, 2009). 민간표준은 식품에 대해 더 엄격하고 더 넓은 분야에 걸친 표준을 제정한다. 또한 훨씬 더 구체적이고 실행에 직접 도움을 주는 지침을 제공한다. 민간표준은 새로운 이슈와 문제에 신속하게 대응한다. 코덱스 표준 하나가 만들어지는 데 수년이 걸리는 것은 다반사이다. 이러한 이유로 농식품 분야에서는 민간표준이 늘어나고 있으며 그 영향력도 확대되고 있다. 글로벌G.A.P.[GlobalG.A.P.(Good Agricutural Pracitce)]와 IFS(International Featured Standards)가 대표적이다. 글로벌G.A.P.는 농장에 적용되는 국제적으로 인정되는 표준이다.[21] IFS는 식품, 가공식품 및 서비스의 통일된 표준을 제공한다. IFS는 식품 공급망을 관통해 소비자에게 비교가능성, 투명성 및 품질을 보증한다. 또한 소매상과 공급업자에게는 표준조화를 통해 비용을 줄여주고자 한다. 글로벌G.A.P.가 농장 등 생산현장에서 원재료의 품질을 보증한다면, IFS는 가공식품을 주로 다룬다고 할 수 있다(Ehrich and Mangelsdorf, 2018).

농식품표준에서 이들 민간표준의 영향력은 점점 커지고 있다. 민간표준은 보통 자발적 표준(voluntary standards)이라 불리기도 하지만 현실에서는 자발적이지 않은 경우가 많다. 민간표준을 준수하지 않으면 시장에 들어갈 수조차 없기 때문이다. 민간표준은 종종 제품 차별화의 도구로 사용되기도

---

21 https://www.globalgap.org/uk_en/what-we-do/globalg.a.p.-certification/globalg.a.p.(2020년 3월 23일 검색).

한다. 즉, 민간표준이 자리를 잡으면 소비자 신뢰를 확보하는 수단이 된다.[22] 영향력 있는 민간표준은 세계 농식품 시장에 참여하기 위해 반드시 필요한 증서이다. 글로벌G.A.P. 인증을 설명하는 웹페이지의 제목은 '글로벌 시장으로 가는 입장권(Your Ticket To A Global Market)'이다.

민간표준은 실행을 위한 구체적인 지침과 더불어 글로벌 시장, 특히 미국, 유럽 등 선진 시장에 접근할 수 있는 도구를 제공하지만 이 표준이 만들어지는 방식은 공적표준에 비해 폐쇄적이다. 공적표준은 원칙적으로 다양한 이해관계자의 참여를 선언하고 독려하지만 민간표준에는 이해관계자들이 참여할 강한 의무가 없다. 이 점이 특히 개발도상국 농식품 기업에게 영향을 미친다고 볼 수 있다. 개도국의 소규모 농부들이 글로벌 식품 수출시장에 참여하기 위해서는 민간표준을 충족해야 한다. 그런데 이런 표준들은 선진국 대형 소매업체(예를 들어 슈퍼마켓 체인)에 의해 만들어진다.

농식품표준이 개발도상국에 미치는 영향

식품표준을 채택하는 것은 개발도상국의 공급자에게 기회를 제공하기도 하고, 국내 시장 및 국제 시장에 대한 장벽이 되기도 한다. WTO 체제가 확립된 이후 농업 제품에 대한 관세가 줄어들면서 농업 제품 무역이 증대되었다. 그러나 새로운 교역 환경은 비관세 수단(Non-tariff measures: NTMs)을 가져왔다. 국내 산업을 보호하기 위해 각 나라는 TBT 조치와 SPS 조치 등을 취하게 된 것이다. 농산물 및 가공제품을 수출하는 기업, 특히 개발도

22 우리나라 맥락에서 예를 들자면 '횡성축협한우' 같은 인증제도이다.

상국의 기업들은 의무적으로 따라야 하는(mandatory) 이런 규정들을 충족시키는 데 어려움을 겪는다. 대부분의 식품 관련 표준과 기준은 선진국에 의해 만들어지기 때문이다. 하지만 수출을 하려면, 또 수출을 위해 글로벌 가치망에서 의사소통을 하려면 그런 표준/규정을 채택하고 준수할 수밖에 없다.

따라서 농산물과 가공식품의 글로벌 가치망이 지속적으로 확장되는 것은 개발도상국 생산자에게 기회이자 도전이다. 개발도상국 농산품 수출기업에게 복잡하고 엄격한 SPS 조치는 산업 발전을 막는 장벽이 될 수도 있고, 생산 능력과 제도역량을 발전시키는 기회가 될 수도 있다. 이들 표준이 개발도상국의 농식품산업 수출/무역에 미치는 영향에 대한 논쟁은 "촉매로서의 표준 대 장벽으로서의 표준"으로 요약된다(Ehrich and Mangelsdorf, 2018: 17~18).[23] 표준은 소비자를 보호할 수도 있고 국내 생산자를 보호할 수도 있다. 또한 표준은 무역량을 늘릴 수도 있고 줄일 수도 있다.

표준이 촉매라는 측의 주장은 식품표준은 정보 불균형을 줄임으로써 무역을 늘린다는 것이다. 서구화된 식사와 식품안전에 대한 소비자의 높아진 의식으로 인해서 투명하고 안전한 식품 생산과정은 생산자에게 거의 의무(quasi-manadatory)가 되었다. 식품표준 덕에 개발도상국 생산자도 고부가가치 식품 공급망에 참여할 수 있게 되었다. 특히 민간표준은 높은 품질에 대한 신호와 증빙이다. 표준은 정보 불균형으로 인한 시장 실패를 줄일 잠재력을 보유하고 있고 이는 특히 개발도상국에 더 유효하다. 식품표준은

23 이 부분은 Ehrich and Mangelsdorf(2018)에서 요약한 내용이다. 각 주장에 논거로 사용된 개별 논문은 따로 인용하지 않는다. 자세한 내용은 Ehrich and Mangelsdorf(2018) 참조.

개발도상국의 농식품 기업들이 글로벌 농업 수출 시장에 동등하게 접근할 수 있도록 한다. 글로벌G.A.P. 인증으로 인해 EU가 개발도상국으로부터 들여오는 바나나 수입이 늘었다. 특히 표준조화가 이루어졌을 때는 통상이 증대되는 효과가 매우 커진다.

표준이 장벽이라는 측의 주장에 따르면, 표준을 준수하고 이행하는 데는 많은 비용이 들어간다. 이는 특히 소규모 생산자에게 큰 영향을 미치고, 개발도상국이 글로벌 농산물 시장에 참여하는 데 장애가 된다. 예를 들어, 아프리카의 사례를 조사한 한 연구에 따르면, 표준을 준수하는 데 필요한 비용이 기업의 총매출을 넘는 경우도 있다. 표준이 다양한 분야에서 부정적인 효과를 미친다는 사실을 보여주는 경험적 연구는 다수이다. 중국 쿠슈이(苦水) 지역의 장미오일 국제표준화[24] 사례에서는 국제표준에 따라 장미오일을 생산하기 위해서는 품질관리를 위한 투자 등 비용이 증대했다. 이는 소규모 영세농과 제조업체에게 수익성 저하를 감수하고 가치사슬에 남느냐, 생산과 사업을 접느냐 하는 딜레마를 안기기도 했다(곽주영, 2018).

표준은 수출업자에게 고정 비용 증가를 의미했다. 특히 개발도상국 수출업자들이 엄격한 표준에 의해 더 확연하게 제약을 받는 것으로 드러났다. HACCP 식품안전 표준에 대한 연구에서도 HACCP으로 인해 주요 수산물 수출국의 수출은 늘어났지만 소규모 수출국의 수출은 오히려 줄어든 것으로 나타났다. 더욱이 엄격한 표준 때문에 선진국에 비해 개도국이 수출 감소를 경험할 가능성이 더 많다고 한다. IFS에 대한 에리히와 맨겔스도프

24 ISO/TC 54 Essential oils(방향유). ISO 25157:2013 Essential oil of rose, Chinese Kushui type (Rosa sertata x Rosa rugosa).

(Ehrich and Mangelsdorf, 2018)의 연구도 이쪽에 속하는 결과를 보여준다. 민간 식품표준인 IFS 인증은 일반적으로 양자 무역을 증대시켰다. 그러나 이런 증대 효과는 고소득 국가에서만 뛰어나고, 저소득 국가에서는 사라진다. 즉, 고소득 국가만 IFS 인증으로 인한 무역증대 효과를 누리는 것이다. 이는 식품표준이 개발도상국을 세계 무역체계에 통합시키는 '개발 도구(development tool)'로서 지닌 가치를 감소시킨다.

이러한 논쟁에 대한 경험적 연구의 결과는 분야, 섹터 등에 따라 다르지만, 농식품 분야의 표준, 특히 민간/자발적 표준이 개발도상국 농업 수출기업이나 가공식품업에서 점차 중요해진다는 점에 대해서는 의견이 일치한다. 그리고 대형 기업을 제외한 대부분의 개발도상국 농식품 기업에게 이는 부담으로 작용한다. 경제 발전을 위해서는 농식품 수출을 위해 글로벌 공급망에 참여해야 하지만, 이에 따르는 비용도 막대하고 역량도 부족한 경우가 많다. 정무섭·신원규(2019)는 이 문제에 대한 방안으로 수입 농수산식품 검사 및 인증 분야에서 ODA(Official Development Assistance, 공적개발원조)를 통해 개도국 기술협력 프로그램을 늘릴 것을 제안한다. 다음 절에서는 표준 분야에서 이루어지는 개발도상국 국제개발협력에 대해 알아본다.

5 표준과 개발도상국 협력

표준은 사회 발전과 경제 발전에 전 방위적으로 연결되어 있다. 이 절에서는 개발도상국 발전의 경제적 측면에서 특히 개발도상국 무역에 미치는 표준의 역할과 중요성을 살펴본다. 그리고 개발도상국의 표준 역량을 향상시키기 위한 국제개발협력에 대해 알아본다.

여기서 표준이란 계량, 표준, 적합성평가, 인증 및 품질관리를 포함하는 하나의 산업 또는 경제의 표준 인프라(standards infrastructure)로 볼 수 있다. 표준 인프라는 품질을 보장하는 기반이 되기 때문에 '품질 인프라'라고 불리기도 한다. '표준 인프라' 또는 '품질 인프라'를 구축하는 것은 개발도상국 경제 및 산업 발전의 출발점이다. 개발도상국의 기업이 수출을 할 때 처음 부딪히는 문제 중 하나는 만든 제품이 각종 기본적인 규격(길이, 무게 등)을 맞추지 못한다는 것이다. 이는 그 기업이 품질관리 관점에서 일관성을 유지하지 못함을 의미한다. 길이, 무게 등은 가장 기본적인 요구사항이며, 그다음으로는 수입국에서 환경, 안전, 보건, 위생 등의 이유로 요구하는 각종 규정을 제대로 충족시켜야 한다. 개발도상국 기업들은 산업화 초기 또는 수출 초기 단계에서 이를 만족시키지 못해서 수출에 애로를 겪곤 한다. 이는 우리나라도 겪었던 문제이다. 현재 한국표준과학연구원의 전신인 한국표준연구소는 이러한 문제점들을 극복하기 위해 1970년대 중반 미국 국제개발처(USAID)와 아시아개발은행의 지원으로 세워졌다.[25]

1장 5절 '표준은 혁신을 도모한다'에서 보았듯이 표준을 따른다는 것은 개발도상국 기업의 입장에서는 새로운 지식과 방법을 배운다는 것을 의미한다. 다른 한편으로 여러 연구에 따르면 선진국의 엄격한 기술 규제는 준수 역량이 부족한 개발도상국 기업의 수출에 부정적인 영향을 미치기도 한

25 한국표준과학연구원 홈페이지, '40주년 기념관', https://www.kriss.re.kr/introduce/view.do?pg=memorial(2018년 9월 10일 검색).

다(Disdier, Fontagné and Mimouni, 2007; Chen, Otsuki and Wilson, 2006; Wilson and Otsuki, 2004; 주한나·이희진, 2014에서 재인용). 이런 상황을 개선하기 위해서는 개발도상국의 표준 역량을 강화해야 하며 국제표준화를 논의하는 과정에서 개발도상국의 이해를 반영할 수 있는 기제와 지원 방안을 마련해야 한다(Wilson and Otsuki, 2004).

이런 배경에서 개발도상국의 국제무역 참여가 점차 늘어남에 따라 표준 및 기술 규제 관점에서 개발도상국과의 협력 요구가 증대되고 있다(주한나·이희진, 2014). 개발도상국은 표준이나 기술 규제를 개발 및 적용하기 위한 기술적·정책적 역량이 선진국에 비해 현저하게 부족하고 정보 접근성 또한 낮기 때문에 국제무역에 보다 원활히 참여할 수 있도록 적절한 기술지원을 제공해야 한다는 것이다. 2013년 발리에서 열린 WTO 각료회의에서 채택된 바 있는 무역활성화협약인 발리 패키지(Bali Package)는 협약 이행에 필요한 적절한 기술지원을 개발도상국에 제공할 것을 강조한다(WTO, 2013). 무역을 위한 원조(Aid for Trade: AfT, 이하 무역원조)에서 표준 분야에 대한 기술지원 및 원조 요구가 높아지는 이유이다. 무역원조는 개발도상국의 무역 활성화를 지원하기 위해 특화된 ODA의 한 종류로, 2005년 홍콩에서 열린 6차 WTO 각료회의에서 채택되었다(WTO, 2005). 무역원조는 개발도상국의 국제무역 참여를 저해하는 무역 관련 인프라를 개선하고 기술역량을 제고하기 위한 목적으로 특히 무역 관련 프로그램 및 프로젝트에 지원되는 원조를 일컫는다. 그중에서도 특히 개발도상국이 자국 표준 및 기술 규제를 개발·이행하는 데 필요한 역량을 강화하는 한편, 이를 국제표준 및 무역규범과 조화시켜 국제무역의 활성화를 촉진하기 위한 지원을 하고 있다는 점에서 무역원조는 표준 분야와 밀접한 관련성을 갖는다.

이 점은 지속가능개발목표에서도 찾아볼 수 있다. 표준은 지속가능개발목표를 달성하는 데 중요한 역할을 할 수 있는 기반이 되는 사회 제도이다.[26] SDGs(지속가능개발목표) 8번('양질의 일자리와 경제성장')의 세부 목표(8A)는 개발도상국의 무역 역량을 키우기 위한 기술지원인 무역원조를 증액할 것을 명시한다. 무역원조는 개발도상국의 제조기업이 글로벌 가치사슬에 성공적으로 진입하기 위해서는 국제적으로 통용되는 품질 표준을 사용하고 인증을 획득하거나 제품 품질을 담보할 수 있는 신뢰성 있는 표준 및 인증시스템을 습득해서 개발하는 것이 필요함을 강조한다.

나아가 개발도상국도 이미 만들어져 있는 표준만 수용할 것이 아니라 표준을 만드는 작업에 참여할 필요가 있다. 개발도상국에게 공식 표준화 활동에 참여하는 것은 표준 및 혁신 역량을 획득할 수 있는 중요한 기회이다. 그러나 일반적으로 개도국이 국제표준화 과정에 참여하는 데에는 여러 기술적·조직적·재정적 제약이 따른다. 개발도상국의 전문가는 국제표준화 마당에서 벌어지는 최신의 기술적 논의를 따라가지 못할 수 있다. 무엇보다도 재원이 부족해 참가 자체가 어렵다. 재원 부족은 주요 국제표준을 정하는 주요 기구에 개도국의 참여가 적은 이유이기도 하다. 이것은 궁극적으로 개발도상국의 기술 종속이 영속화되는 원인이 되기도 한다.

따라서 국제개발협력 분야에서 개도국의 표준 - 혁신 관계가 정(正)의 방향으로 작동하도록 촉진하는 프로그램을 개발할 필요가 있다. 표준분야

---

26 자세한 사항은 6장 1절 '지속가능개발목표와 표준' 참조.

원조란 실제 국제개발협력에서, 즉 흔히 MSTQ(Metrology, Standards, Testing and Quality)라 일컬어지는 측정, 표준, 적합성평가, 품질관리의 분야에서 기관 및 인적 역량을 강화하고, 개발도상국의 경제 생산 활동에서뿐만 아니라 환경, 노동, 사회보장 등 보다 확장된 영역에서도 활용을 촉진하는 활동을 뜻한다(UNIDO, 2013).

실제로 여러 공여국은 개발도상국의 혁신과 표준화 역량을 발전시키기 위한 다양한 프로그램을 진행한다. 개발도상국의 제조 및 농식품 기업이 국제 혹은 지역 수준의 산업 가치사슬(Global Value Chain: GVC)에 성공적으로 진입하기 위해서는 국제 수준의 환경, 품질 표준 및 인증을 획득하거나, 제품 품질을 담보할 수 있는 신뢰성 있는 표준 및 인증 시스템을 갖추어야 하기 때문이다. 예를 들어 EU는 2012년부터 2016년까지 유럽개발기금(EDF)으로 'ARISE(ASEAN Regional Integration Support, 아세안 역내 통합 지원)'를 운영했고, 그 후속 사업으로 2017년부터 2022년까지 ARISE 플러스(ARISE Plus)[27]라는 프로그램을 수행하고 있다. 주요 목적은 EU의 표준조화 경험을 전수하고 이를 통해 아세안 공동체의 표준조화 및 지역 품질 인프라 구축을 지원하는 것이다. 호주도 아세안 지역과 회원국에서 디지털 무역을 촉진하고 이와 관련한 국제표준의 역할에 대한 인식을 제고하기 위해 '아세안·호주 디지털 무역 표준협력 이니셔티브(ASEAN-Australia Digital Trade Standards Cooperation Initiative)' 사업을 진행했다.[28] 우리나라 국가기

---

27 https://ariseplus.asean.org/(2020년 3월 23일 검색).

28 https://www.standards.org.au/engagement-events/international/asean-australia-digital-trade (2020년 3월 23일 검색).

술표준원도 ODA 사업의 일환으로서 '개도국 표준체계 보급 지원사업(International Standards Cooperation Program: ISCP)'을 실시하고 있다.[29] 2019년 부산에서 열린 '한·아세안특별정상회의'의 결과물인 '공동의장성명'에 '한·아세안 표준협력'이 언급된 것도 이런 맥락에서 이해할 수 있다.[30]

---

29 이밖에 우리나라와 미국, EU, 일본 등 주요국의 기술표준과 관련된 ODA 사업은 이희상·문승연(2018)에 잘 비교·정리되어 있다.

30 6장 3절 '한·아세안 표준협력' 참조.

5 장

세계 전략으로서의 표준화

: 중국의 사례

■

지금까지 표준이란 무엇인가를 알기 위해 표준의 세 가지 주요 기능, 즉 경쟁의 도구로서의 기능, 통합의 도구로서의 기능, 무역에서의 기능을 기업/산업 차원, 국가/사회 차원, 국제 차원에서 살펴보았다. 이 세 가지 차원은 상호 밀접하게 연결되어 있다. 한편 표준은 한 국가의 세계 전략 차원에서도 활용될 수 있다. 가장 대표적인 예가 중국이다. 중국은 아마도 표준을 세계 전략 차원에서 하나의 수단으로 기획해서 활용하는 최초의 사례가 아닌가 싶다.

2장에서 간략히 언급한 바 있지만, 중국이 추진하는 표준 정책과 국제표준화 전략은 단순히 기술과 산업의 차원이 아니라, 그것을 넘어서서 세계 전략의 수단이라는 큰 틀에서 이해할 필요가 있다.[1] 이 장에서는 범위를 확대해 중국의 세계 전략인 일대일로를 표준의 관점에서 검토한다. 실제로 표준은 일대일로와 관련해서 하나의 방책으로서 공식 문서에 자주 등장한다. 이 장에서는 세계 전략의 수단으로서의 표준을 중국의 사례를 통해 살펴본다. 먼저 중국의 국제표준화 정책이 어떻게 전개되어 왔는지를 개괄하고, 일대일로를 표준의 관점에서 고찰하며, 일대일로와 관련해서 표준 관

---

1 김상배(2014)는 사이버 안보 분야에서 이루어지고 있는 미국과 중국의 표준경쟁을 국제정치학의 시각에서 분석한다.

점에서 산업적으로 의미가 크다고 생각되는 고속철도의 사례를 고찰한다. 그다음으로는 4차 산업혁명 시대의 맥락에서 중국이 표준의 영향력을 깊이와 폭에서 확장해 나가는 사례들을 살펴보기로 하자.

1 중국의 국제표준화

중국은 2006년에 발표한 '제11차 5개년 사회경제규획'(2006~2010)(이하 11.5규획)부터 국제표준화를 본격적으로 추진하기 시작했다. 중국은 과거 우리나라처럼 5년마다 경제 발전 계획을 발표하는데 이 계획은 해당하는 기간 동안 추진하는 경제사회 발전정책의 근간으로서, 경제 발전에서 가장 상위의 비전이다. 앞에서 살펴본 2003년 WAPI의 사례에서 보듯이 중국은 이전부터 국내표준을 국제표준화하려는 시도를 해왔지만, 표준이 최상위 전략 문서에서 공식적으로 체계 있게 다루어지기 시작한 것은 이 무렵부터인 것으로 보인다. 11.5규획에서는 네 가지의 중점 국제표준화 기술 분야를 언급한다(〈표 5-1〉 참조). 중점 분야라고는 하지만 사실상 전 산업, 전 사회 분야를 망라하고 있는데, 이는 아직 국제표준화 전략이 성숙하지 못했다는 방증으로 볼 수 있다.

이후 12.5규획 및 13.5규획에서도 표준은 계속 중요하게 언급된다. 특히 13.5규획의 중점 내용 중 하나는 이전까지 추구되었던 양적 성장에서 벗어나 질적 발전과 구조조정을 추구하는 것인데, 그 수단으로 부각된 것이 표준이다. 13.5규획은 이전 규획과는 달리 신산업 분야에서의 표준개발 및

표 5-1 **11.5규획에서 중점으로 표명한 국제표준화 기술 분야**

- 환경 및 신산업과 관련된 기후변화, 에너지 효과, 재생에너지, 나노미터 기술 등
- 전기전자, 방직품, 유색금속, 강철, 경공업 등 전통적으로 비교우위를 지닌 산업
- 중의약, 불꽃 폭죽, 문물 보호, 차, 백주(중국술) 등 전통 문화 산업
- 정보보안, 사회보안, 식품안전, 건강정보, 사회책임, 소비자 보호, 윤리도덕 등 공공안전 및 사회 서비스 분야

자료: 한국정보통신기술협회(2019)

국제표준화를 강조하면서, 신산업을 두 분야로 나눈다. 그리고 신산업 또는 첨단산업으로 선정된 기술 분야에서 기초 연구를 통해 원천 기술을 개발하고, 이를 국제표준으로 만드는 것을 목표로 삼았다. 첨단산업으로 선정된 기술 분야는 크게 신흥 산업과 전략 산업으로 나뉜다(〈표 5-2〉 참조). 신흥 산업은 미래를 이끌 분야로 전 세계적으로 주목받는 산업으로서, 대체로 4차 산업혁명 분야와 일치한다. 전략 산업은 훨씬 장기적인 안목에서 기초과학의 토대를 필요로 하는 분야이다. 전략 산업은 '중국의 미래'에 중요한 산업으로서, 그 중요성은 국무원이 정의한다고 되어 있다.

13.5규획에서 전략 산업을 지정한 것은 12.5규획과 구별되는 점이다. 12.5규획에서는 주로 정보통신 산업에서 중국 기술로 만든 표준을 국제표준으로 만들어서 기존의 국제표준과 경쟁하는 방식이었다. 13.5규획에서는 중국의 기술혁신 역량이 높아지고 산업고도화 압력이 높아지면서 첨단산업과 기초과학에 기반한 산업을 강조하고 있다. 현재 14.5규획(2021~2025년)이 준비되고 있다. 14.5규획의 기본방향으로 신SOC(social overhead capital: 사회간접자본), 전략적 신흥산업, 선진 제조업, 서비스업 등 산업구조의 업그레이드가 제시되고 있다. 신SOC로는 5G인프라, AI, 산업인터넷망,

표 5-2 **13.5규획에서 선정한 신흥 산업과 전략 산업**

산업 종류	분야 및 기술
신흥 산업	- 차세대 정보기술(첨단 반도체, 로봇) - 적층 가공(3D 프린팅) - 스마트 시스템(차세대 항공 장비) - 신에너지 자동차(공간기술 종합 서비스 시스템, 스마트 교통) - 바이오 기술(맞춤 의학) - 친환경 저탄소(고효율 에너지 저장과 분산형 에너지 시스템) - 고부가가치 장비 및 소재(지능 물질, 고효율 에너지 절약 및 환경 보호) - 디지털 혁신 관련 산업(가상현실과 대화형 영상)
전략 산업	- 우주(신형 전투기 및 항공기, 차세대 작업 플랫폼과 통합 우주관측 시스템) - 해양, 정보 네트워크(양자통신, 유비쿼터스형 사물 인터넷) - 생명 과학(생물 합성과 재생 의료기술) - 핵기술 분야(차세대 원자력 장비와 소형 핵 동력시스템 등)

자료: 한국정보통신기술협회(2019)

빅데이터센터, 초고전압, 고속철도 및 궤도교통, 전기차 충전소 등이 나열되고 있다.[2] 이들 분야에서 표준화가 어떻게 전략적으로 자리매김할지 주의 깊게 살펴볼 필요가 있다. 특히 14.5규획과 더불어 역시 2021년부터 시행될 '중국표준 2035'[3]와 어떻게 연결될지 주목해야 한다.

더욱이 미·중 무역 분쟁이 심해지는 맥락에서 신흥 산업과 전략 산업을 포함하는 첨단산업의 국제표준화에 국가적 지원과 역량을 집중할 것으로 보인다. 즉, 중국은 첨단 분야에서 국제규정, 국제표준 수립에 적극 참여할 것이라고 공언하고 있으며, 실제로도 이들 분야의 국제기구에 중국의 진출

2 KOTRA 해외시장뉴스, "[2020 중국 양회①] 경제분야 주요 의제 미리보기"(2020.5.19), http://news.kotra.or.kr/user/globalBbs/kotranews/3/globalBbsDataView.do?setIdx=242&dataIdx=182077(2020년 7월 15일 검색).

3 192~195쪽의 '중국표준 2035' 참조.

이 더욱 늘어날 것으로 보인다.

실제로 이미 중국은 국제표준화와 관련된 주요 기구의 큰 손이다. 3장에서 보았듯이 2003년 WAPI 국제표준화 도전에서 쓴맛을 본 중국은 표준경쟁의 승부가 단지 시장의 크기 또는 기술력에 따라 정해지는 것이 아니라 정치력에 따라서도 큰 영향을 받는다는 사실을 절감했다. 이후 국제표준계를 조금씩 잠식했고, 지금은 ISO, ITU, IEC 등 국제표준을 정하는 주요 기구의 인적 측면에서 무시할 수 없는 세력으로 부상했다. 예를 들어, 국제통신 표준을 제정하는 ITU 사무총장에 중국인 훌린 자오가 2019년 초 4년의 두 번째 임기를 시작했고, 국제전기기술위원회(International Electrotechnical Committtee: IEC)의 최고 책임자로는 중국인 슈인뱌오가 2020년 1월부터 임기를 시작했다. ISO에서는 2008년 정관을 개정해서 상임이사국 수를 5개국에서 6개국으로 늘렸고, 중국은 미국, 영국, 독일, 프랑스, 일본과 더불어 여섯 번째 상임이사국이 되었다.

국제표준계 상층에서 중국이 주류를 형성할 수 있었던 것은 당연히 밑에서부터 기반을 닦아왔기 때문이다. 중국은 국제표준을 정하는 각종 기구의 기술위원회에서 중국 전문가들의 수를 늘리며 자신들의 진지를 구축해 왔다. 〈표 5-3〉은 ISO 내에서 중국이 주요 직책을 맡고 있는 TC(기술위원회)/SC(분과위원회) 간사(Secretary)와 WG(작업반)[4] 의장(convener) 수를 2000년부터 2018년까지 3년 간격으로 보여준다. 이들 주요 간부의 수는 2006

---

4 TC/SC와 WG에 관해서는 120쪽의 제3장 각주11 참조. TC/SC의 간사(ISO에서는 Committee Manager, IEC에서는 Secretary라고 칭한다)는 각 위원회의 운영 전반(위원회 산하 모든 프로젝트 관리, 문서 회람, 투표 관리, 회의 주재 등)을 담당하고, WG 의장은 해당하는 특정 프로젝트(표준개발)의 기술적인 내용을 담당해 표준개발에서 실질적으로 주도적인 역할을 할 수 있다.

표 5-3 **ISO 내 중국 TC/SC 간사와 WG 의장 수(단위: 명)**

연도	TC/SC 간사	WG 의장
2000	6	13
2003	7	14
2006	12	20
2009	26	42
2012	51	75
2015	67	126
2018	77	160

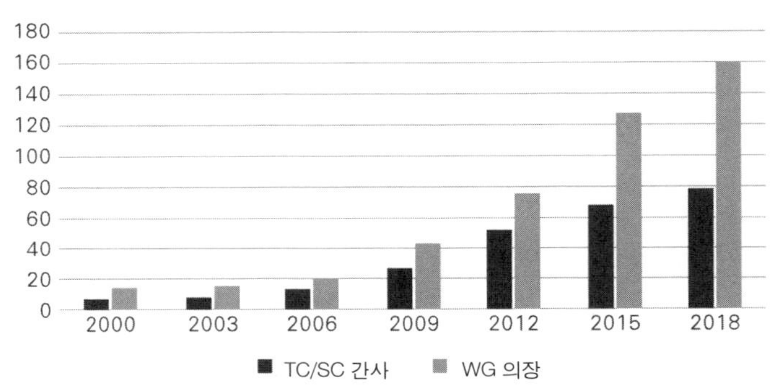

자료: ISO Annual Report와 ISO in Figures(https://www.iso.org/iso-in-figures.html)에서 발췌해 필자가 작성

년경부터 시작해서 급격한 증가세를 보인다.

이런 직책을 맡는 것은 표준개발의 리더십을 상징적으로 보여줄 뿐 아니라 의사 진행 등에 영향을 미침으로써 표준개발의 방향을 자국에 유리한 방향으로 이끌 수 있을 것으로 짐작된다. 우리나라를 비롯해서 많은 나라도 기술위원회뿐만 아니라 국제표준을 만드는 기구의 이사 등의 주요 직책에도 자국민을 앉히기 위해 노력한다.

〈표 5-4〉는 ISO 주요 회원국의 TC/SC 간사와 WG 의장 수임 현황을 보

표 5-4 **ISO 주요 회원국의 TC/SC 간사와 WG 의장 수(단위: 명)**

ISO 주요 회원국 (국가표준기구)	TC/SC 간사				WG 의장			
	2015	2016	2017	2018	2015	2016	2017	2018
중국 [SAC]	67	72	74	77	126	142	149	160
프랑스 [AFNOR]	72	73	70	73	258	228	214	201
독일 [DIN]	141	131	132	135	436	420	388	388
일본 [JISC]	74	76	75	76	216	227	207	210
한국 [KATS]	18	19	20	21	88	101	91	110
영국 [BSI]	68	72	76	78	304	318	263	246
미국 [ANSI]	114	110	108	105	519	499	432	424

자료: ISO Annual Report와 ISO in Figures(https://www.iso.org/iso-in-figures.html)에서 발췌해 필자가 작성

여준다. 전체 회원국 중에서 100명 이상의 의장 자리를 수임하는 나라만 추린 것이다. 〈표 5-4〉를 보면 국제표준계는 미국, 독일/영국/프랑스의 유럽, 그리고 일본 세 군웅이 할거하던 체제(영어로는 international standards regime이라고 한다)였음을 알 수 있다. 2000년대부터는 여기에 한국이, 그리고 뒤를 이어 중국이 들어왔다. 중국은 한편으로는 WAPI와 같은 전투를 통해 도발하는 방식으로, 다른 한편으로는 20년 가까이 ISO, ITU, IEC 같은 기구의 조직을 장악하는 등의 방식으로 표준전쟁의 진지전이라 부를 수 있는 준비를 해왔다.

중국의 국제표준화가 정보통신기술 분야나 첨단산업에서만 활발한 것은 아니다. 11.5규획에는 국제표준화 대상으로 중국의 농수산 혹은 자연자원, 제조업 기술 중 중국이 비교우위를 보이는 기술, 중국에만 존재하거나 중국의 사회문화 특색을 잘 반영한 기술 등이 포함되어 있다. 하이테크 분야가 워낙 언론의 관심을 받기 때문에 중국이 하이테크 기술 분야에서 추진하는 국제표준화가 일반적으로 널리 알려져 있지만, 중국의 국제표준

화 활동은 저기술 및 중의학 분야 등 중국의 비교우위를 가장 잘 살리거나 경쟁자가 없는 분야에서도 활발하다(Breznitz and Murphree, 2011, 2013).

대표적인 예가 인삼 표준화이다(곽주영, 2019a). 고려인삼으로 알려져 있고 한국 고유의 것이라 여겨지는 인삼의 종자와 종묘법에 관한 표준이 중국의 주도 아래 제정된 것이다. 2009년 3월 중국은 ISO에 인삼 등 동양의학에 관한 표준화를 다룰 신규 기술위원회로 '중국 전통 의학(Chinese Traditional Medicine)' TC 설립을 제안한다. 한국과 일본은 무엇보다도 먼저 '중국 전통 의학'라는 이름에 반발했다. 대신 '동양 전통(Oriental Traditional)'으로 바꾸길 요구했으나 중국의 안이 받아들여져 기술위원회(ISO/TC 249)[5]가 설립되었다. 바로 앞에서 보았듯이 중국은 2008년 ISO 정관을 개정하면서까지 여섯 번째 상임이사국이 될 정도로 국제표준계에서 영향력을 넓혀가고 있었다. 그 이후 5년 동안 한국, 중국, 일본 세 나라는 논쟁을 계속했으나 결국 2014년 중국의 뜻대로 고려인삼(학명 Panax Ginseng CA Meyer)의 종자와 종묘법에 관한 표준(ISO 17217-1:2014)[6]이 승인되었다. 중국은 영향력 있는 세력을 연합군으로 끌어들이는 데도 성공해 세계침구연합(World Federation of Acupuncture-Moxibustion Societies: WFAS)과 세계중의학회(World Federation of Chinese Medicine Societies: WFCMS)를 연계했다. 이 두 조직은 중의약 업계에 종사하는 세계 곳곳의 화교를 회원으로 보유하고 있으므로 이들이 중국을 지지하는 것은 자연스러운 일이었다. 이밖에 지역 경제 발전 수단으로는

---

5 https://www.iso.org/committee/598435.html

6 Traditional Chinese medicine — Ginseng seeds and seedlings — Part 1: Panax ginseng C.A. Meyer

간쑤성의 쿠슈이 장미오일을 국제표준화한 사례도 있다(곽주영, 2018).

또 하나 중국의 표준 정책에서 주목할 것은 2018년 새로운 틀이 짜인 것이다. 이전의 표준 정책과 제도가 변화된 중국 사회경제의 요구를 충족시키지 못한다는 인식 아래 새로운 틀이 만들어졌다(곽주영, 2019b; 한국정보통신기술협회, 2019). 구체적으로 보면, 표준을 총괄하던 국가품질감독검사검역총국(질검총국)이 온오프라인 제품 검사 및 영업등록을 전담하던 국가공상행정관리총국(공상총국), 그리고 식의약품 관련 인허가를 관리하던 국가식품약품관리감독총국(식약총국)과 통합되어 국가시장감독관리총국(시장총국)으로 재편성되었다. 시장총국은 이제 중국에서 시장규제 및 감시기능 모두를 총괄하는 기관이 되었다. 이는 표준·인증·제품안전의 문제가 더 이상 기술과 표준에만 그치는 것이 아니라 시장질서와 공정거래의 개념으로 확대되고 표준의 의미가 격상된 것으로 해석할 수 있다. 시장의 역할도 강조하는데, 이는 기존 네 종류의 표준(국가표준, 산업표준, 지방표준, 기업표준)에 단체표준을 신설한 점에서도 잘 알 수 있다. 단체표준은 국가에 등록된 적법한 단체가 만드는 표준으로서, 포럼, 컨소시엄 등을 통해 특히 정보통신 분야에서 표준이 만들어지는 방식을 제도 틀 안으로 끌어들이고자 신설한 것으로 보인다.

2 일대일로와 표준화

2013년 중국은 유럽과 아시아 및 중동을 잇는 '일대일로(一帶一路, One

Belt One Road)'[최근에는 BRI(Belt and Road Initiative)로 불린다] 계획을 발표했다. 일대일로 계획의 정식 명칭은 '실크로드 경제벨트(Silk Road Economic Belt)와 21세기 해상 실크로드(21st Century Maritime Silk Road)'로, 일견 육상과 해상의 물류망을 구축하는 프로젝트로 보이지만 중국 정부는 일대일로를 통해 보다 큰 국가발전 및 세계 전략을 구상하고 있다(원동욱, 2016). 일대일로는 과거에 중국이 실크로드를 통해 동서양을 연결하면서 국제 교역의 중심이 되었던 것처럼 21세기에도 중국이 주도적으로 물류의 글로벌화를 이루고 경제, 사회, 문화 교역의 중심이 되겠다는 목표를 내걸고 있다. 일대일로는 '중국의 꿈[中國夢]'을 실현하는 국가비전이다. 세계 전략 측면에서는 21세기 국내 및 무역을 포함하는 경제 발전 정책인 동시에 일대일로가 지나는 개발도상국을 비롯한 나라들과의 외교 관계 재정립을 포함하는 국제개발 및 대외관계 전략이다. 즉, 21세기 중국의 발전전략을 포괄하는 큰 틀이다. 일대일로에 대해서는 국제관계, 국제정치경제학, 국제개발 등 다양한 측면에서 수많은 연구가 이루어졌지만, 일대일로의 주요 수단 중 하나인 표준 및 표준화의 관점에서는 아직 많이 연구되고 있지 않다(곽주영·이희진, 2017).

일대일로는 최상위 목적으로 '5통(通)', 즉 정책구통(政策溝通), 설시연통(設施聯通), 무역창통(貿易暢通), 자금융통(資金融通), 민심상통(民心相通)을 제시한다. 일대일로의 주요 목적은 바로 '통(通)'하게 하는 것이다. 무릇 어떤 분야에서도 소통과 통합은 공통의 분모 또는 공통의 문법을 필요로 한다. 이 역할을 하는 것이 표준이다. 구체적으로 '설시연통'에는 '기술표준시스템의 개선'과 '호환되는 표준 교통 규정의 제정'이 등장하고, '무역창통'에는 무역장벽을 제거하기 위해 '규정의 상호 인정', '검사와 검역, 인증과 인정, 측정표준 및 통계 정보 분야에서의 양자 및 다자 협력'[7]을 강조한다.

일대일로는 중국 표준화의 교두보로 활용될 것이고, 표준화는 일대일로 정책의 주요 수단이 될 것이다. 중국 국가표준화관리위원회는 일대일로에서 표준이 담당하는 역할에 관해 두 번에 걸쳐 구체적인 계획을 발표했다. '일대일로 공동건설을 위한 표준 연계성 행동 계획' 1단계(2015~2017)와 2단계(2018~2020)(China Standardization, 2017, 2018)는 일대일로의 목표를 달성하기 위해 표준 분야에서 수행해야 할 사업들을 제시한다(〈표 5-5〉 참조).

일대일로가 지나는 연변 국가들은 경제 발전 수준과 경제 및 기술 수준을 일면 반영하는 표준화 수준이 전반적으로 낮다고 볼 수 있다. 따라서 일대일로에서 중국이 추진하려는 국제표준화는 결국 중국의 표준을 따르는 방식이 될 것이고, 이는 중국 기업에게 유리한 환경을 만들어주고 시장 장악력을 높여줄 것이다. 즉, 중국이 추진하는 일대일로에서의 표준화 사업은 5통을 "중국 스타일(the China Way)"로 추진하고(서정경, 2015), 중국 표준 중심으로 표준 인프라를 구축하는 것을 의미한다. 또한 중국은 전력, 철도 등 인프라 영역에서뿐만 아니라 일대일로를 따라 제조업, 바이오, 신에너지 등 신흥 산업과 중의약, 찻잎 등 전통 산업에서도 국제표준 공동 제정에

---

7 각각 'technical standard systems', 'formulate compatible and standard transport rules', 'mutual recognition of regulations', 'inspection and quarantine, certification and accreditation, standard measurement, and statistical information'이다. 이것들은 모두 표준 인프라를 구성하는 주요 분야이다. National Development and Reform Commission(NDRC), "People's Republic of China", http://en.ndrc.gov.cn/newsrelease/201503/t20150330_669367.html(2017년 1월 24일 검색).

표 5-5 **일대일로 공동건설을 위해 수립한 표준과 연계된 행동 계획**

단계	목표	세부 사항
1단계 행동 계획 (2015~2017)	일대일로를 추진하기 위한 표준화 작업의 우선순위 제시	- 중국 표준 세계화를 위한 계획, 정책 및 조치를 개발하고 개선 - 표준화에 대한 상호이익과 협력 심화: 협력 메커니즘 구축 등 - 국제표준 공동개발: 국제 및 지역 표준화 활동에 참여하도록 지원, 관련 국가들에 영향을 미치는 주요 표준 분야에서 새로운 ISO 기술위원회 설립 등 - 기술표준의 외국어 번역 - 주요 수입 및 수출 상품에 대한 표준 비교/분석 - 아세안 농업 표준화 시범구 설립 - 각국 표준화 전문가 교류 강화 - 주요 국가 및 지역의 표준화 연구 강화: '표준화 싱크 탱크' 구축
2단계 행동 계획 (2018~2020)	- 인프라, 생산 능력, 무역, 금융, 에너지, 환경, 빈곤 감소 등의 분야에서 표준화 협력을 수행하며 표준화 전략, 정책, 조치 및 프로젝트의 조정 촉진 - 표준화 연구, 개발, 교환, 번역, 상호 인식, 조화 및 추진체계 구축	- 러시아, 벨로루시, 세르비아 등 12개국과 표준협력 강화 - 인프라 표준화 협력 심화: 철도, 고속도로, 수로 등 교통시설과 에너지 인프라 - 생산 및 장비 제조 표준화 국제협력: 석유, 가스, 원자력, 항공, 해운, 건설기계 분야 등 - 전자상거래 표준화 국제협력 강화 - 에너지 절약 및 환경보호 - 인문 분야의 표준화 협력 및 문화 교류 촉진: 예술품의 관리, 인증, 무역, 유통 및 전시에 관한 표준화 협력 - 보건 서비스 분야 표준화 협력 - 금융 분야 표준화 협력 - 해양 분야 표준화 협력

나서기로 했다(≪조선일보≫, 2016.9.19). 중국 국가표준화관리위원회의 한 관리는 "중국은 표준화 협력을 통해 국제 경제무역 협력을 가속화"할 것이고 "표준화가 일대일로 건설의 기초와 지지 역할을 할 수 있을 것"이라면서 일대일로와 국제표준화의 연계를 강조했다(≪조선일보≫, 2016.9.19). 중국은 이미 일대일로가 지나는 지역의 국가들과 중국의 기술표준을 광범위하게 포함하는 MOU 등의 외교 합의를 만들어가고 있다(Kharpal, 2020.4.26). 중국은 1, 2단계 행동 계획에 따라 52개 국가 또는 지역과 92개의 표준화 협력 합의를 체결했다. 580개 이상의 중국 표준이 각종 언어로 번역되었고 (*China Daily*, 2019.9.11), 투르크메니스탄을 포함한 6개 개발도상국에서는

그림 5-1 **'일대일로' 표준화 교육 및 연구 대학연맹 창립대회**

자료: 필자가 직접 촬영

식품, 에너지, 건설 분야에서 300여 개의 중국 표준을 채택했다(中國質量新聞网, 2019.4.25).

일대일로 연계 표준화 사업은 산업에만 그치지 않는다. 필자는 2018년 5월 중국 항저우에서 열린 "일대일로' 표준화 교육 및 연구 대학연맹(The Belt and Road University Alliance for Standardization Education and Academics)' 창립대회에 초청을 받아서 참석했다(〈그림 5-1〉 참조). 이 연맹의 목적 중 하나는 일대일로에 참여하는 국가의 대학들과 표준 교육 및 연구 협력을 증진하는 것이다. 일대일로 표준화의 목적을 달성하기 위해 대학에서부터 중국식 표준의 교육을 전파함으로써 장기적으로 기초를 다지겠다는 의도가 보이는 행사였다. 이 연맹에는 2019년 9월 현재 30여 개국에서 105개 대학이 참여하고 있다(*China Daily*, 2019.9.11).

3 고속철도 사례

중국의 고속철도는 2008년 베이징 - 톈진선을 개통한 이후 10년 조금 넘는 기간 동안 괄목할 만한 성장을 해왔다. 여기서 중국 세계 전략의 수단으로서 표준의 예로 고속철도를 드는 이유는 두 가지이다.[8] 우선 중국의 고속철도는 일대일로의 설시연통(設施聯通)에서 가장 주목받는 산업이고 표준의 중요성이 역설되는 분야이다. 중국의 한 전문가는 "중국은 인도차이나 반도 남부 싱가포르에서부터 중국 대륙, 중앙아시아, 유럽을 잇는 '실크로드' 고속철 건설을 주도할" 것이며 "전 세계 철도의 표준은 앞으로 중국의 방식이 될 것"이라고 말했다(≪이데일리≫, 2016.9.26). 2015년 5월에 발표한 '첨단장비 해외 진출 지침'에서도 고속철도를 비롯한 전력, 공정기계, 화공, 비철금속, 건자재 등에서 기술표준을 상호 인정하는 국가를 늘리고, 국제표준 제정에 적극 참여해 중국 표준의 국제화 수준을 높일 것을 강조했다(≪조선일보≫, 2016.9.19). WAPI와 5G 사례 등에서 보듯이 현실이 그렇게 녹녹하지는 않지만, 중국 고속철도의 야심과 속내를 잘 보여주는 발언이다.

둘째, 철도산업은 대표적인 네트워크 산업으로서 발전 과정에서 표준이 핵심적인 역할을 하는 고전적인 예로 자주 사용된다. 철로에서 두 레일 사이의 간격을 궤간이라고 한다. 철도가 처음 발달한 영국에서는 초기에 지역별·철도회사별로 궤간이 상이하게 건설되기도 했는데,[9] 이는 나중에 철

8 이하의 내용은 곽주영·이희진(2017)을 토대로 최신 동향을 반영해서 작성했다.
9 3장 2절 '호주 철도의 '궤간 단절'과 국가통합' 참조.

도의 네트워크 효과(network effects)[10]를 심각하게 저해하는 요인으로 지목되었다. 기존의 철도와 연결될 수 없는 노선은 효용성이 매우 제한될 뿐만 아니라 전체 네트워크의 가치도 떨어뜨린다. 이후 영국, 미국 등 철도 종주국에서는 표준 궤간(standard gauge)이라 불리는 궤간(1435mm)으로 통일, 즉 표준화되었다. 이를 오늘날의 시점에서 생각해 보자. 위에서 중국 전문가가 말한 대로 일대일로상의 주요 지점을 연결하는 고속철로가 놓인다면 이후 건설되는 노선은 이 기존선에 연결되어야만 그 가치가 높아진다. 따라서 새로 만들어지는 노선들은 특별한 이유가 없는 한 기존 노선의 표준을 따를 가능성이 높다. 철도 시스템은 하드웨어에 해당하는 동차 부문, 선로 등의 인프라 부문, 소프트웨어라 할 수 있는 신호통신시스템 부문, 크게 세 가지 요소로 구성된다. 이 각 부문의 기술적 요소에는 다양한 표준이 존재한다. 만일 일대일로 선상에 위치한 각국에 처음 깔리는 노선이 중국의 고속철도라면 중국 철도산업은 향후 중국 철도표준에 기반하는 전체 시스템과 컨설팅, 설계, 건설, 차량 제작, 운영 등에서 큰 이득을 볼 수 있다.

중국 고속철도 기술 개발은 1990년부터 시작되었는데, 2004년부터 본격적으로 해외 고속철도 기술이 도입되었다. 원천 기술은 프랑스 알스톰, 일본 가와사키중공업, 캐나다 봄바디어, 독일 지멘스 등 4개 회사와 합작하는 방식으로 도입되었다. 중국의 기술정책은 기술 흡수와 재창조를 강조한다

---

10 2장 3절 '표준과 플랫폼'에서 보았듯이 네트워크 효과란 어떤 네트워크의 가치는 그 네트워크에 참가하는 참여자의 숫자가 증가함에 따라 기하급수적으로 증가한다는 이론으로, 우리가 일상적으로 사용하는 배달의 민족, 에어비앤비 등 대다수 플랫폼 서비스의 작동 원리와 힘의 근원을 설명한다. 철도 네트워크의 가치는 당연히 연결되는 노선이 많을수록 높아진다. 네트워크 효과는 표준이 시장에서 강력해지는 작동 원리를 설명한다.

(Breznitz and Murphree, 2013). 마찬가지로 중국 고속철도 기술 역시 외국의 기술을 단순 소화하는 데 머무르지 않고 자체 R&D 역량에 기반한 기술적 혁신을 추구했다. 그 결과 2008년부터는 고속철도 기술의 국산화 시대가 시작되었고 현재 중국은 더 이상 기술적으로 외국에 의존하지 않고 있다. 국산화의 결과로 중국의 고속철도 건설은 급증했고 2019년 말까지 약 3만 5000km가 개통되어 세계에서 가장 긴 고속철도 노선을 운영하고 있다 (*Xinhua*, 2019.11.24).

나아가 중국은 중국 철도, 특히 고속철도의 해외 진출을 국가산업 발전 전략 아래 추진하고 있다. 리커창 총리는 자신을 고속철도 세일즈맨이라고 자처하면서 고속철도 외교에 팔을 걷어부치고 나서기도 했다(≪조선일보≫, 2016.12.8). 중국은 철도산업의 경쟁력을 키우기 위해 그때그때 필요에 따라 분할과 통합의 전략을 구사했다. 2000년 9월 중국철도기관차차량공업총공사(中國鐵道機關車車輛工業總公司)는 중국북방기관차차량유한공사(中國北方機關車車輛有限公司, 이하 북차)와 중국남방기관차차량유한공사(中國南方機關車車輛有限公司, 이하 남차)로 분리되었다. 이런 경쟁체제는 기술 개발에서 성과를 보았다. 2004년 선진 기술을 도입해 설계와 생산 모두를 자체적으로 해낼 수 있는 중국 브랜드를 만들라는 철도부의 요구에 따라 북차와 남차 양사 모두 고속철도의 핵심 제조 기술 부문에서 혁신적인 성과를 거두었고, CRH 시리즈의 초고속열차를 자체적으로 설계하고 생산할 수 있는 능력을 갖추게 되었다(〈표 5-6〉 참조).

기업 분리와 경쟁체제를 통해 기술혁신력은 제고되었으나 해외 진출이 증가하다 보니 중국 기업끼리 경쟁을 하는 경우가 생겼고 저가 수주 문제

표 5-6 **중국 철도 기술의 국산화 과정**

회사 명	제품명(연도)	특징
북차	CRH3(2008)	지멘스와 합작, 시속은 300~350km
	CRH5(2007)	알스톰과 합작, 시속은 200~250km
	CRH380B(2011)	CRH3를 기반으로 독자적 연구 및 제작, 시속은 300~380km
남차	CRH1(2007)	봄바디어와 합작, 시속은 200~250km
	CRH2(2006)	가와사키중공업과 합작, 시속은 200~250km
	CRH380A(2010)	CRH2를 기반으로 독자적 연구 및 제작, 시속은 300~380km

자료: 鹿野博規(2012) 등을 토대로 필자가 정리

가 불거지기도 했다. 또한 차량 - 선로 - 신호통신시스템을 일체화시키고 조립 - 부품 간 효율성[11]을 달성하기 위해 수직계열화의 필요성이 높아졌다(Chen and Haynes, 2015). 이에 2015년 6월 국무원 국유자산감독관리위원회는 남차가 북차를 흡수하는 형태로 양사 간 합병을 비준했고 이로써 중국중차가 설립되었다.

이후 중국은 자체 지식재산권을 보유한 중국 표준 고속철도 개발에서 성과를 내고 있다.[12] 2017년 6월 26일에는 베이징과 상하이를 운행속도

11 3장 2절 '호주 철도의 '궤간 단절'과 국가통합'으로 다시 돌아가 보자. 각 주가 서로 다른 표준으로 철도 시스템을 운영하다 보니 차량 제조, 유지 등에서 각 주별로 지원 산업이 따로 발전하게 되었다. 이는 호주 전체로 볼 때 규모의 경제를 창출하는 수준의 철도 산업이 성장하지 못하는 이유가 되었다.

12 한중과학기술협력센터, "중국표준 고속열차 '푸싱호' CR400계열 탄생"(2017.6.28), http://kostec.re.kr/%ec%a4%91%ea%b5%ad%ed%91%9c%ec%a4%80-%ea%b3%a0%ec%86%8d%ec%97%b4%ec%b0%a8-%ed%91%b8%ec%8b%b1%ed%98%b8-cr400%ea%b3%84%ec%97%b4-%ed%83%84%ec%83%9d/(2020년 7월 15일 검색).
한중과학기술협력센터, ""푸싱호" 고속열차, 시속 350km로 운행"(2017.9.29), http://kostec.re.kr/%ED%91%B8%EC%8B%B1%ED%98%B8-%EA%B3%A0%EC%86%8D%EC%97%B4%EC%B0%A8-%EC%8B%9C%EC%86%8D-350km%EB%A1%9C-%EC%9A%B4%ED%96%89/(2020년 7월 15일 검색).

350km로 달리는 고속철도가 개통되었다. 이 철로에는 동력분산식(Electric Multiple Unit: EMU) 중국 표준 고속열차 '푸싱(復興)호'(CR400 계열)가 달리고 있다. 중국 표준 고속열차 개발은 12.5규획의 중점 사업이었다. 고속열차의 254개 주요 표준에서 중국 표준은 84%를 차지하며, 중국은 설계 및 차체, 견인, 제동 등 핵심 기술을 자체 개발했다. 즉, 중국은 자체 기술로 시속 400km급 최고 속도를 내는 차량을 개발한 것이다.

이로써 세계에서 가장 큰 철도회사인 중국중차는 세계 철도산업에 큰 영향을 미치고 있다. 예를 들어, 세계 고속철도 시장의 60%를 차지하는 중국중차에 대응하기 위해 2017년부터 프랑스 알스톰과 독일의 지멘스가 합병을 시도했으나 2019년 2월 EU 집행위원회가 경쟁법(독점금지법) 위반 우려를 이유로 승인을 거부했다. 2020년 초에도 알스톰은 캐나다 회사인 봄바디어 철도 부문 인수를 위한 MOU를 체결했는데 이번에도 EU 경쟁법 통과라는 난관이 놓여 있다(≪EconomyChosun≫, 2020.2.24; Reuters, 2020).

중국 고속철도의 경쟁력은 무엇보다도 낮은 원가와 짧은 공정기간이다. 원가는 다른 나라 대비 평균 70% 수준이다. 중국 고속철도는 설비와 토목 건축을 포함, 킬로미터당 건설비가 0.87억~1.29억 위안이 들지만, 유럽의 기업은 위안화로 환산해 건설 원가가 1.5억~2.4억 위안에 달한다(Ollivier et al., 2014). 공정기간도 타국 대비 25% 정도 짧다. 중국은 고속철도 건설 사업이 자국 내에서 수직계열화 방식으로 진행되기 때문에 부품 및 하청업체, 혹은 협력업체 탐색에 대한 비용이 거의 들지 않아 작업효율이 높다. 제품군 역시 설계, 건축시공, 장비제조, 운영관리 및 안전에 이르기까지 고속철도의 전 시스템이 하나의 세트로 통합되어 있어 작업이 빠를 수밖에 없다. 중국 고속철도는 가격과 건설 기간에서만 경쟁력을 지닌 것이 아니라 점차 기술력도 인정받고 있다. 특히 중국은 영토가 광대해 지질 조건과 기후 환경이 다양하다. 여건이 이렇다 보니 다양한 악조건을 극복할 수 있는 고속철도 기술 개발의 노하우가 생기게 되었다. 즉, 중국은 각종 지질 지형, 기후조건, 장거리, 고밀도 등의 복잡 다양한 환경에 적응해 왔기 때문에 어느 나라에 도입되어도 현지의 환경에 맞게 적용 가능하다는 강점이 있다.

그러나 중국 정부의 강력한 의지와 기술력 향상에도 불구하고 중국 고속철도의 해외 진출에 대해 부정적인 견해도 만만치 않다. 무엇보다도 중국 고속철도의 원천기술은 외국 기술이기 때문에 지식재산권 분쟁 가능성이 제기된다. 중국이 기술이전을 받을 당시 이전된 기술의 설계와 제조는 중국 내에서만 가능하도록 계약했다. 이에 따라 중국이 기술혁신을 통해 고속철도의 부품 등에 대해서는 국산화를 달성했더라도 외국 원천기술을 바탕으로 이루어진 혁신은 해외 진출 시 분쟁을 가져올 소지가 많다.

가장 큰 장애는 기술 또는 지적재산권 영역 밖에서 발생하고 있다. 일대일로는 단지 물류망을 확충하기 위한 시도가 아니라 중국이 '중국몽'을 실현하기 위한 세계 전략의 큰 축으로 인식되고 있고 실제로도 그렇다. 일대일로 사업은 정치적으로나 국제전략적으로나 안보의 문제와 분리될 수 없다. 특히 일대일로를 추진하는 방식은 많은 우려와 비판을 낳고 있다. 중국은 개발도상국에 차관을 제공하고 현지 사업에서 지분을 갖는 방식으로 사업을 추진한다. 경제적 고려보다는 일대일로의 완수라는 정치적·전략적 목적으로 사업 대상이 선정되고 있는데, 건설된 기반 시설들이 상업성이 없다 보니 차관을 변제할 만한 수준의, 원래 기대했던 수익을 낳지 못한다. 그 결과 해당 개발도상국은 막대한 국가부채를 안게 되었고, 이를 해소하는 방안으로 자원에 대한 개발권이나 건설된 시설의 운영권을 중국에 넘겨야 하는 상황에 몰리고 있다. 카자흐스탄, 타지키스탄, 투르크메니스탄, 파키스탄, 스리랑카 등이 이러한 상황에 처해 있다. 더구나 중국 기업은 대부분의 사업을 중국 노동자를 데려다 진행하기 때문에 현지에서는 반중 정서도 점차 높아지고 있다(윤성학, 2018).

이러한 이유로 중국의 고속철도 사업도 기술력과 비용에 상관없이 현지에서 정치적·사회적 저항에 부딪히고 있다. 현지의 정치 정세와 국민 여론에 따라 사업 진행이 어려워지는 경우도 잦아지고 있다. 중국 쿤밍에서 비엔티엔, 방콕, 쿠알라룸푸르를 거쳐 싱가포르에 이르는 '범아시아 철도(Pan-Asia Railway)'는 통과국의 막대한 부채, 중국인 노동자 증가, 철도 완공 이후 중국 경제에 대한 과도한 의존 등을 둘러싼 각국의 여론 및 정치 정세에 따라 진행에 속도가 붙었다 떨어졌다 하면서 더디게 진행되고 있다(≪EconomyChosun≫, 2019.1.21). 말레이시아 수상 마하티르 빈 모하맛은 2019년 4월 26일 베이징에서 열린 '제2회 국제협력을 위한 일대일로 포럼 고위급 회의'에서 말레이시아는 일대일로를 적극적으로 지지하며 더 빠르고 더 규모가 큰 철도연결 사업이 필요하다고 발언했다. 마하티르 수상은 집권 전에는 이전 정부에서 추진하던 '범아시아 철도' 참여에 대해 매우 비판적이었다.[13]

---

13 Today, "Mahathir backs China's Belt and Road, proposes bigger, faster train links"(24 April 2019), https://www.todayonline.com/world/mahathir-backs-chinas-belt-and-road-proposes-bi

이상에서 살펴본 바와 같이 중국의 고속철도는 일대일로 전략에서 가시적인 첨병이 될 수 있는 분야이다. 중국은 중국 고속철도 표준을 세계로 확산하는 것을 염두에 두고 있다. 그러나 이런 시도 앞에는 지적재산권 분쟁 소지, 국제정치 역학 관계, 현지의 반중 정서 등 많은 난관이 놓여 있다. 고속철도에서도 5G의 사례에서와 같이 의미 있는 진전을 이룰 수 있을지 두고 볼 일이다. 특히 코로나19 사태 이후 국제사회의 중국에 대한 불신으로 인해 일대일로 대망, 고속철도 야심은 희망사항으로만 그칠 가능성이 높아지고 있다.

4 신산업 및 융합 산업에서의 국제표준화와 플랫폼

3장에서는 플랫폼이 오늘날 기업 환경 및 경쟁의 근간이 된다는 것을 확인했다. 여기에서는 중국이 플랫폼 경쟁에서 어떻게 떠오르고 있는가를 표준의 관점에서 살펴보기로 한다. 중국의 바이두, 알리바바, 텐센트, 화웨이와 같은 글로벌 기업들은 이미 구글, 아마존, 페이스북, 애플 등 미국 기업과 플랫폼 경쟁을 벌이고 있다(다나카 미치아키, 2019). 그러나 13.5규획에 따르면 중국은 기존의 영역 외에 신흥 산업이나 전략 산업 등으로 칭한 새로운 기술영역에서도 플랫폼을 건설하고 장악하려는 움직임이 감지된다. 하나의 예로 얼굴인식 기술을 들어보자.

---

gger-faster-train-links?cid=h3_referral_inarticlelinks_03092019_todayonline(2020년 4월 17일 검색).

ZTE, 차이나텔레콤 등 중국 기업들은 이미 ITU에서 얼굴인식 기술표준을 만들기 위한 작업을 시작했다(*Financial Times*, 2019.12.2). 여기서 특히 주목할 것은 얼굴인식 기술이 개발도상국에서 새로운 시장을 열 것이라는 점이다. 미국, 유럽 등의 나라에서는 얼굴인식에 대한 거부감이 크고 이 기술을 인권의 관점에서 보기 때문에 얼굴인식 기술이 빨리 성장하기가 어렵다. 중국 정부는 아프리카, 중동, 아시아의 개발도상국에 일대일로 전략의 일환으로 인프라와 얼굴인식 같은 기술을 제공하기로 한 바 있다. 표준 제정의 주도권을 쥔다는 것은 관련 국제표준을 자사 소유의 기술 세부사항과 부합하게 만들 수 있다는 뜻이고, 이는 곧 시장에서의 강점으로 이어진다. 얼굴인식 기술은 중국이 중점을 두고 투자해 온 인공지능에서 결실을 맺는 분야로 볼 수 있다. 아프리카 유색 인종의 얼굴에 관한 데이터를 확보함으로써 중국의 얼굴인식 기술은 더욱 정교해질 수 있을 것이다. 중국 정부는 이런 분야에서 표준 주도권을 잡는 것이 중국이 열망하는 인공지능 리더십을 확보하는 데 중요한 역할을 할 것으로 본다.

여기서 주목할 것은 얼굴인식과 같은 기술이 단지 하나의 단위 기술로만 존재하고 작동하는 것이 아니라는 점이다. 중국의 동양인 얼굴, 아프리카 흑인의 얼굴, 나아가서 서구 인종을 포함하는 다양한 얼굴 데이터가 모이고 기계학습을 통해 기술이 더욱 정교해지면 얼굴인식 인공지능에 기반한 새로운 플랫폼으로 발전할 것이다. 여기서 제공되는 서비스는 스마트시티의 교통, 안전, 보건, 보안 등 여러 분야에 활용될 수 있다. 더 많고 다양한 얼굴 데이터가 수집되면 될수록 얼굴인식 알고리즘이 원자료(raw data)를 부가가치 있는 데이터 제품으로 만드는 논리가 정교해진다. 얼굴인식 데이

그림 5-2 **얼굴인식 인공지능 플랫폼의 정적 피드백 순환**

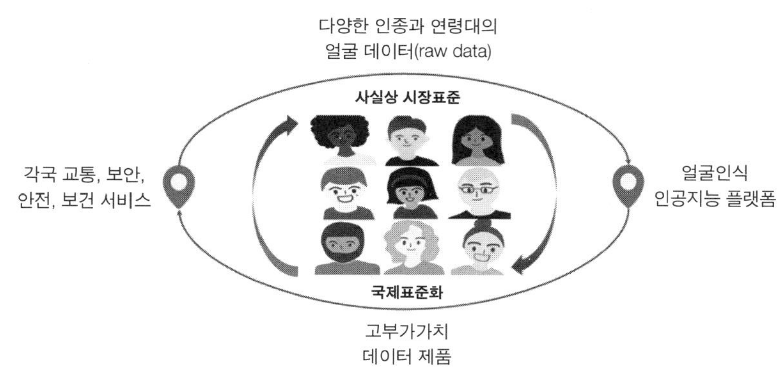

터 제품의 질이 향상될수록 안전, 보안, 교통, 보건의료 등 다양한 분야에서 활용되고, 세계 시장에서도 점점 더 많이 활용되는 정적 피드백 순환(positive feedback loop)이 일어날 것이다(〈그림 5-2〉 참조). 이런 과정에서 관련 표준특허들을 보유한 중국 기업들은 관련 장비와 기기를 판매하는 것을 넘어서서 컨설팅을 제공하고, 새로운 비즈니스 모델을 개발해 수익을 창출하는 선순환의 구조에 들어가는 기회를 얻을 것이다. 더 많은 기술표준을 장악하고 더 거대한 플랫폼을 운영하는 국가나 기업은 관련 데이터에 더 쉽게 접근하게 될 것이다. 한마디로 스마트시티의 전 과정이 중국식으로 통합될 수도 있다는 뜻이다. 사실 이것은 구글, 페이스북, 아마존, 애플, 넷플릭스 등 미국의 플랫폼 기업들이 이미 하고 있는 일이다.

물론 얼굴인식이라는 민감한 개인정보에 대한 프라이버시 관점에서 반감과 저항도 있다. 특히 중국의 데이터, 인공지능 등을 활용한 감시 또는 통제 시스템 개발 및 활용에 대해서는 많은 우려가 제기되고 있다. 1장에서 잠깐 언급한 것처럼 중국의 코로나19 경험을 통한 감염병 관련 국제표준화 가능성에 대한 비판은 이런 우려의 요점을 잘 보여준다. '예방과 환자 발견 방법(prevention and detection methods)'은 대규모 감시와 모니터링 시스템을 의미한다. 이 시스템은 사람들을 추적할 수 있으며, 사람들의 발자취를 얼굴인식과 연결하고 사회신용시스템(social credit system)[14]에 입력할 수 있다. 팬데믹과 싸우는 데 이 시스템은 매우 유익하고 선한 역할을 한다. 그러나 문제는 최후의 결과가 꼭 그렇지는 않을 수 있다는 사실이다. 이는 '스마트시티'를 위한 글로벌 기술 레짐(regime: 원저자는 기술시스템을 통한 지배의 의미를 강조하기 위해 레짐이라는 단어를 사용한 듯하다)으로 전환되고 이 시스템이 전 세계적으로 확대되었을 때 전체가 중국에 의해 통제될 수 있다는 의미이기도 하다(de La Bruyere and Picarsic, 2020: 7). 이런 문제점과

14 2014년 중국 국무원은 「사회신용시스템 구축 규획(2014~2020)」을 발표했다. 이것은 개개인의 사회, 상업, 정부, 사법 영역에서의 행동과 이에 대한 평가 정보를 통합해서 사회구성원 전체의 신용정보시스템을 구축한 것이다. 이를 토대로 등급을 책정하고 각종 사회 서비스를 차별적으로 제공할 수 있다. 예를 들어, 각종 요금의 기한 내 납부, 자원봉사, 심지어 부모님 방문 횟수가 평점으로 전환되고 창업 지원, 입학, 장학금 등에서 영향을 미치도록 작동한다. 반대로 사회신용시스템의 평점에 기반해서 비행기, 고속철도에서의 탑승이 거부된 건수도 수백만 건에 달한다고 한다. 더욱이 알리바바, 텐센트 같은 회사도 정부의 승인을 받아 온라인 사용자에 대한 정보를 취합해 자체적으로 신용평가체제를 운영하고, 사회신용시스템에 데이터를 넘길 것이라고 한다(아산정책연구원, 2017). 온라인 게임을 지나치게 장시간 즐기는 등 부정적으로 비칠 수 있는 행태가 사회신용시스템에 평점으로 기록되고 이 기록이 다른 영역에서 차별적 취급의 근거로 쓰일 수 있다는 뜻이다. 중국 인민은행은 2020년 1월 2세대 신용평가시스템을 도입한다고 발표했다. 이는 인민은행에서 수집한 신용평가지표와 정부 부처에서 수집한 사회평가지표를 토대로 포괄적인 신용평가시스템을 도입한다는 것이다. 2021년부터는 사회신용시스템을 전면 도입할 것으로 알려졌는데, 이를 통해 중국 정부의 빅데이터를 통한 사회 통제력이 한층 강화될 것으로 예측된다(이효진, 2020). 횡단보도에서 신호를 무시하고 무단횡단하는 것으로 얼굴인식이 되면 이 정보가 바로 사회신용시스템에 입력되어 다른 영역에서 바로 활용될 수 있다는 뜻이다.

우려에도 불구하고 다양한 서비스가 제공되고 서비스 질이 고도화되면 사회적 수용도가 높아질 수 있다. 특히 권위주의 체제를 유지하는 나라에서는 국가 차원에서 이 시스템을 채택할 수도 있다.

중국은 이미 4차 산업혁명, 플랫폼 산업과 밀접한 기술 분야에서 표준 주도권을 확보할 것이라고 공언하고 있다. 시진핑 주석은 2019년 10월 상하이에서 열린 국제전기기술위원회(IEC)대회에 보낸 축하 서한에서 "5G, 인공지능, 빅데이터 분야의 국제표준 제정이 필요하다. 중국은 국제표준화 활동에 적극 참여할 것"이라고 밝힌 바 있다(≪동아일보≫, 2019.10.24). 실제로 중국의 이런 공언(公言)은 공언(空言)으로 그치지 않고 기술적인 측면, 특히 지적재산권의 확보라는 측면에서 뒷받침되고 있다.

세계지식재산권기구(WIPO)의 발표에 따르면 중국은 2019년 5만 8990건의 국제특허를 출원했다(WIPO, 2020). 국제특허는 특허 출원의 편의를 국제적으로 돕고자 체결된 특허협력조약(Patent Cooperation Treaty: PCT)에 따른 특허로서, 특정 조약국에서 출원된 특허는 다른 조약 체결국(현재 153개국)에서, 실질적으로는 전 세계에서 보호를 받는다. 2020년 중국은 PCT 시스템이 처음 시작된 1978년부터 특허 출원에서 줄곧 1위를 차지해 왔던 미국(5만 7840건)을 제쳤다. 1999년 276건을 출원한 것에 비하면 20년 동안 약 200배 가까운 증가를 보인 것이다. 개별 기업으로 보면 화웨이가 4411건으로 1위를 차지했는데 이는 2017년부터 3년째 1위를 차지한 것이다. 개별 기업 부문에서도 중국 기업들의 약진이 시선을 끈다. 스마트폰 기업 오포(OPPO)가 1927건으로 5위, BOE 테크놀로지가 1864건으로 6위, 핑안(Ping An) 테크놀로지(선전)가 1691건으로 8위를 차지했다.[15] 10위 안에 중국 기업만 4개가 포진한 것이다. 중국이 출원한 특허들은 주로 디지털 통신과 컴퓨터 기술에 속하는데, 이는 4차 산업혁명 기술의 융합 산업에서 플랫폼을 형성하는 토대가 되는 기술들이다.

무엇보다도 신기술 분야(emerging technologies)에서 국제표준화를 주도하고 지적재산권을 확보하는 전략을 집대성한 문건이 준비되고 있다. 중국은 2020년 말 '중국표준 2035(China Standards 2035)'라는 표준 로드맵을 발표할 예정이다(de La Bruyere, 2020; de La Bruyere and Picarsic, 2020). 이 로드맵 작업은 2018년 3월 공식적으로 시작되었다. 이 로드맵은 '중국제조 2025(Made in China 2025)'의 후속편이자 확대판이다. 중국은 표준을 단지 기술, 산업, 경제 영역에서 경쟁력을 제고하는 핵심 수단을 넘어, 세계 질서에 대한 통제력을 확보하는 열쇠로 본다. 즉, 표준을 지정학 질서에 적용하고 있는 것이다(de La Bruyere and Picarsic, 2020: 1~2).

중국의 전략은 글로벌 네트워크, 표준, 플랫폼, 세 가지 차원으로 구성되는 생산과 교환 시스템을 통제하는 것을 목표로 한다(de La Bruyere, 2020). 네트워크에는 통신망과 같은 물리적 네트워크, 인터넷, 금융시장과 같은 가상 네트워크, 그리고 인적 네트워크가 있다. 이런 네트워크에서의 교환은 일단의 규칙들, 즉 표준에 의해 관리된다. 그리고 교환 자체는 플랫폼에서 일어난다. 중국은 차세대 통신 네트워크[5G, 뉴IP(〈상자5〉 참조)]를 건설하고 있고, 새로운 국제 차원의 플랫폼을 수출하고 있으며(얼굴인식), 다수

15 참고로 한국의 국제출원은 1만 9085건으로 3위 일본(5만 2660건), 4위 독일(1만 9353건)에 이어 5위이다. 아직 1~3위국과는 격차가 크다. 개별 기업으로 보면 삼성전자가 2334건으로 3위, LG전자가 1646건으로 10위이다.

의 국제표준 제정 기구에서 인적 네트워크를 형성하면서 신기술 분야의 주도 세력으로 떠오르고 있다.

상자5. 중국의 뉴IP 국제표준 제안

2019년 9월 화웨이는 차이나유니콤, 차이나텔레콤 및 산업정보기술부와 함께 ITU에서 핵심 네트워크 기술의 새로운 인터넷 프로토콜 표준, 즉 뉴IP(New IP)를 제안했다(*Financial Times*, 2020.3.28a, 2020.3.28b). 이는 인터넷이 어떻게 작동하는가에 대한 근본적 변화를 가져오는 제안이다. 그러나 인터넷의 구성(architecture) 자체에 권위주의적 통제를 심는 것으로 비유되면서 우려를 낳고 있다.

현재의 인터넷 인프라(TCP/IP)는 미래, 예를 들어 2030년대 자율자동차, 사물인터넷, 홀로그램 등이 일상화되는 디지털 세상의 요구사항을 충족하기에는 불안정하고 용량이 부족하다. 따라서 중국은 ITU가 장기적 관점을 가지고 미래 네트워크를 위한 하향식 설계의 책임을 떠맡아야 한다고 제안한다. 중국은 뉴IP가 순수하게 기술적 관점에서 개발되고 있으며, 설계 자체에 어떠한 형태의 통제도 내장되어 있지 않다고 주장한다. 뉴IP를 위한 연구개발과 혁신은 전 세계 과학자와 엔지니어에게 열려 있으며 누구든 참여해서 기여할 수 있다는 것이 중국의 주장이다.

이 제안은 미국, 영국 등 서방국가 전문가들 사이에서 큰 우려를 낳고 있다. 이들에 따르면 뉴IP는 세계 인터넷을 분리시킬 것이며, 국가가 운영하는 ISP(인터넷 서비스 제공자)에게 시민의 인터넷 사용에 대한 아주 세세한 통제력을 부여할 것이다. 이 제안은 러시아, 사우디아라비아 같은 권위주의 국가의 지지를 얻고 있다. 사이버 보안 전문가들은 뉴IP가 네트워크의 토대에 아주 촘촘한 통제 기제를 내장하는 것이며, 이는 인터넷과 사용자들에 대한 중앙집권화된 하향식 통제를 가능하게 할 것이라고 주장한다. 중앙집권화된 지배시스템을 인터넷의 기술적 구성 내에 심어 넣는 것이다.

중국 정부는 인터넷 인프라와 표준을 설계하는 것을 디지털 외교 정책의 핵심으로 여기고 있다. 뉴IP가 ITU에 의해 정당성을 얻으면, 국가 인터넷 운영자는 지금의 인터넷이나 중국식 인터넷 둘 중 하나를 선택할 수 있게 될 것이다. 뉴IP는 2020년 하반기 인도에서 열리는 ITU 회의를 비롯해서 여러 창구를 통해 지속적으로 논의될 예정이다.

뉴IP는 단순한 기술표준 경쟁 문제가 아니라 인터넷 자체가 어떻게 될 것인가와 관련된 근본적인 물음을 던지는 엄청난 의미를 함축하고 있다. 뉴IP를 둘러싼 미국과 중국의 대결은 사이버 공간에서 개인 차원의 자유로운 활동을 보장한다는 미국의 입장과 사이버 공간에 대한 국가주권을 옹호하는(따라서 인터넷에 대한 검열과 규제를 정당화하는) 중국의 입장을 둘러싼 세계 비전에 관한 담론 경쟁이다(김상배, 2014).

한마디로 '중국표준 2035'는 글로벌 생산과 교환의 규칙을 새롭게 정의하려는 프로그램이다. 이는 전 산업에 걸쳐서, 특히 신기술 분야에서 글로벌 규칙을 제정하려는 국가 차원의 전략이다. '중국제조 2025'가 세계 재화의 생산을 통제하려는 것이었다면, '중국표준 2035'는 그 바탕에서 재화가 생산되고 거래가 이루어지는 시스템을 지배하려는 목적을 가지고 있다. 이는 "세계열강의 전략 게임은 더 이상 시장 규모 경쟁과 기술 우월성 경쟁에 국한되지 않는다. 그것은 시스템 설계(system design)의 경쟁이고, 규칙을 만드는(rule-making) 경쟁이다"(de La Bruyere and Picarsic, 2020: 5)라는 중국 전략가들의 인식에 바탕을 두고 있다. 특히 차세대 글로벌 시스템에 토대를 제공할 새롭게 부상하는 부문에 우선순위를 두고 있다. 왜냐하면 이들 분야에서는 아직 표준이 만들어지지 않았기 때문이다.

중국 표준위원회 산업표준부의 책임자는 '중국표준 2035'를 시작하면서 이렇게 말했다. "오늘날 세계에서 산업, 기술, 혁신은 빠르게 발전하고 있다. 인공지능, 빅데이터, 클라우드 컴퓨팅 등으로 대표되는 차세대 정보기술산업이 부상하고 있다. 국제적 차원에서 기술 연구개발과 특허 분할은 아직 완성되지 않았다. 글로벌 기술표준은 이제 막 형성되고 있다. 이는 중국의 산업과 표준이 기존의 세력 구도를 넘어설 수 있는 기회이다"(de La Bruyere and Picarsic, 2020: 6). 여기에 바이오 기술 분야가 더해진다. '중국표준 2035'는 중국이 생물학적 제품, 첨단 의료장비, 생물기반 물질(bio-based materials)에서도 표준개발을 주도하겠다는 야심찬 내용을 포함하고 있다. 차세대 기술을 위한 특허와 표준이 아직 형성되지 않았으므로 중국이 기존 선진국을 앞지를 수 있는 절호의 기회라고 보는 것이다.

꽤 오래 전부터 중국의 산업정책 입안자와 산업계에서 자주 회자되는 말이 있다. "삼류 기업은 제품을 만들고, 이류 기업은 기술을 개발하고, 일류 기업은 표준을 제정한다"(≪조선일보≫, 2016.9.19). 이 말은 저임금에 기반한 세계의 공장 단계를 넘어서서, 연구개발을 통한 특허 등 지적재산권을 확보해 궁극적으로 경기의 규칙을 정하는 표준설정자(standards-setter)가 되겠다는 중국의 비전을 보여준다. 여러 지표들은 중국이 이런 목표를 향해 한 걸음씩 나아가고 있음을 보여준다. 5G에서의 약진, 국제특허 통계, 얼굴인식의 표준화와 이를 통한 얼굴인식 솔루션 및 서비스 플랫폼 구축 등을 보면 이런 구호가 구호에 그치는 것이 아니라 현실화될 수 있겠다는 생각을 금할 수가 없다.

그러나 이러한 중국의 야심찬 시도는 기존 표준 주도국과 국제표준공동체 내에서 심각한 문제와 도전으로 인식되기 시작하면서 조직적인 제재와 반격에 직면하기 시작했다. 2020년 3월 초 지적재산권 문제를 다루는 UN 기구인 WIPO(World Intellectual Property Organisation) 수장을 선출하는 선거에서는 중국 후보가 미국, 유럽 국가들이 지원하는 싱가포르 후보에게 패했다(*Financial Times*, 2020.3.4). 미국 고위 관리에 따르면 중국이 UN 기구에 대한 관여를 증대하는 것은 "UN의 **표준 제정** 기구에 대한 통제력을 확보"(강조는 저자 추가)하기 위한 전략을 보여준다. 심지어 전 WIPO 부총재는 지적재산을 담당하는 기구의 수장에 중국인을 앉히는 것은 "닭장을 여우에게 맡기는 것과 같다"라고까지 말한다. 한편 4월 14일 미국 트럼프 대통령은 WHO에 대한 자금 지원을 중단한다고 발표했다. 일차적으로는 WHO가 코로나19 대응에서 "기본적인 의무를 이행하는 데 실패했으므로 이에 대해 반드시 책임을 물어야 한다"(≪중앙일보≫, 2020.4.15)라는 것이 공식적인 이유였다. 그러나 트럼프가 다른 곳에서 "WHO의 모든 일이 중국 중심적"으로 이루어진다고 언급한 것으로 볼 때 이 결정도 중국의 국제기구에 대한 영향력을 차단하기 위한 맥락에서 이해할 수 있다.

기술적인 측면에서도 신기술과 관련된 국제표준계에서 주도권을 가져오는 것은 쉬운 일이 아니다. 예를 들어, 미·중 간의 기술전쟁으로 중국의 인공지능 전략은 큰 타격을 받고 있다(Ernst, 2020). 인공지능 분야에서 성공하기 위해서는 데이터, 알고리즘, 컴퓨팅 파워, 세 가지 요소를 확보해야 한다. 특히 비용 효율적이고 에너지 절약형인 컴퓨팅 파워는 인공지능 칩의 성능에 달려 있다. 문제는 미국과의 무역 분쟁과 기술전쟁이 발생하면서 중국이 이런 고성능 인공지능 칩에 접근할 수 없게 되었다는 점이다. 코로나19 이후 미국은 이런 정책을 더욱 강화할 것이고 중국은 인공지능 등의 분야에서 플랫폼을 구축하고 표준화하는 데 여러 난관에 직면할 것이다.

또한 중국이 지난 20년 가까이 국제표준계에서 진지전을 준비하면서 공세적으로 진출해 왔지만 아직 경험과 지식 측면에서 한계가 있다는 분석도 있다. 한 전문가는 "사실 미국 기업과 다국적기업들은 정보통신기술 관련 표준기구에서 가장 영향력 있는 참가자들이다. 이 영향력은 기술 리더십과 전문지식, 표준화 과정 및 규칙에 대한 깊은 이해, 높은 수준의 기여와 오랜 기간 동안의 일관된 참여에 바탕을 두고 있다"라고 분석한다(Kharpal, 2020.4.26). 신기술은 정보통신기술을 넘어서는 다양한 분야를 포함하므로 각 분야에서 자리 잡고 있는 지배적인 기존 세력을 물리치기 어려울 것이라는 견해이다. 신기술에서 국제표준계를 장악하려면 각 분야에 화웨이 같은 기업이 있어야 하지만 중국은 아직 그렇지 못한 실정이다. 더구나 미국 및 유럽의 정부와 기업들이 중국에 대한 제재와 반격을 본격화하기 시작하면 국제표준계를 장악하기가 더욱 어려워질 것이다.

미국과 중국의 표준을 둘러싼 경쟁은 우리에게 심각한 고민거리를 안겨준다. 문제는 우리나라가 이 싸움에서 가만히 앉아서 결과만 기다리면 되는 방관자일 수 없다는 데 있다. 다른 모든 분야에서와 마찬가지로 두 나라는 세계 모든 국가에, 특히 한국에 선택을 요구한다. 미국, 유럽, 일본이 지배하던 국제표준계, 특히 정보통신기술과 관련된 표준 분야에서 한국은 처음으로 주요 플레이어로 인정받았다. 이런 한국의 전략을 어느 정도 모방했다고 볼 수 있는 중국이 국제표준계의 큰 손으로 등장했다. 우리에게는 한국의 강점과 약점을 분석해 중국과 어느 분야에서 협력하고 어느 분야에서 경쟁해야 하는지를 결정해야 하는 등 간단치 않은 문제들이 대두되고 있다. 게다가 이런 문제들이 단지 산업과 기술 차원의 문제가 아니라 국제정치와 지정학적 차원의 문제로 격상되면서 어려움과 복잡성이 더해지고 있다.

상자6. 중국의 표준 굴기에 대한 미국의 대응: 전략적·지정학적 접근

2020년 5월 21일 미국 정부는 「미국의 대(對)중국 전략적 접근」(White House, 2020)이라는 정책 문서를 발표했다. 이 문서는 포스트 코로나 시점의 중국에 대한 미국의 적대적인 정책 방향을 직설적으로 보여준다고 평가된다. 이 문서에는 '표준(standards)'이라는 단어가 10번 등장한다. 이 가운데 두 번은 기준 또는 모범이라는 뜻으로 사용되었지만, 나머지 여덟 번은 이 책에서 주로 다루고 특히 중국에 관한 이 장에서 사용한 '기술표준' 또는 '산업표준'의 용법으로 쓰였다. 백악관의 이름으로 발표한 대외 정책 최고위 문서에서 '표준'이라는 단어가 키워드로 등장한 것은 주목할 만하다. 무엇보다도 일대일로를 표준의 맥락에서 언급한 것이 눈에 띈다. 일대일로를 표준의 맥락에서 파악해야 한다는 것은 필자가 오래 전부터 주장해 온 바이다(곽주영·이희진, 2017). 미국 정부도 표준의 문제를 단지 기술경쟁, 산업경쟁의 영역이 아니라 전략적 도구, 지정학적 틀로 보는 입장을 공식화한 것이다. 이 문서의 표준 관련 부분을 한마디로 요약하면, 일대일로가 중국 산업표준을 확산시키는 통로로 사용되고 있는 현 상황에서 미국은 5G와 인공지능 등 첨단 분야의 혁신과 표준 설정에서 주도권을 놓지 않을 것이며, 동맹국과 힘을 합쳐 중국 기업을 우대하는 차별적인 중국 표준이 국제표준이 되지 않도록 하겠다는 강한 의지를 표명했다고 할 수 있다.

아래는 「미국의 대(對)중국 전략적 접근」에서 관련 문장을 발췌한 것이다(강조는 필자 추가).

[경제적 도전]

"**일대일로(一帶一路)**는 중국 정부의 다양한 이니셔티브를 설명하는 포괄적인 용어로, 이 중 다수는 중국의 글로벌 이익과 비전을 진전시키기 위해 국제 규범, **표준**, 네트워크를 재편하도록 설계된 것으로 보이며, 이는 또한 중국의 국내 경제 요건을 충족시킨다. 중화인민공화국은 일대일로와 기타 이니셔티브를 통해 주요 기술 분야에서 **중국 산업표준의 활용**을 확대하고 있다. 이는 비중국기업의 희생을 통해 글로벌 시장에서 자국

기업의 입지를 강화하기 위한 노력의 일환이다."(3쪽)

[실행]

1. 미국 국민, 영토 및 미국식 삶의 방식 보호하기

"해외의 악성 행위자들이 미국의 정보 네트워크에 접근하는 것을 막기 위해, 대통령은 '정보통신기술 및 서비스 공급망 안전보장에 관한 행정명령'과 '미국의 통신서비스 부문에 대한 외국의 참여를 평가하기 위한 위원회 설립에 관한 행정명령'을 발표했다. 이와 같은 행정명령의 이행을 통해 적대국의 첩보 및 안보 기구의 요구에 호응하는 특정 회사가, 예를 들어, 미국 정부 및 민간 부문, 그리고 개인의 사적이고 민감한 정보에 쉽게 접근하는 것을 막을 것이다. 민감한 군사 및 첩보 데이터를 포함한 전 세계에 걸친 우리의 정보를 보호하기 위해, 미국은 다자 포럼을 포함해 동맹국 및 파트너와 적극적으로 협력해 글로벌 정보 경제를 뒷받침할 수 있는 안전하고 탄력적이며 신뢰할 수 있는 **통신 플랫폼에 대한 공통 표준**을 추진하고 있다. 중국으로 하여금 책임 있는 국가행동규범을 준수하도록 하기 위해 미국은 동맹국 및 같은 생각을 가진 파트너와 협력해 악의적인 사이버 활동의 책임을 묻고 저지할 것이다."(10~11쪽)

2. 미국의 번영을 촉진

"국내적으로 미국 정부는 세금 개혁과 강력한 규제 완화 의제를 통해, 미국 경제를 강화하고 **5G 기술**과 같은 미래의 경제 부문을 촉진하기 위한 조치를 취하고 있다. 대통령이 발표한 '**인공지능**에서 미국의 리더십

유지에 관한 행정명령'은 미국이 성장 산업에 대한 **혁신과 표준 설정**을 지속적으로 이끌도록 투자와 협력을 촉진하기 위한 미국 정부 이니셔티브의 한 예이다."(12~13쪽)

"같은 생각을 가진 다른 국가들과 함께 미국은 주권, 자유시장 및 지속가능한 개발 원칙에 기초한 경제 비전을 장려한다. EU 및 일본과 함께 미국은 국유기업, 산업 보조금 및 강제 기술이전에 대한 규율을 개발하기 위한 강력한 삼자 프로세스에 참여하고 있다. 또한 **차별적인 산업표준**이 **글로벌 표준**이 되지 않도록 동맹국 및 파트너와 계속해서 협력할 것이다."(13쪽)

6장

변화하는 표준

■

5장에서는 표준이 기업의 경쟁 수단으로서, 국가통합 또는 지역통합의 기제로서, 그리고 무역을 증진하고 원활화하는 도구로서 중요한 역할을 수행하고 있으며, 이 세 가지 역할을 총체적으로 묶어서 세계 전략의 한 방편으로도 활용되고 있음을 살펴보았다. 앞에서 이미 개발도상국 발전과 표준, 플랫폼 및 융합 산업과 표준 등 미래지향적인 관점에서 표준의 과제와 역할 변화 등을 다루었으나, 세상 변화의 광폭(廣幅)과 광속(光速)은 이 흐름 속에서 표준의 중요성과 역할에 대해 보다 깊은 성찰을 할 것을 요구한다. 표준은 변화하는 세상 속에서 그에 맞는 역할을 수행해야 한다. 또한 표준은 그 변화의 방향에 영향을 미칠 수도 있다.[1] 표준은 국제사회가 당면한 문제들을 해소하기 위한 문제해결 방식으로서 점차 그 적용 범위가 넓어지고 있다.

오늘날 현대 사회가 마주한 책무와 변화의 두 가지 큰 흐름은 지속가능개발목표(Sustainable Development Goals: SDGs)와 4차 산업혁명이다. 이 장 1절에서는 먼저 지속가능개발목표를 달성하는 데 표준이 어떻게 기여할 수 있고, 어떻게 그 기여도를 높일 수 있는지에 관한 논의를 소개한다. 2절에

1 5장의 상자5 '중국의 뉴IP 국제표준 제안'에서 살펴본 뉴IP를 그 예로 들 수 있다.

서는 디지털 트랜스포메이션, 데이터 혁명 등 새로운 차원의 기술혁신이 표준에게 주는 도전과 발전 방향에 대해 논의한다. 3절에서는 한국의 맥락에서 도전 과제의 하나로서 한·아세안 표준협력 방향을 소개하고, 지속가능개발목표 및 4차 산업혁명의 흐름 속에서 우리나라가 표준협력을 통해 아세안, 특히 아세안의 저개발국가의 발전에 기여할 수 있는 방안에 대해 고민한다. 마지막 4절에서는 책을 요약하면서 왜 표준이 사회과학의 대상인가에 대한 생각을 정리한다.

1 지속가능개발목표와 표준

UN은 2000년부터 새천년개발목표(Millennium Development Goals: MDGs)를 추진해 왔는데, 2015년 그 뒤를 잇는 새로운 개발목표인 지속가능개발목표(Sustainable Development Goals: SDGs)를 채택한 바 있다. 지속가능한 개발(sustainable development)이란 "향후 세대가 자신의 필요성을 충족하는 능력을 손상시키지 않고, 현재의 세대가 필요성을 충족할 수 있는 개발"(Brundtland, 1987)을 의미한다. 지속가능개발목표는 이를 이루기 위해 사회발전, 환경지속성, 경제성장이라는 3대 축 간의 균형을 강조한다. 지속가능개발목표는 국제사회가 함께 고민해야 할 도전 과제를 17대 목표(〈표 6-1〉 두 번째 열 참조)와 169개의 세부목표로 정의하고, 2030년까지 향후 15년 동안 이를 달성하기 위한 구체적인 이행 방안을 다루고 있다. 지속가능개발목표는 개발도상국의 발전을 위한 목표일 뿐만 아니라 선진국을 포함한 지구촌 전체가 이행해야 할 보편적이고(universal) 변혁적이며(transformative) 미래지향적인 우리 모두의 목표이다.

지속가능개발목표가 국제사회의 의제로 확립되고, 동시에 표준이 개발도상국 발전에 중요한 역할을 한다는 인식이 높아지면서 ISO를 중심으로 '표준과 지속가능개발목표'가 주요 담론으로 떠오르고 있다(김준엽·이희진, 2018). ISO는 지속가능개발목표의 각 목표에 직접 연관되는 ISO 표준들을 집계한 자료를 발표했다(〈표 6-1〉 세 번째 열 참조). ISO는 17개의 지속가능개발목표 중 16개의 목표 달성에 기여하는 표준들을 정리함으로써 ISO 국제표준이 경제적·사회적·환경적 측면에서 지속가능개발목표를 달성하는 데 중요한 역할을 할 수 있음을 강조하고 있다. ISO는 지속가능개발목표 표준 매핑 툴(SDG-Standards Mapping Tool)을 만들어서 2만 2000개 이상의 ISO 표준(2018년 10월 현재) 중에서 각 목표에 유용한 ISO 표준을 찾기 쉽게 만들어놓았다(https://www.iso.org/sdgs.html).

지금까지 이 책에서 줄곧 주장하는 바는 표준이라는 것이 결국은 세상의 문제를 해결하기 위한 노력이자 수단으로서 복수 이해관계자들의 참여로 만들어지고 작동한다는 점이다. 표준은 국가, 산업 및 공동체에 문제에 대한 해결책을 제공한다. 그런 점에서 표준은 지속가능개발목표 이행을 지원하는 도구가 된다. 표준은 지속가능개발목표를 달성하는 데 중요한 역할을 할 수 있는 기반이 되는 사회제도이다. 표준은 한 사회의 질서 확립에 기여하고, 비효율성을 줄여서 사회나 산업의 발전에 중요한 역할을 한다. 특히 표준체계의 확립은 개발도상국의 발전에도 토대가 된다.

예를 들면, '지속가능한 경제성장'(SDG 8)에서는 표준 및 표준화의 역할

표 6-1 **지속가능개발목표와 관련 ISO 표준**

	목표 내용*	각 목표 관련 ISO 표준 수**	예*** (표준 명 또는 담당 TC/SC)
1	모든 곳에서 모든 형태의 빈곤 종식	83	ISO 20400, Sustainable procurement - Guidance
2	기아 종식, 식량안보 달성, 개선된 영양상태의 달성, 지속가능한 농업 강화	77	ISO 22000 family of standards on food safety management
3	모두를 위한 전 연령층의 건강한 삶 보장과 웰빙 증진	495	ISO 11137 series for the sterilization of healthcare products by radiation
4	모두를 위한 포용적이고 공평한 양질의 교육 보장 및 평생학습 기회 증진	135	ISO 21001, Educational organizations-Management systems for educational organizations - Requirements with guidance for use
5	성평등 달성과 모든 여성 및 여아의 자력화	96	ISO 26000, Guidance on social responsibility
6	모두를 위한 물과 위생설비에 대해 가용성과 지속가능한 유지관리 보장	184	ISO 24518:2015, Activities relating to drinking water and wastewater services - Crisis management of water utilities
7	모두를 위한 적정가격의 신뢰할 수 있고 지속가능하며 현대적인 에너지에의 접근 보장	187	ISO 50001, Energy management systems - Requirements with guidance for use
8	모두를 위한 지속적·포용적·지속가능한 경제성장, 생산적인 완전고용과 양질의 일자리 증진	213	ISO 45001, Occupational health and safety management systems - Requirements with guidance for use
9	복원력 높은 사회기반시설을 구축하고, 포용적이고 지속가능한 산업화 증진 및 혁신 장려	692	ISO 56002 on innovation management systems
10	국내 및 국가 간 불평등 감소	142	ISO 26000, Guidance on social responsibility
11	도시와 주거지를 포용적이며 안전하고 복원력 있고 지속가능하게 보장	321	ISO/TC 268, Sustainable cities and communities
12	지속가능한 소비와 생산 양식 보장	386	ISO 14020, series(environmental labelling)
13	기후변화와 그로 인한 영향에 맞서기 위한 긴급 대응	249	ISO 14001, Environmental management systems - Requirements with guidance for use
14	지속가능발전을 위한 대양, 바다, 해양자원의 보존과 지속가능한 사용	112	ISO/TC, 8's subcommittee SC 2, Marine environment protection
15	지속가능한 육상생태계 이용을 보호·복원·증진, 삼림을 지속가능하게 관리, 사막화 방지, 토지 황폐화 중지 및 복구, 생물다양성 손실 중단	207	ISO 14055, Environmental management - Guidelines for establishing good practices for combatting land degradation and desertification
16	지속가능 발전을 위한 평화롭고 포용적인 사회 증진, 모두를 위한 정의에의 접근 제공, 모든 수준에서 효과적이고 책임성 있고 포용적인 제도 구축	70	ISO 37001, anti-bribery management systems
17	이행수단 강화, 지속가능발전을 위한 글로벌 파트너십 활성화		

자료: * http://www.odakorea.go.kr/

** IMPACT AT A GLANCE, https://www.iso.org/sdgs.html(2020년 4월 18일 검색)

*** ISO(2018); 각 표준에 대한 자세한 사항은 SDG-Standards Mapping Tool, https://www.iso.org/sdgs.html 참조

에 대해 국제무역의 활성화가 경제성장을 견인할 수 있다는 점을 강조하며, 개발도상국의 무역 역량을 키우기 위한 기술지원인 '무역을 위한 원조(Aid for Trade)'를 세부목표[2] 중 하나로 제시한다. 무역을 위한 원조에서는 특히 불필요한 무역상 기술장벽(TBT)을 제거해 무역 활성화를 꾀하기 위한 방법으로 국제표준과 각국의 기술 규제를 조화시킬 것을 강조하고 있는데, 국제표준과 무역 간의 관계에 대해서는 이미 다양한 연구들이 이루어져 온 바 있다.[3]

이상에서 본 바와 같이 ISO와 같은 국제표준기구는 지속가능개발목표가 지구적 어젠다로 자리 잡음에 따라 표준이 지속가능개발목표 이행과 달성에 어떻게 기여할 수 있는지 고민하고 여러 방안을 모색하고 있다. 각 TC/SC와 각 표준의 인터넷 페이지에는 "이 기술위원회(또는 표준)는 아래의 지속가능개발목표에 기여하고 있다"라고 적고 해당되는 SDG 번호를 나열한다. 각 TC 또는 표준과 지속가능개발목표 간의 연관성을 강조하고자 하는 노력이다.

이 책의 첫 장부터 말했듯이, 표준은 산업, 경제, 사회, 공동체 등 모든 차원에서 우리 삶을 전 방위적으로 둘러싸고 있다. 또한 표준은 세상의 문제를 해결하고자 하는 공동체적인 노력이다. 지속가능개발목표도 17개 목표와 169개 세부목표[4]를 가지고 인류가 마주한 경제, 사회 및 환경의 도전을

---

2 8.a 최빈국 무역 관련 기술지원을 위한 강화된 통합프레임워크(Enhanced Integrated Framework for Trade-Related Technical Assistance to Least Developed Countries) 등을 통해 개발도상국, 특히 최빈국에 대한 무역을 위한 원조(Aid for Trade) 지원을 확대한다. 환경부, 지속가능발전목표, http://ncsd.go.kr/

3 4장 4절 '농식품표준과 개발도상국' 및 4장 5절 '표준과 개발도상국 협력' 참조.

다룬다는 점에서 분명히 표준과 연결고리가 있다. 그러나 ISO의 이런 시도는 지속가능개발목표의 틀에 ISO 표준을 사후적으로 끼워 맞춘다는 느낌을 떨칠 수가 없다.

이런 비판을 고려해 국제표준공동체는 선제적으로 표준이 지속가능개발목표에 기여할 수 있는 방도를 찾아야 한다. 그 방법 중 하나는 개발도상국의 문제를 더 적극적으로 다루는 것이다. 지속가능개발목표가 선진국을 포함하는 전 지구적 과제라고는 해도 가장 중요한 방점은 개발도상국에 있다. ISO는 산하에 개발도상국 문제를 전담하는 개발도상국위원회(Policy Development Committee on Developing Country Matters: DEVCO)[5]를 두고 있다. DEVCO는 표준화 및 국가품질기반구조(National Quality Infrastructure: NQI)[6]와 관련해 개발도상국 회원국의 필요와 요구사항을 파악하고 이 분야의 기술지원과 역량개발을 돕는 것을 목적으로 한다. 2016년 DEVCO는 'ISO 개발도상국을 위한 실행 계획 2016~2020'을 발표했다. 이 실행계획에는 지속가능개발목표가 포함되어 있기는 하나 최상위 영향력(Impact) 차원에서 추상적으로 언급("상위 수준, 장기 목표를 UN의 지속가능개발목표와 조응하도록 한다")되거나 가장 낮은 차원의 효과인 결과물(Output) 가운데 하나("개발도상국과 특히 관계가 있는 새로운 표준 프로젝트를 지속가능개발목표와 연계해 개발하

---

4 이것이 지속가능개발목표에 대한 비판의 지점이 되고는 한다. 17개 분야 169개 세부목표라는 것은 세상 모든 분야를 포함한다는 뜻이고 이는 주어진 자원의 한계로 볼 때 무리한 계획이라는 비판이 제기되고 있다. 지속가능개발목표를 설계하고 기획하는 논의 단계에서 모든 이해관계자를 참여시킨다는 원칙을 준수하면서 이런 결과가 초래되었다는 견해도 있다.

5 https://www.iso.org/devco.html

6 NQI는 한 나라의 표준화, 적합성평가, 계량, 인정 등 활동을 확립하고 실행하는 틀을 말하며, 그 틀이 작동하는 공공 및 민간 기구와 규제 틀을 포함한다(ISO, 2016: 5).

고 추진")로 다루어지고 있을 뿐이다. 지속가능개발목표가 2015년에 공식화되고, DEVCO의 개발도상국 실행계획이 2016년에 나온 점으로 볼 때 충분히 이해가 된다. 2021년부터 시작하는 새로운 실행계획에는 지속가능개발목표를 중심에 놓고, 개발도상국의 지속가능개발목표 달성에 국제표준이 기여하는 분야를 좀 더 구체적으로 적시할 필요가 있다. 우리나라의 개발협력공동체도 표준이 개발도상국 발전에 토대가 된다는 인식을 가지고 이를 활용하는 사업을 발굴할 필요가 있다.[7]

2 4차 산업혁명과 표준

오늘날 사회 변화를 추동하는 원천은 기술발전과 이를 통한 혁신이다. 4차 산업혁명은 오늘날의 빠른 기술변화를 통칭하는 말이라 할 수 있다. 이 절에서는 이런 기술변화와 표준이 어떻게 연결되는지, 그리고 표준과 관련해 새롭게 발생하는 이슈는 무엇인지를 살펴본다.

첫 번째 질문에 대해 독일 DIN은 아래와 같이 간단명료하게 답한다. "인더스트리 4.0, 즉 4차 산업혁명은 본질적으로 가상세계와 현실세계의 결합을 뜻한다. 이는 기계공학, 로지스틱스, IT가 매끄럽게 협력한다는 것을 뜻한다. 그것도 전 세계 차원에서. 인더스트리 4.0에 이르는 길을 어떻게 효율적으로 닦을 수 있을까? 분명한 사실은 이것이 표준 없이는 불가능하다

7 여기에 대해서는 3절 '한·아세안 표준협력' 참조.

는 점이다."[8]

4차 산업혁명은 다양한 분야와 산업 및 기술 분야 간의 융합을 통해 새로운 가치를 창출한다. 융합을 통해 만들어지는 새로운 영역은 새로운 기술시스템, 그것도 대규모 기술시스템[9]을 형성하는 경우가 많다. 스마트시티가 대표적인 예이다. 스마트시티는 교통, 보건, 공공안전, 복지, 에너지, 수도/하수 인프라 등 개별적으로 발전되어 온 시스템들이 데이터를 기반으로 하나로 통합되어 시민에게 편리하고 복리에 기여하는 서비스를 제공한다. 기존의 각 부문 시스템이 하위 시스템이 되어 스마트시티라는 대규모 기술시스템을 형성하고, 기존의 시스템들을 통합하는 '시스템들의 시스템(a system of systems)'으로 작동한다. 이들 하위 시스템은 아주 이질적이며, 상이한 기술과 데이터 형식을 통해 별개의 조직에 의해 개발되었다. 이것들은 서로 협력하면서 공동의 목표를 달성해야 한다. 시스템들의 시스템으로서 스마트시티는 다양한 이해관계자 간의 갈등을 조정하고 상호운용성을 확보해야 하는 도전을 맞고 있다(Cavalcante et al., 2017). 이는 당연히 표준의 문제로 표출된다. 따라서 표준을 조화시키는 것이 해결의 첫 단추이다.

하위 시스템 간의 기술적 상호의존성과 역사적 상호의존성은 대규모 기술시스템의 발전에 제약이 되기도 한다. 전자는 호환성, 후자는 경로의존성과 관련된다(Fomin, 2019). 이러한 제약은 4차 산업혁명 시대의 융합 산업

---

8 DIN: Setting tomorrow's standards today, https://www.din.de/en/innovation-and-research/industry-4-0(2020월 4월 20일 검색).

9 4장의 상자4 '대규모 기술시스템의 표준화: 컨테이너 사례' 참조.

발전에서 표준에게 새로운 과제와 도전을 안긴다. 대규모 기술시스템이 발전하려면 관련 산업 또는 이종 산업 간의 벽을 뛰어넘는 협력이 필요한데, 이 과정에서 때로는 이종 산업 사이의 표준이 충돌하는 경우도 있기 때문이다.

융합 산업을 위한 협력과 연합

4차 산업혁명 또는 디지털 혁신을 근간으로 하는 디지털 산업생태계의 특징 중 하나는 산업 간의 경계가 모호해지고 허물어진다는 점이다. 다르게 표현하면 융복합 산업화의 진행이다. 전통적인 통신서비스를 제공하던 통신회사들은 통신회사만으로 남기를 거부하고 콘텐츠를 제공하는 미디어 기업으로 자리매김하고자 한다. KT의 예를 들면, 여기서 한 발짝 더 나아가서 ICT 기반의 에너지 융합형 기술력 확보를 바탕으로 에너지 사업에 진출하고 있다. KT-MEG 플랫폼은 인공지능 분석엔진 'e-브레인(e-Brain)'을 통해 에너지 생산－소비－거래를 통합 관제하는 에너지 관리 플랫폼이다(≪에너지데일리≫, 2019.9.30). 최근의 가장 눈에 띄는 사례는 현대자동차의 변신 선언이다. 현대자동차는 이제 자동차 제조업체가 아니라 모빌리티 솔루션(mobility solution)을 제공하는 서비스 플랫폼 기업으로 거듭날 것을 천명했다(≪중앙일보≫, 2019.12.5).[10]

융합 산업을 위한 기반은 5G 시대를 맞아 본격적으로 갖추어지고 있다.

---

10 현대자동차가 2019년 12월 발표한 중장기 혁신계획 '2025 전략'의 새로운 3대 전략 방향에는 '기존 내연기관 고수익화' 및 '전동(electrification)차 선도 리더십'과 더불어 '플랫폼 사업기반 구축'이 포함되어 있다.

4차 산업혁명의 이름 아래 거론되는 스마트시티, 스마트홈, 커넥티드/자율자동차, 스마트팩토리 등 다양한 서비스 및 산업들이 본격적으로 실현될 수 있는 기술적 기반이 만들어진 것이다. 5G의 잠재력은 산업 간 융합을 가능하게 하는 데 있다. 5G 잠재력은 B2B 활용을 통해 실현되리라는 것이 공통된 분석이다. 5G를 기반으로 하는 새로운 융복합 산업이 성장하고 시장에서 자리 잡기 위해서는 생태계가 형성되어야 한다. 생태계는 일개 기업의 역량으로 만들어지지 않는다. 5G의 직접 응용 산업 분야인 커넥티드카, 스마트팩토리 등에서 글로벌 차원의 협력체가 만들어지는 이유이다(김지환 외, 2018). 커넥티드카 분야에서는 5GAA(5G Automotive Association), 스마트팩토리 분야에서는 5G-ACIA(5G Alliance for Connected Industries and Automation)가 필요한 표준화를 진행하고 있다.

5GAA(5gaa.org)는 자동차 업체와 글로벌 정보통신기술 업계를 중심으로 미래의 모빌리티와 수송(mobility and transportation)을 위한 기술표준화 및 비즈니스 모델을 수립하기 위해 활동하고 있다. 5GAA는 2016년 9월 아우디, BMW, 다임러, 에릭슨, 화웨이, 인텔, 노키아, 퀄컴 등 8개 창립 멤버로 시작했다. 현재는 자동차, 통신, 정보기술 등을 망라하는 여러 분야에서 130여 개 회사가 참여하고 있다. 5GAA는 커넥티드카, 모빌리티 등과 관련한 기술, 상호운용성(스펙트럼, 표준), 정책, 시장화 이슈들을 검토하고 추진하기 위해 만들어진 조직으로, 자신들의 임무 중의 하나로 표준화 활동 지원을 꼽고 있다.

5G-ACIA는 5G 기술을 공장 자동화를 넘어 커넥티드 산업(connected industries), 특히 제조업과 프로세스 산업에서 활용하기 위해서는 자신들의

이해와 요구사항을 5G 표준에 반영할 필요가 있다는 인식하에 2018년 4월에 만들어졌다. 5G-ACIA의 주요 목표는 3GPP와 같은 5G 표준화기구와 협력해 5G 표준과 규제에 제조산업의 이해관계가 충분히 고려되도록 하는 것이다.

이들 글로벌 범산업 협의체는 각 분야에서 표준을 주도하고 비즈니스 모델을 수립해 생태계를 형성할 것이다. 국내의 선도 기업들은 각 분야의 글로벌 협력체에 적극 참여해 표준화를 주도할 필요가 있다. 즉, 5G 통신표준 그 자체뿐만 아니라 5G 융복합 서비스와 관련된 국제표준화 체계도 구축함으로써 주도권을 확보하려는 노력이 필요하다. 5G 최초 상용화가 빛을 바래지 않으려면 오지랖을 넓혀서 국내 5G 융복합 서비스의 표준화에 적극적으로 참여해야 한다(이희진, 2019b).

표준 충돌

4차 산업혁명 시대의 융합 산업, 특히 대규모 기술시스템 형성에서 또 하나 눈여겨볼 것은 필자가 표준 충돌이라고 부르는 현상이다. 앞에서 언급한 협력과 연합은 표준 충돌이라는 상황을 막기 위해서도 필요하다. 디지털 혁신으로 인한 산업생태계의 가장 큰 변화는 산업 간의 경계가 무너지고 기업들이 산업 간 경계를 넘나들면서 영역을 확장하는 융복합 산업화이다. 이른바 스마트 인더스트리를 촉진하기 위해서는 이종 산업들의 표준과 정보통신기술 분야의 표준을 융합해야 한다(Stolwijk, Punter and Montalvo, 2017). 융복합 산업화는 표준의 관점에서 볼 때 새로운 현상을 낳고 새로운 조치를 필요로 한다.

기존의 표준경쟁 또는 표준전쟁은 동일 산업 내에서 서로 호환되지 않는 표준 간의 경쟁이었다. 블루레이와 HD-DVD 간 대결에서 보듯이 동일 산업 내에서 호환되지 않는 기술들이 시장 지배를 위해 경쟁하는 모양새였다.

4차 산업혁명 시대의 표준화에서 새로 나타난 현상은 이전까지는 서로 전혀 관련이 없던 산업들 사이에 표준경쟁이 일어나고 있다는 것이다. 대규모 기술시스템을 구성하는 하위 시스템들 사이에서는 자신의 표준 또는 표준체계를 대규모 기술시스템에 반영하기 위한 경쟁이 벌어지기도 한다. 5G가 실현하는 4차 산업혁명 시대에서는 표준경쟁이 동일 사업 분야에서 호환되지 않는 두 기술표준이 싸우는 것이 아니라 서로 상관없이 별개로 발전되어 온 산업 분야에서 개발된 별도의 기술표준들이 부딪히는 형태로 나타날 수 있다. 예를 들어, 통신회사와 자동차 제조회사가 커넥티드카 또는 자율자동차 분야에서 만나 표준과 관련해서 이해관계를 따지는 경우이다. 이러한 상황을 표준전쟁과 대비해서 표준 충돌(standards clashes)이라고 부른다(Eom, Lee and Kim, 2019).

이런 현상은 이미 국내에서 발생한 적이 있다. 2013년 하반기 BMW의 전기자동차 모델 i3의 국내 출시가 발표되면서 전기차 충전 표준에 대한 논란이 시작되었다(허준·이희진, 2015). i3는 콤보 방식의 충전 표준을 사용하는데 이 콤보 방식은 미국, 유럽의 자동차업체들이 채택하면서 사실상 글로벌 전기차 충전 표준으로 인정받고 있었다. 반면 국내에서는 일본 업체들이 개발한 차데모 충전 방식이 표준으로 인정받고 있었다. 얼핏 생각하기에는 국내 자동차 업체들이 국내표준과 호환되지 않는 콤보 표준 사용을 반대했을 것 같지만, BMW의 콤보 방식에 정작 반기를 든 곳은 한국전력이었다. 전력산업이라는 이종 산업에 속하는 한국전력이 글로벌 전기차 표준의 국내 진출에 반발한 것이다. 이는 콤보의 통신표준이 국내 차세대 지능형 전력망인 스마트그리드 통신표준과 충돌을 일으켰기 때문이다. 전기차를 충전하기 위해서는 차량 내 배터리 관리 장치와 충전기 사이에 충전 상태, 과금 등의 정보가 교환되어야 한다. 콤보 표준에서 사용하는 통신기술은 HPGP(HomePlug Green PHY) PLC(Power Line Communication)로 불리는 기술로, 전력선을 통신선으로 사용하는 기술이다. 한편 국내 스마트그리드에서는 원격으로 전기 사용량을 검침할 수 있는 원격검침 인프라가 설치되고 있었는데, 여기서는 검침 정보를 주고받는 통신기술로 또 다른 PLC 기술인 HS(High Speed) PLC를 채택하고 있었다. 문제는 콤보의 HPGP PLC 통신표준과 국내 스마트그리드에서 사용하는 HS PLC 통신표준이 대부분 중첩되는 주파수 대역을 사용하기 때문에 상호 통신 간섭이 발생한다는 점이었다. 이 사례가 주목받는 이유는 서로 무관하게 발전해 왔던 자동차 산업과 전력 산업이 각각 전기자동차, 스마트그리드라는 혁신의 방향으로 가면서 전혀 예상치 못했던 표준 충돌을 겪었기 때문이다.

이런 일은 앞으로도 스마트시티, 스마트홈, 스마트팩토리 등 5G가 만들어내는 새로운 산업생태계에서 더욱 복잡한 형태로 발생할 가능성이 많다. 커넥티드카 무선통신에서도 비슷한 유형의 표준 충돌이 이미 발생하고 있다(Eom, Lee and Kim, 2019). IEEE의 802.11 와이파이 표준을 기반으로 지능형 교통시스템(Intelligent Transport Systems: ITS)을 지원하기 위해 특화된 WAVE(Wireless Access in Vehicular Environments) 표준을 지지하는 DSRC (Dedicated Short-Range Communications) 진영과 셀룰러 무선통신을 기반으로 하는 C-V2X(Cellular-Vehicle-to-Everything) 진영 간의 충돌이다. 전자는 미국 교통부, IEEE, SAE(Society of Automotive Engineers 미국자동차공학회), ETSI(European Telecommunications Standards Institute, 유럽전기통신표준협회)의 지지를 받고 있다. 후자는 3GPP와 에릭슨, 노키아, 퀄컴 등 통신/네트워크 장비/칩셋 분야 글로벌 기업들이 그 중심에 있다. 5GAA는 하이브리드 통신을 제안하고 있긴 하나 C-V2X에 초점을 맞추고 있다. 중국은 셀룰러 기반의 V2X를 정책적으로 추진하고 있다. 이처럼 지역 경쟁과 산업 간 경쟁이 혼재되어 있어, 표준을 둘러싼 합종연횡이 이루어지고 있다.

현재 두 개의 진영이 5.9GHz 주파수 대역을 놓고 경쟁하고 있는데, 이들이 같은 주파수를 활용하려고 하면 통신 간섭이 발생할 수 있다. 각각의 표준에 의해 제조된 자동차 모델 또는 디바이스들이 있는데, DSRC와 C-V2X는 기본적으로 상호 운용되지 않는다(non-interoperable). 그렇기 때문에 각각의 표준을 따르는 차가 도로를 달릴 수는 있지만, 하나는 DSRC, 다른 하나는 C-V2X에 의해 V2V 차량 간 통신을 하도록 만들어졌다면 이 두 대의 자동차 간에 V2V 통신을 하는 데 문제가 발생할 수 있다. 그래서 이 두 표준의 원래 주요 목적인 '차량 간 통신을 통한 충돌 방지'를 달성하지 못하고 사고 위험이 발생할 수 있다(2020년 7월 15일 전문가 면담). 이는 안전에 큰 위협이 된다.

현재 차세대 자동차 무선통신을 둘러싸고 벌어지는 표준 충돌은 특정 국가 또는 지역의 이동통신 표준이 세계적으로 인정되고 시장에서 실질적으로 활용되도록 주도하던 기존의 표준경쟁 양상과는 다르다. 편을 가르는 선이 특정 국가나 지역이 아니라 서로 다른 영역이라고 간주되었던 이종

그림 6-1 **커넥티드카 무선통신에서의 표준 충돌**

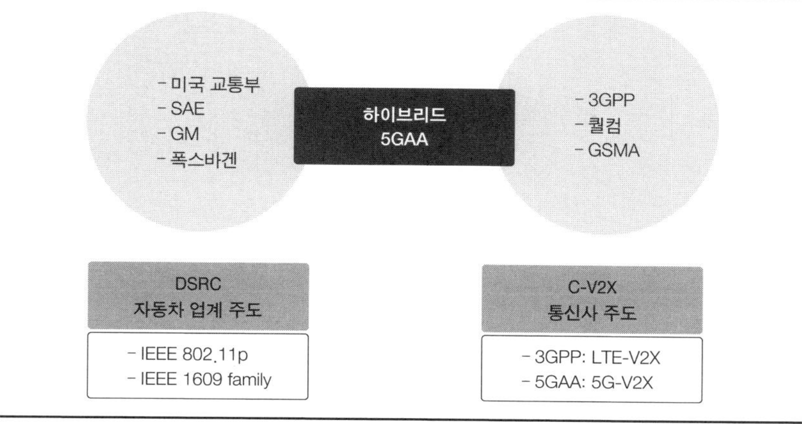

산업 사이의 경쟁으로 나타나고 있다. 이렇게 디지털 시대의 신제품, 신서비스를 위한 혁신과 R&D는 산업의 경계를 넘나들면서 협력과 경쟁이 벌어진다는 점에 주목할 필요가 있다. 이는 신산업의 표준화에 이전과는 다른 복잡성을 더하고 있으며 새로운 접근법이 요구된다는 것을 보여준다.

3 한·아세안 표준협력

한·아세안 대화관계 수립 30주년을 맞아 2019년 11월 부산에서 열린 '2019 한·아세안 특별정상회의'는 우리나라 표준공동체에도 의미 있는 메시지를 남겼다. 회의 결과의 결정체인 '공동의장 성명'의 경제협력 분야에서 한·아세안 표준협력을 언명한 것이다. 즉, "4차 산업혁명의 도전에 보다 잘 대응할 수 있도록 우수 사례와 경험의 공유를 통해 스마트 농업, 미래 환경 및 에너지, 미래 모빌리티와 스마트 라이프, 그리고 로봇 공학과 자동화, 바이오경제, 스마트 전자 및 가전, 차세대 자동차 등 혁신 산업 분야에서의 대한민국과 아세안 간 파트너십 강화"라는 맥락에서 '한·아세안 표준화 공동연구센터' 설립의 가능성을 언급했다.

이 절에서는 지금까지 몇 차례 지적한 '표준을 통한 개발도상국 발전'과 바로 앞 절 '4차 산업혁명과 표준'의 시각에서 한·아세안 표준협력의 의의를 검토한다(국가기술표준원, 2019). 이에 앞서 신남방정책의 시행으로 중요성이 더욱 부각되고 있는 아세안에 대해 알아보자.

아세안의 부상

오늘날 아세안(Association of South East Asian Nations: ASEAN)은 세계 5위 규모의 경제블록으로 성장했다. 2018년에는 명목 GDP가 3조 달러에 육박했다. 이는 2010년보다 50% 이상 증가한 수치이다. 세계 경제에서 아세안이 차지하는 비중도 2010년도 2.9%에서 3.5%로 증가했다. 현재 아세안은 미국(24.2%), EU(22.1%), 중국(15.8%), 일본(5.9%) 다음으로 큰 경제블록이다. 아세안의 실질 GDP 성장률은 2015년 4.8%에서 2018년에는 5.2%로 증가했다. 아세안은 상품 및 서비스 교역에서도 눈에 띈다. 2018년에 상품 교역 및 서비스 교역 각각에서 세계 교역의 7.2%, 6.8%를 기록하며 EU, 중국, 미국 다음으로 세계 4위를 차지했다. 또한 아세안을 대상으로 한 투자가 활발히 일어나 2018년에 아세안 역사상 가장 높은 FDI 유입이 발생해 EU와 미국 다음으로 높은 수치를 기록했다(ASEAN Secretariat, 2019).

아세안은 아세안 물품무역협정(ASEAN Trade in Goods Agreement: ATIGA)에 따라 역내 관세를 철폐하는 데 상당한 성과를 달성했다. 아세안-6라고 칭하는 6개 회원국(인도네시아, 말레이시아, 필리핀, 싱가포르, 태국, 브루나이)은 2019년을 기준으로 99.3%의 관세를 철폐했고, CLMV 국가라고 칭하는 캄보디아, 라오스, 미얀마, 베트남은 97.7%의 관세를 철폐했다. 아세안 전체로 보면 98.6%의 관세가 철폐된 것이다. CLMV 국가와 6개 아세안 회원국 간의 사회경제적 격차가 여전히 존재하는 것이 아세안의 현안 중 하나이다. 그러나 CLMV 국가의 경제성장률이 빠르게 증가하고 있고, 국가 간 소득격차를 측정하는 1인당 GDP는 2000~2018년 사이에 연간 평균적으로 6~10% 증가하면서 아세안-6보다 빠르게 증가하는 모습을 보이고 있다. 이에 따라 향후 아세안 회원국 간 격차는 더욱 줄어들 것으로 예상된다(ASEAN Secretariat, 2019).

빠르게 성장하는 아세안은 우리나라에 중요한 시장으로 떠올랐다. 우선 아세안은 중국 다음으로 큰 교역 상대국이다(〈그림 6-2〉 참조). 2018년 한국과 아세안의 무역량은 약 1610억 달러인데, 이는 한국의 세계 무역량 중 14%에 해당한다(한-아세안센터, 2019b). 잘 알려진 바와 같이 아세안 회원국별 교역 비중은 베트남이 43%로 독보적이며, 인도네시아, 말레이시아, 싱가포르가 각각 12% 차지한다(한-아세안센터, 2019b). 무역 흑자 규모를 보면 인도를 포함한 수치이지만 2017년 515.4억 달러로 중국(442.6억 달러)을 앞선다(한국무역협회 무역통계 K-stat). 이렇듯 아세안은 한국에게 매우 중요한 시장이다.

2018년 한 해에만 아세안에 신규 진출한 한국 법인의 수가 1291개에 달

그림 6-2 **한국의 주요 무역 상대국과 무역액(2018)** 단위: 십억 달러

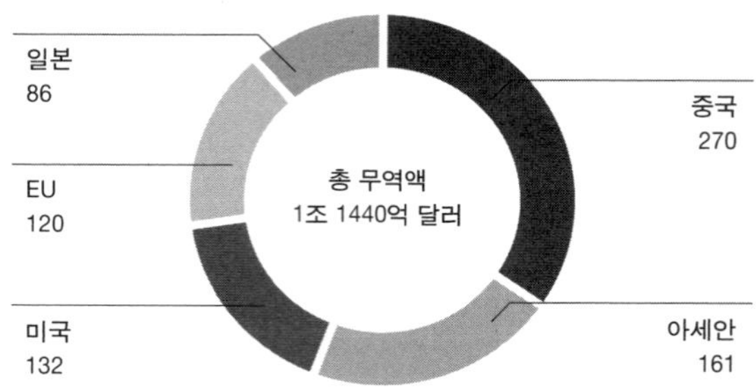

자료: 국제통화기금 무역통계연감; 한-아세안센터(2019a)에서 재인용

하고, 2018년까지의 누적 신규법인 수는 1만 4680개이다(한-아세안센터, 2019b). 한국과 아세안 사이에는 인적 교류도 활발해 아세안은 무역, 투자, 인적 교류 등 다방면으로 한국에게 중요한 협력국이다.

왜 표준인가?

3장 '통합의 도구로서의 표준', 특히 3절 'EU 통합과 표준'에서 보았듯이 무릇 통합을 지향하는 지역공동체에게 첫 번째 과제는 '표준통합' 또는 '표준조화'이다. 단일시장 구축을 지향하는 아세안에게는 지역 내 표준조화가 현안이다.

아세안의 비전을 세우는 주요 문서인 '아세안 연계성 마스터플랜 2025(Master Plan on ASEAN Connectivity 2025)'는 경제공동체를 향한 통합의 문제를 주요 과제로 설정한다. 마스터플랜은 물리적 연계성, 제도적 연계성, 인적 연계성, 세 가지 축으로 구성되어 있다. 제도적 연계성을 증진하기 위한

핵심 전략 중 하나인 규제 혁신의 일환으로는 표준 및 기술 규제의 조화 또는 상호인정을 강조한다. 특히 세부 이니셔티브 10번은 3개 우선 상품군(화장품/의약품, 농산품/식품, 건축자재)을 선정해 표준, 상호인정, 기술 규제의 완전한 조화를 추진한다(ASEAN Secretariat, 2016: 60). 쉽게 말하면, 이 세 분야에서 아세안 10개국의 규정 및 표준을 조화시켜서 상품들이 한 나라 내에서 이동하는 것처럼 자유롭게 오갈 수 있게 하겠다는 뜻이다.

현재 아세안 표준조화와 적합성평가는 경제공동체 산하 '아세안 표준·품질 자문위원회(ASEAN Consultative Committee on Standards and Quality: ACCSQ)'가 담당한다. 1992년에 설립된 ACCSQ는 "어디에서나 인정되는 하나의 표준, 하나의 시험"을 최종 목표로 아세안 회원국의 국가표준을 국제표준과 조화시키고, 적합성평가 결과를 상호 인정해 무역장벽을 줄이고자 한다.[11] 아세안과 ACCSQ는 '아세안 경제공동체 청사진 2025(ASEAN Economic Community Blueprint 2025)' 아래 경제공동체를 지향하고 있으며, 표준 및 기술 규제에 관한 우수 규제 관행의 정착을 추구하고 있다. 특히 표준분야에서는 '아세안 표준 및 적합성 전략 계획 2016~2025(ASEAN Standards and Conformance Strategic Plan 2016~2025)'를 시행하고 있다. 또한 아세안의 씽크탱크인 ERIA(Economic Research Institute for ASEAN and East Asia)의 '아세안 비전 2040(ASEAN Vision 2040)'의 주요 비전 중 하나인 '우수 규제관행과 거버넌스로 뒷받침되는 통합·연결된 아세안(Seamless ASEAN)'을 실행하기 위한 주요 축으로 표준을 들고 있다.

---

11 여기에 제시된 아세안 표준 관련 문서의 한글 번역본은 https://i-standard.kr/에서 볼 수 있다.

그림 6-3 **아세안 연계성 마스터플랜 중 효과적인 규제(regulatory excellence)의 전략 목표 및 핵심 이니셔티브**

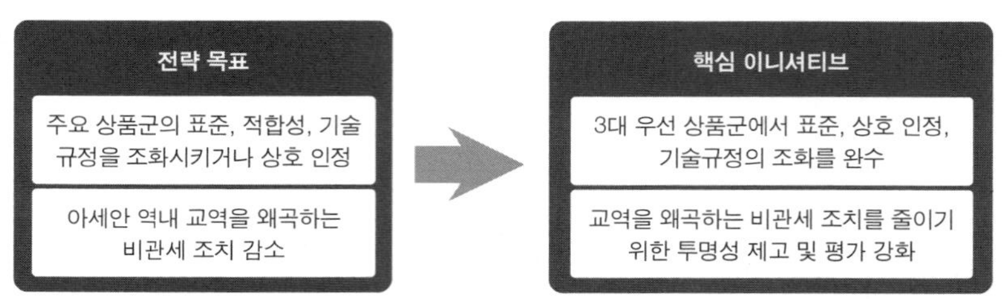

자료: ASEAN Secretariat(2016)

표준조화는 지역 내의 통합을 위해서나, 이를 기반으로 대외적으로 국제 표준 대응을 통해 세계 시장을 공략할 수 있다는 점에서나 매우 중요하다. 아세안에서 무역장벽으로 가장 빈번하게 보고되는 문제가 국가 기술 규제에 근거한 인증이라는 점을 감안할 때 이러한 문제를 해소하는 것이 아세안 통합에 기여할 것이며, 아세안 역내의 그리고 아세안과 국제무역 대상국과의 자유로운 상품 이동을 촉진시킬 것이다(ASEAN Secretariat, 2016: 59).

그러나 아세안은 표준과 적합성 분야에서 기술적 역량 및 물리적 인프라 부족, 거버넌스 불안정 또는 복잡성의 문제 등에 직면하고 있다. 당면 과제로는, 기술적 역량 측면에서는 시험소·인정기관·중소기업의 표준 준수 역량의 부족, 물리적 인프라 측면에서는 시험시설·IT 인프라 부족, 거버넌스 측면에서는 복잡한 표준 채택 및 개정 절차·관련 법 또는 규정의 개정 필요, 불명확한 규제 체계, 이해관계자와의 커뮤니케이션 부족 등을 들 수 있다(Prassetya and INTAL Jr., 2015). 따라서 역량 강화, 기술 협력, 인프라 지원 측면에서 아세안과 표준 영역에서 협력하는 것은 아세안의 표준화에 기여할 것이며, 향후 우리 기업의 수출 및 투자 진출에 유리한 표준 기반을 만드는 기초 작업이 될 것이다.

또한 표준협력은 이 책에서 개발도상국과 관련해 자주 다루었듯이 우리나라 국제개발협력이 무역을 위한 원조와 지속가능개발목표에 기여할 수 있는 주요한 수단이다.

왜 4차 산업인가?

앞 절에서 보았듯이 4차 산업혁명 시대의 디지털 산업 및 디지털 무역에서는 새로운 표준화 이슈가 부상하고 있다. 4차 산업혁명에서 파생한 새로운 기술과 분야는 표준·인증·적합성평가 측면에서도 아세안에 새로운 기회와 도전을 가져온다. 표준화는 '아세안 비전 2040'의 주요 비전 중 하나이자 디지털 시대 및 4차 산업혁명 시대로의 변화에 따라 혁신적인 아세안을 도모하는 '디지털 아세안(Digital ASEAN)'을 실행하기 위한 주요 축이다. 한국과의 표준협력은 아세안에게 이런 비전을 실행하는 도구를 제공할 수 있으며, 우리나라에도 기회가 된다.

한국은 3대 기반경제 및 8대 선도 산업을 뒷받침하기 위해 대표적인 신성장 동력이 될 수 있는 10대 표준화 분야를 선정해 전략적 표준화를 추진하고 있다(〈표 6-2〉 참조).

아세안은 1차 산업 및 2차 산업에서의 표준화 수요도 높지만, 새로 부상하는 부문에서의 표준화 수요도 높다. 예를 들어, 아세안에서는 인프라 개선을 위한 수요가 높으므로 스마트시티 사업의 일환으로 지능형 교통시스템을 표준화하는 것은 경제 발전, 산업 발전 수준과는 별개로 반드시 필요

표 6-2 **4차 산업혁명과 10대 표준화 분야**

구분	세부 분야
3대 기반경제	데이터, 인공지능, 수소경제
8대 선도 산업	스마트공장, 스마트팜, 핀테크, 에너지신산업, 스마트시티, 드론, 미래자동차, 바이오 헬스
10대 표준화 분야	전기자율차, 에너지(수소), 지능형로봇, 스마트제조, 바이오헬스, 드론, 스마트시티, 시스템반도체, 디스플레이, 스마트팜
	10대 표준화 분야에서 국제표준 300종, 국가표준 300종 개발 추진

하다. CLMV 국가와 다른 아세안 회원국 간의 사회경제적 격차가 줄어들면 인프라 등에 대한 수요가 높아지고 새롭게 부상하는 분야에 대한 인식도 높아질 것이다. 아세안에서도 스마트시티 등 새롭게 떠오르는 인프라 분야에 대한 수요가 증가하고 있으며, 표준화 필요성 역시 높아지고 있다. 국제표준화에서는 협력과 파트너십이 필수적으로 요구된다. 따라서 아세안과 한국이 신융합 산업 및 기술 분야에서 협력해 기여할 수 있는 가능성이 있다. 이는 미래지향적인 표준협력 모델이 될 수 있다.

이들 분야에서는 아직 다른 나라와의 표준협력 프로그램이 많지 않다. 따라서 이런 분야를 선도하는 것은 우리에게 기회가 될 수 있다. 일본, 미국, EU, 중국 등이 다양한 표준 원조 프로그램을 진행하고 있지만 이러한 프로그램이 단속적으로 이루어지고 있고, 또한 각 나라는 자국의 방식으로 표준, 기술, 시스템, 제도를 이식해 이들이 분절화하는 경향이 나타나고 있다. 그리고 어느 주요 공여국도 아직 주도권을 잡지 않은 상태이다. 따라서 우리나라가 일관성 있고 지속가능한 한·아세안 표준협력 프로그램을 진행한다면 이는 아세안 통합에 기여하고 우리나라 기업의 아세안 진출에 우호적인 여건을 마련할 수 있는 분야이다.

한·아세안 표준협력은 신남방정책에서 표명한 것처럼 한·아세안 상생 번영 공동체를 구현하기 위한 호혜적·미래지향적인 상생의 경제협력 기반을 구축하는 과제에 부합한다. 국내 기업의 수출 및 투자를 원활하게 하기 위해 아세안의 표준화에 기여하고 통상 인프라를 한국 친화적으로 발전시키는 것이 대(對)아세안 통상전략의 첫걸음이다. 베트남을 넘어 범아세안(ASEAN-wide)을 대상으로 통상 인프라의 한 축인 표준·인증·적합성평가 인프라에 대한 정보를 선제적으로 수집하고 아세안 표준화에 기여하면서 한·아세안 규제협력을 통해 한국 친화적 시스템을 정착시킨다면 한국 기업의 아세안 진출을 도울 수 있을 것이다.

중국은 일대일로 전략에서 보듯이 표준을 하나의 지렛대로 삼고 있다. 우리도 아세안 지역 전략의 하나로서 표준협력을 강화할 필요가 있다. 한국과 아세안 간의 표준협력은 아세안을 통합하는 데 필요한 표준화 작업에 우리나라가 기여할 수 있게 할 뿐만 아니라 한국과 아세안의 경제협력을 촉진하는 데에도 중요하다. '2019 한·아세안 특별정상회의'의 '공동의장 성명'에서는 향후 협력 분야로 '한·아세안 표준화 공동연구센터' 설립이 언급되었다. 5장에서 보았듯이 미국과 중국은 기술표준을 둘러싸고 지정학과 국제전략 차원의 경쟁을 벌이고 있다. 이런 관점에서 볼 때, 아세안과의 표준협력은 단순히 특정 산업이나 인증 분야에서 아세안으로 진출한다는 인식을 넘어서서 경제, 통상, 나아가 지정학 차원에서 우리나라의 운신의 폭을 넓히는 공간으로 바라볼 필요가 있다.

4 표준의 사회과학

표준은 우리 삶을 둘러싸고 우리의 행동 하나하나에 영향을 미친다. 우리가 먹고 마시는 식음료나 요즘 부쩍 가치가 높아진 마스크에서부터 스마트폰, 5G무선통신에 이르기까지 모든 물건과 서비스, 그리고 물건을 만드는 과정, 서비스가 제공되는 절차에 표준의 손이 닿지 않는 것은 없다. 어떤 의미에서 우리의 행위와 삶은 표준이 정해준 틀 내에서 이루어진다. 더욱이 표준은 기업과 산업경쟁의 기반이 된다. "특정 물건은 특정한 목적을 충족시키기 위해 특정한 절차를 준수해서 만든다"라는 명제, 즉 표준을 설정하는 것은 관련 산업의 경쟁에서 심대한 영향력을 미칠 수 있다. 표준 설정은 단순히 물건을 만들고 서비스를 제공하는 데 유리하다는 장점을 넘어서서 경쟁의 규칙을 정하고 완전히 새로 판을 짜는 효과가 있다. 그래서 중국의 산업계와 정부는 "삼류 기업은 제품을 만들고, 이류 기업은 개발을 하고, 일류 기업은 표준을 만든다"라는 말을 공공연하게 한다. 표준을 둘러싼 경쟁은 이제 기업과 산업의 차원을 넘어서서 국가 차원의 경쟁, 나아가서 세계 전략의 일환으로까지 활용되고 있다.

표준은 경쟁의 수단이지만, 다른 한편으로는 한 사회가 유지되기 위한, 또는 둘 이상의 사회나 국가가 상호 교류하거나 통합해서 원활하게 돌아가기 위한 공통의 문법이자 윤활유와 같은 역할을 한다. 평양표준시의 사례에서 본 바와 같이 표준은 정치적 상징물이기도 하다. EU와 아세안은 지역통합을 지향하고 이 과정에서 표준조화를 주요 과제이자 도전으로 배치한다. 우리에게도 비슷한 과제가 놓여 있다. 앞으로 단기적이든 장기적이든 어떤 형태로이든 북한과의 교류가 있을 것이다. 이 교류가 원활하게 이루어지기 위해서는 상호 표준에 대한 조사와 연구가 필수적이다. 독일의 표준통합은 우리에게 남북관계의 좋고 나쁨과 상관없이 북한 표준 및 남북 표준협력 가능성을 꾸준하게 조사하고 연구해야 한다는 교훈을 남긴다.

표준은 끊임없이 변화하고 발전하는 세상 속에서 새로운 역할을 부여받기도 하고, 우리에게 새로운 과제를 안기기도 한다. 표준은 개발도상국을 기존의 선진국 중심의 지식 틀이나 기술 체제 아래 묶어두는 도구로 작동하기도 하지만, 개발도상국이 산업 발전과 경제성장을 위해 불가피하게 받아들여야 하는 틀이기도 하다. 오늘날의 무역에서는 농수산식품의 수출과 공산품의 수출 등 모든 영역에서 표준, 기술 규제 등의 영향력이 점점 커지고 있다. 선진국 시장에 물건을 팔기 위해서는 반드시 표준을 준수해야 한다. 개발도상국은 표준을 통해 선진 기술과 지식을 축적할 수 있다. 이는 미국, 유럽, 일본이 지배하던 국제표준체제에 진입한 한국과 중국이 거쳐온 길이기도 하다. 한국 등 공여국은 표준의 사회개발에 대한 중요성과 경제 발전에서의 잠재력에 대한 인식을 제고하는 한편, ODA에서 표준 인프라를 구축하는 사업을 구상하고 발굴할 필요가 있다. 앞에서도 보았듯이 표준은 지속가능개발목표를 달성하는 데에도 기여할 공간이 많다.

향후 표준의 관점에서 경쟁이 가장 치열할 것으로 예상되는 분야는 4차 산업혁명 또는 디지털 혁신과 관련된 융합 기술, 산업 또는 서비스 분야이다. 융합 산업은 표준개발, 제정 등에서 새로운 시각을 요구한다. 융복합은 지금까지 서로 상관없이 별개로 존재해 왔던 산업 간의 협력을 필요로 하는데, 이는 표준의 영역에서도 마찬가지이다. 융복합은 표준경쟁의 양상도 변화시킨다. 동일 산업 또는 유사 기술 분야에서 호환되지 않는 기술형식들 간에 표준경쟁 또는 표준전쟁이 벌어지던 것과는 달리, 전혀 연관이 없던 산업에서 개발되고 사용되던 표준들 사이에서도 표준 충돌이 일어나는 경우가 생기고 있다. 스마트시티 등 대규모 기술시스템의 발전은 표준을 개발하고 활용하는 데서 새로운 시각과 실행을 요구하고 있다. 특히 이러한 신기술 분야에서 이루어지는 중국의 국제표준화 시도는 단지 기술표준 경쟁이라는 시각을 넘어 지정학적 전략 경쟁이라는 관점에서 주시할 필요가 있다.

표준이 만들어지는 과정은 그 자체가 치열한 경쟁의 장이다. 별로 중요하지 않아 보이는 식료품 포장에 어떤 정보를 어떤 형식으로 표시하는지조차도 생산에 참가하는 개발도상국의 농부와 수출업체들에게 큰 영향을 미치며 이는 많은 참가자의 이권과 관련되어 있다. 하물며 스마트폰, 5G 무선통신, 스마트시티 등과 관련된 표준에 대해서는 이 책에서 누누이 강조해 왔기 때문에 더 이상 말할 필요도 없을 것이다. 이들 표준이 정해지는 과정에서는 이해당사자들의 합종연횡과 타협, 협상, 또는 정치적 암투가 기술위원회 차원에서부터 산업, 국가, 국제 차원에 이르기까지 일상적으로 벌어진다. 이 책의 부제로 '정치경제학'을 강조한 이유가 여기에 있다.

무릇 표준은 기술 및 경제 영역의 현상이자 사회 영역과 정치 영역의 현상이기도 하다. 따라서 표준 연구에서도 기술 영역을 넘어서는 사회과학에 기반한 접근을 요구한다. 표준은 사회과학의 연구대상이다. 그러나 '표준학'이라 부를 수 있는 분과 학문은 존재하지 않는다. 굳이 분과 학문까지 필요하지는 않겠지만 다양한 분야에서 표준을 연구하는 사회과학자 또는 학제적 연구자들을 묶는 틀은 필요하다.

필자가 과문한 탓인지 모르지만 표준의 사회과학 및 학제적 연구자들이 모이는 표준 학문공동체로는 유럽표준학회가 유일한 듯하다. 1993년 창립된 유럽표준학회(European Academy for Standardisation: EURAS)[12]는 경제학, 공학, 법학, 기술경영, 정보과학 등 다양한 학문 분야의 연구자들이 모여 표준의 정책적·전략적·사회경제적 영향 등에 관한 학술적 논의를 펼치는 장이다. 우리나라에는 '표준인증안전학회'[13]가 있고, 국가기술표준원의 노력으로 표준 전문인력을 양성하기 위한 표준 전문대학원 과정이 2019년부터 세 개 대학에서 개설되었는데, 이는 매우 고무적인 일이다.

표준 연구가 정착되기 위해 특히 후속 세대 전문 연구자들의 관심과 연구가 필요한 분야를 제안하면서 이 책을 맺고자 한다.

중국이 국제표준 분야에서 이룬 성장은 '표준 굴기'라 해도 어색하지 않다. 중국 표준의 급성장은 지금까지 일부 표준 연구자에 의해서만 다루어져 왔으나, 최근 5G 또는 화웨이 사태를 겪으면서 중국의 기술표준 문제에 대한 관심이 전문가 집단뿐만 아니라 대중 사이에서도 높아졌다. 앞에서도 잠깐 언급했듯이 인공지능, 플랫폼 등에 기반한 얼굴인식기술과 뉴IP는 중국 표준화의 새로운 교두보가 될 것이다. 4차 산업혁명 시대에서 중국이 구사하는 국제표준화 전략과 전술은 우리나라의 산업전략에도 시사하는 바가 매우 크다. 1970년대 말 중국이 개혁개방 정책을 취하고 글로벌 가치

12 http://www.euras.org/

13 http://www.standards-standardization.org/. 2010년 '표준학회'가 창립되었고, 2018년 '표준인증안전학회'로 학회명이 변경되었다. 이는 국가기술표준원의 주요 업무인 표준, 인증, 안전을 포괄하는 데 그 목적이 있다.

사슬에 참여한 이후, 미국과 중국 두 나라의 경제적 관계의 전형은 "미국 기업이 제품을 표준화하고 그 이익을 선점하면, 중국 기업은 이를 모방해 사업을 전개하는 형태였다. 그러나 이미 많은 분야에서 중국의 메가테크 기업이 기술이나 사업을 표준화하면서 미국 '본가'의 지위를 위협하고 있다"(다나카 미치아키, 2019: 4~5). 5G 기술표준과 화웨이를 둘러싼 중국과 미국의 분쟁은 중국이 이미 세계 표준전쟁에서 주요 플레이어로 등장했다는 것을 보여준다. 즉, 몇몇 분야에서 중국은 표준 채택자(standards-follower)에서 표준 설정자(standards-setter)로 위상이 바뀌었다. 이런 경향은 5G에 그치지 않고 새로운 기술 및 산업 분야로 확장될 가능성이 다분하다.

이는 다양한 전선에서 한국이 어떤 입장과 작전을 가지고 임해야 하는지에 대한 질문을 던진다. 또한 이는 화웨이 사태를 맞아 당장 어느 줄에 서야 하는가 하는 관점을 넘어서서, 거시적이고 미래지향적인 목표를 세우고 구체적인 전술과 전략을 세워야 하는 이유이기도 하다. 중국의 표준 굴기, 특히 정보통신기술 분야에서 중국 표준의 위상이 높아지는 것은 중국보다 먼저 정보통신기술 분야에서 국제표준화 전략을 취해온 우리에게는 분명 큰 위협이다. 이 시점에서 우리에게 필요한 것은 중국(국제)표준화의 현재를 직시하고 미래를 준비하는 것이다. 우리는 중국을 경쟁의 대상으로서뿐만 아니라 협력의 대상으로서도 인식해야 하며, 어떤 분야에서 중국과 협력할지, 이를 위해 어떤 전략과 전술이 필요할지 고민해야 한다. 이를 위해서는 지속적으로 중국의 표준 동향을 모니터링하고 연구해야 한다.

이 책에서는 다루지 못했지만, 2019년 한일 관계의 파열을 정점으로 치닫게 한 일본의 수출규제와 관련된 소재, 부품, 장비 산업에도 표준의 힘이

숨어 있다. 부품, 소재, 장비 등 기계 분야에서 일본이 만들어놓은 표준이 글로벌 표준으로 자리 잡고 있기 때문이다. 현재 관련 분야에서 정부, 연구소, 기업 등 민관의 협력으로 많은 진전이 이루어지고 있지만 장기적으로는 정보통신기술 분야에서 우리가 국제표준계의 주연급으로 등장한 것처럼 이들 부품, 소재, 장비 분야에서도 국제표준화를 이루려는 노력이 필요하다.

아세안과 표준협력을 하는 것은 개발도상국의 표준 인프라를 개발하는 공적개발협력의 측면에서는 물론, 지속가능개발목표의 측면에서도 개발도상국의 발전에 기여할 수 있다. 더구나 4차 산업혁명과 관련된 신기술 분야는 한국과 아세안 양측에게 국제표준의 기성 세력에 대해 의미 있는 도전을 할 수 있는 기회의 창이다.

남북 표준 연구의 중요성은 다음의 말로 대신한다. 3장에서도 언급했지만 우리나라 헌법 제127조 제2항은 "국가는 국가표준제도를 확립한다"라고 명시하고 있다. 남북 표준에 관한 연구는 우리에게 주어진 헌법적 책무인 것이다.

이 책이 표준에 관심 있는 독자와 관련 연구자에게 도움이 되고, 표준 연구의 작은 출발점이 되기를 바란다.

저자 후기

학자로서 제대로 된 저서가 없어서 항상 마음이 불편했다. 10여 년 전 박사논문의 주제인 시간과 정보기술에 관해 적은 분량의 책을 출판하기는 했지만, 학술서는커녕 저서라고 하기에도 미약한 수준이었다.

따라서 표준이 세계 언론의 표면에 부상한 덕에 적어도 미·중 분쟁의 원인에 대해 관심 있는 사람들에게 표준이 인지된 것은 나에게는 무척 반가운 일이다. 화웨이를 둘러싼 미국과 중국의 분쟁은 '기술전쟁'이다. 표준을 화두로 삼아 공부해 온 필자 입장에서 보면 미·중 분쟁은 다름 아닌 '표준전쟁'이자, 나아가 '표준 세계대전'이다. 5G 기술표준을 근본적 원인으로 하는 화웨이 사태가 확대된 것은 이제 정말 책을 써야 할 시점이라는 강한 동기를 부여해 주었다. 이 책의 집필은 학문공동체의 일원에게 부여되는 조그마한 책임, 즉 지식의 사회적 확산이라는 책임을 다한다는 소박한 생각으로 시작했다. 학술적 논문은 아무래도 독자의 수가 제한될 수밖에 없기 때문이다.

젊었을 때부터 좋아하는 말이 있다. "사람은 말할 수 없는 것에 대해서 침묵해야 한다(Wovon man nicht sprechen kann, darüber muß man schweigen)"

라는 철학자 비트겐슈타인의 말이다. 철학의 맥락에서 이 말의 깊은 뜻을 제대로 이해하지는 못하지만 나 나름의 방식으로 해석해서 삶의 지침으로 삼고 있다. "모르는 것에 대해서는 말하지 말자"라는 것이다. 전문가와 지식인에 대한 신뢰가 땅에 떨어진 오늘날의 한국 사회에서 더욱 맞는 말이라는 생각이 든다. 책을 쓰고자 결심한 것은 적어도 표준 분야에서는 남 못지않게 알고 말할 자격이 생겼다고 생각하게 되었기 때문이다.

역설적이지만 이 책을 마무리하는 데 가장 기여한 것은 코로나19로 인한 사회적 거리 두기이다. 코로나가 한창 기승을 부릴 때 한 친구에게 요즘 책 쓰는 작업에 집중하고 있다고 했더니 "코로나인데도!?"라는 반응을 보였다. 나는 즉시 "아니, 코로나 덕분에"라고 응수했다. 지난 이삼 년 동안 지지부진하던 일이 몇 달 만에 가닥이 잡히기 시작했다. 코로나 덕이다. 사회적 생활을 끊으니 책 쓸 시간이 생겼다. 한편으로는 소위 공부한다는 사람이 얼마나 방만한 세월을 살아 왔는가를 깨닫게 되었다.

전공이나 연구 분야가 무엇이냐는 질문을 받을 때면 뭐라고 답할지 애매할 때가 많았다. '표준'이라고 하면 잘 모르는 사람이 많기 때문이다. 그래서 기술과 관련된 문제를 연구한다면서 얼버무리곤 했다. 이는 박사과정을 하면서, 그리고 박사 취득 후 연구자의 길을 가기 시작하면서 부딪혔던 상황과도 비슷하다. 당시에는 정보통신기술이 시간에 미치는 영향을 연구했는데 시간과 컴퓨터를 공부한다고 하면 많은 경우 대화가 어색하게 끊겼다. 어쩌면 이런 이유 때문에 시간이라는 주제에 관해서는 지금까지 석사나 박사과정 학생을 지도할 수 있는 기회가 없었는지도 모른다. 변명이지만 시간과 정보통신기술의 관계에 대한 필자의 사고도 20여 년 전 하던 이야기가 별반 다르지가 않다.

이 책은 전공이 무엇이냐는 질문에 대한 필자의 답이다. 이 책을 통해 표준이 중요하고 사회과학의 주제로서 연구할 가치가 있다는, 아니 연구해야 한다는 생각을 전달하고자 했다. 아무쪼록 표준에 대한 관심을 높이는 계기가 되었으면 한다.

강기봉. 2017.「저작권법상 호환에 관한 연구」. ≪정보법학≫, 제21권 제2호, 1~39쪽.

강병구. 2009.『'표준'이 시장을 지배한다: 표준전쟁에서 이기기 위한 5가지 전략』. SERI 연구에세이 41. 삼성경제연구.

강병우. 2019a.「표준특허 분쟁: 삼성 대 애플의 사례」. 이희진·주한나·최동근 편저.『4차 산업혁명과 표준화: 사례 모음』. 박영사, 43~59쪽.

_____. 2019b.「표준특허 분쟁: 삼성 대 애플의 사례」. 이희진·주한나·최동근 편저.『4차 산업혁명과 표준화: 사례 모음』. 교육 목적용 비공개 자료.

강성진. 2019.「식품표시 표준제도 현황과 통상 쟁점」. 안덕근·김민정 편저.『WTO 무역기술장벽 대응체제와 표준정책』. 서울대학교출판문화원.

≪경향신문≫. 2010.8.9. "1961년 표준자오선 동경 135도로 변경". http://news.khan.co.kr/kh_news/khan_art_view.html?artid=201008092147425&code=100100#csidxc8f3eaba29795599ffe63325670aace(2020년 4월 1일 검색).

곽동철. 2019a.「한·미 정보통신 기술표준 통상갈등과 FTA 통신 챕터: WIPI 사례와 한미 FTA를 중심으로」. 이희진·주한나·최동근 편저.『4차 산업혁명과 표준화: 사례 모음』. 박영사, 109~128쪽.

_____. 2019b.「5G 시대의 사실표준화기구와 TBT협정과의 관계: 3GPP와 TBT협정 제2.4조 해석을 중심으로」. ≪국제경제법연구≫, 제17권 제1호, 113~145쪽.

곽동철·박정준. 2018.「FTA 체제 하 정보통신 기술표준화의 주요 쟁점과 정책적 시사점: 기술선택의 유연성 조항을 중심으로」. ≪국제통상연구≫, 제23권 제1호, 101~125쪽.

곽주영. 2018.「지속가능 성장 전략으로서의 국제표준화와 개도국의 과제: 중국 간쑤성의 쿠슈이 장미오일 사례를 중심으로」. ≪국제개발협력연구≫, 제10권 3호, 55~83쪽.

_____. 2018.12.15. "미중 무역전쟁은 기술 표준 전쟁이다". ≪조선일보≫.

_____. 2019a.「중국의 고려 인삼 재배 기법 국제표준화 사례」. 이희진·주한나·최동근 편저.『4차 산업혁명과 표준화: 사례 모음』. 박영사, 183~199쪽.

_____. 2019b.「중국 표준정책 발전과 무역기술장벽의 쟁점」. 안덕근·김민정 편저.『WTO 무역기술장벽 대응체제와 표준정책』. 서울대학교출판문화원.

곽주영·이희진. 2017.「표준화 관점에서 본 중국의 일대일로 전략: 고속철도 기술의 사례」. ≪한국공공관리학보≫, 제31권 제3호, 345~364쪽.

국가기술표준원. 2019.『한-아세안 표준화 협력센터 설립방안 연구』. 2019년도 국가기술표준원 학술연구용역 연구보고서.

김범수. 2012. 「'호주인'의 경계 설정: 호주 민족 정체성의 등장과 변화」. ≪아시아리뷰≫, 제2권 제1호, 207~244쪽.

김상배. 2014. 「사이버 안보 분야의 미·중 표준경쟁: 네트워크 세계정치학의 시각」. ≪국가정책연구≫, 제28권 제3호, 237~263쪽.

김준엽·이희진. 2018. 「UN 지속가능개발목표(SDGs)와 표준의 기여와 역할」. ≪국제개발협력연구≫, 10(3), 3~19쪽.

김지환·정아름·김인희·신정우. 2018. 『5G 이동통신의 시장 확산 방안 연구』. 기본연구 18-04. 정보통신정책연구원.

다나카 미치아키(田中道昭). 2019. 『미중 플랫폼 전쟁: GAFA vs BATH』. 정승욱 옮김. 세종.

≪동아일보≫. 2007.5.8. "한-EU FTA 한국측 협상단 누가 뛰나?" https://www.donga.com/news/Economy/article/all/20070508/8439131/1(2020년 7월 19일 검색).

_____. 2019.10.24. "산업 융합형 '5G+' 내세워 세계 표준 만들기 야심 드러내는 중국". http://www.donga.com/news/article/all/20191024/98042407/1(2020년 2월 13일 검색).

≪디지털타임스≫. 2009.1.13. "LG화학, GM에 전기차용 배터리 공급". http://www.dt.co.kr/contents.html?article_no=2009011402010932741002(2020년 7월 23일 검색).

라투르, 브루노(Bruno Latour) 외. 2010. 『인간·사물·동맹: 행위자네트워크 이론과 테크노사이언스』. 홍성욱 옮김. 도서출판 이음.

로즈, 토드(Todd Rose). 2018. 『평균의 종말』. 정미나 옮김. 21세기북스.

맥니콜, 톰(Tom McNichol). 2007. 『표준 전쟁』. 박병철 옮김. 알마.

부시, 로런스(Lawrence Busch). 2015. 『표준: 현실을 만드는 레시피』. 이종삼 옮김. 한울.

서정경. 2015. 「지정학적 관점에서 본 시진핑 시기 중국 외교: 일대일로(一帶一路) 전략을 중심으로」. ≪국제정치논총≫, 제55집 2호, 225~257쪽.

아산정책연구원. 2017. "조지 오웰의 악몽: 중국의 사회신용시스템". http://www.asaninst.org/contents/%EC%A1%B0%EC%A7%80-%EC%98%A4%EC%9B%B0%EC%9D%98-%EC%95%85%EB%AA%BD-%EC%A4%91%EA%B5%AD%EC%9D%98-%EC%82%AC%ED%9A%8C%EC%8B%A0%EC%9A%A9%EC%8B%9C%EC%8A%A4%ED%85%9C/(2020년 5월 25일 검색).

앨스타인(M. Van Alstyne)·초더리(S. Choudary)·파커(G. Parker). 2017. 『플랫폼 레볼루션』. 이현경 옮김. 부키.

엄도영·김동휴·이희진. 2015. 「EU의 표준화 정책과 FTA에 대한 함의: 한-EU FTA와 한-미 FTA의 비교분석을 중심으로」. ≪동서연구≫, 제27권 3호, 101~129쪽.

≪에너지데일리≫. 2019.9.30. "KT 에너지사업, 어떻게 구성·진행되나". http://www.energydaily.co.kr/news/articleView.html?idxno=102426(2020년 4월 20일 검색).

연합뉴스. 2006. 『표준전쟁: 총성 없는 3차 대전』. 연합뉴스.

오상조·김용영·이희진. 2006.「정보통신 국제표준을 향한 후발 진입자의 전략: 개방성」.『제2회 정보통신표준화 우수논문집』. 한국정보통신기술협회, 125~139쪽.

원동욱. 2016.「중국의 지정학과 주변외교: "일대일로"를 중심으로」. ≪현대중국연구≫, 17권 2호, 293~328쪽.

윤성학. 2018. "시진핑의 일대일로' 위기일발". ≪신동아≫, 10월호. https://shindonga.donga.com/Library/3/04/13/1471285/1(2020년 4월 17일 검색).

≪이데일리≫. 2016.9.26. ""시속 500km 고속철 앞세운 중국 '철도굴기(崛起)' 초고속철 프로젝트 올해부터 본격 가동터키·태국·印尼 등 고속철 수출 3000km↑". http://m.media.daum.net/m/media/economic/newsview/20160926150206731(2020년 3월 2일 검색).

이주란. 2019. "남북 품질 협력에 관하여". 남북 표준·품질 경제협력 방안 토론회. 2019.1.29. 국회의원회관.

이효진. 2020. "중국의 개인 신용평가시스템 추진 현황". 중국전문가포럼. 대외경제정책연구원. https://csf.kiep.go.kr/issueInfoView.es?article_id=37240&board_id=2&mid=a20200000000&search_option=&search_keyword=&search_year=&search_month=¤tPage=1&pageCnt=10(2020년 5월 25일 검색).

이희상·문승연. 2018.「개발도상국에 대한 기술표준 역량 강화의 UN 지속가능개발목표 기여에 대한 연구: 한국의 기술표준부문 ODA를 중심으로」. ≪국제개발협력연구≫, 제10권 3호, 21~53쪽.

이희진. 2006.『정보기술은 시간을 어떻게 변화시킬까?』. SERI 연구에세이 41. 삼성경제연구소.

______. 2019.6.21. "미국 대 중국의 '표준 세계전쟁', 우리는 무엇을 해야 하나". ≪한겨레≫.

______. 2019a. "남북 경협을 위한 표준·품질 협력 방안". 남북 표준·품질 경제협력 방안 토론회. 2019.1.29. 국회의원회관.

______. 2019b. "표준의 관점에서 본 5G 생태계: 표준은 정해졌다, 이제부턴 속도다. 비즈니스 생태계 조성에 올인하라". ≪동아비즈니스리뷰(DBR)≫, 2019년 6월 2호. No.275, 54~63쪽.

이희진·엄도영. 2019.「호주 철도 역사에서 발생한 '궤간 단절'」. 이희진·주한나·최동근 편저.『4차 산업혁명과 표준화: 사례 모음』. 박영사.

이희진·오상조. 2008.「중국의 정보통신기술 표준전략-한국의 정보통신산업에 주는 함의」. ≪정보화정책≫, 15권 4호(겨울), 55~68쪽.

이희진·주한나·최동근 편저. 2019.『4차 산업혁명과 표준화: 사례 모음』. 박영사.

정경민·김종윤·허귀식·김원배. 2006.8.26. "[표류하는 국가 표준] 5. 남북의 표준 통일(끝)". ≪중앙일보≫. https://news.joins.com/article/1663585(2019년 1월 11일 검색).

정무섭·신원규. 2019.「수입 농수산식품 검사인증 분야에 있어서 ODA를 활용한 개도국과의 상생무역협력 방안」. ≪무역학회지≫, 44(2), 287~305쪽.

정병기. 2013.「유럽 통합 과정에서 나타난 유럽 표준화 정책의 성격과 의미: 세계화 대응과 공동

규제성」. ≪EU학연구≫, 18(2), 29~56쪽.
_____. 2016. 「남북의 표준 및 표준화의 차이와 표준 협력 과정 및 표준 통합의 방향과 전망」. ≪한국정치연구≫, 제25집 제1호, 1~22쪽.
정병기·이희진. 2013. 「동서독의 표준화 체계와 표준 통일 과정: 남북한 표준 협력에 대한 함의」. ≪한국정치연구≫, 제22집 제1호, 215~236쪽.
≪조선일보≫. 2016.9.19. "차이나스탠다드 약진...고속철 원전 드론 AI 국제표준 추진". https://news.chosun.com/site/data/html_dir/2016/09/19/2016091901534.html(2020년 3월 2일 검색).
_____. 2016.12.8. "저리자금 앞세워 고속철 세일즈… 중국·일본 '철도 전쟁'". https://biz.chosun.com/site/data/html_dir/2016/12/07/2016120703049.html(2020년 3월 2일 검색).
_____. 2020.4.13. "미래 먹거리 '특허 전쟁'… 중국이 미국 제쳤다". http://news.chosun.com/site/data/html_dir/2020/04/12/2020041201657.html(2020년 4월 13일 검색).
주한나·이희진. 2014. 「무역원조를 통한 개발도상국 대상 표준 협력: EU 및 미국의 사례와 한국에 주는 함의」. ≪국가정책연구≫, 제28권 제3호, 27~52쪽.
≪중앙일보≫. 2015.8.12. "정부 "北, '박 대통령 표준시 변경 발언 비난' 유감"". https://news.joins.com/article/18435151(2020년 4월 1일 검색).
_____. 2019.12.5. "현대차 2025년까지 61조 투자…"스마트 모빌리티 회사로"". https://news.joins.com/article/23649410(2020년 7월 15일 검색).
_____. 2020.4.15. "트럼프, 결국 WHO 돈줄 끊었다… "코로나 대응 책임 물을 것"". https://news.joins.com/article/23754824(2020년 5월 9일 검색).
최현규. 2018. "북한의 국규(KPS) 최근 현황". 2018 대한민국 표준리더십 컨퍼런스: 한반도 경제발전을 위한 표준-경제협력. 2018.12.7.
크리스, 로버트 P.(Robert P. Crease). 2012. 『측정의 역사: 절대 측정을 향한 인류의 꿈과 여정』. 노승영 옮김. 에이도스.
클라크, F. G.(F. G. Clarke). 1995. 『호주의 역사: 유형지에서 공화국 전야까지』. 임찬빈 옮김. 나남출판.
티와나, 암릿(Amrit Tiwana). 2018. 『플랫폼 생태계: 아키텍처, 거버넌스, 전략의 정렬』. 김승일·한원석 옮김. Pi-TOUCH.
≪피치원미디어≫. 2020.6.22. "테슬라 수명 5배 늘린 160만km 주행 배터리 자체개발, 9월 배터리데이에 전격공개". http://www.pitchone.co.kr/12861/(2020년 7월 23일 검색).
한국정보통신기술협회(TTA). 2019. 『ICT 표준화 추진체계 분석서: 국가별 표준화 전략 편』.
한국표준협회 글로벌표준화센터. 2018. "북한의 ISO/IEC 국제표준화 활동 현황". 2018.11.15.
한국표준협회. 2009. 『미래사회와 표준』. 개정 4판. KSA 한국표준협회.
_____. 2017. 「ISO·IEC의 표준개발위원회 동향분석과 한국참여의 시사점」. ≪KSA Policy Study

024, Global 동향분석≫, 2017-2호(2017년 4월).

한-아세안센터. 2019a. 「2019 한-아세안센터 브로셔」.

______. 2019b. 월간 아세안 업데이트 2019년 6월호. https://www.aseankorea.org/kor/Resources/statistics_view.asp?page=1&BOA_GUBUN=13&BOA_NUM=14534(2019년 7월 9일 검색).

허준·이희진. 2015. 「미래 융합산업 표준 전략: 전기 자동차 충전 표준과 스마트그리드 통신 표준」. ≪기술혁신연구≫, 제23권 제3호, 137~167쪽.

BBC. 2018.4.30. "'평양표준시'는 왜 생겨났고 왜 3년만에 사라질까". https://www.bbc.com/korean/news-43945658(2019년 10월 14일 검색).

de Vries, Henk. 2019. 「Blu-ray vs. HD-DVD: How to win a battle between competing standards?」. 『4차 산업혁명과 표준화: 사례 모음』. 이희진·주한나·최동근 편저. 박영사, 61~81쪽.

≪EconomyChosun≫. 2019.1.21. "중국의 '동남아 고속철 굴기' 또 하나의 위기 전조?" 284호. http://economychosun.com/client/news/view.php?boardName=C03&t_num=13606425(2020년 4월 17일 검색).

______. 2020.2.24. "알스톰, 봉바르디에 철도 부문 인수 추진, 글로벌 철도 1위 中 CRRC 바짝 뒤쫓는 알스톰". 336호. http://economy.chosun.com/client/news/view.php?boardName=C12&page=1&t_num=13608478(2020년 3월 2일 검색).

Fomin, V. 2019. 「Standardization in large technological systems: The case of ETSI LSA」. 이희진·주한나·최동근 편저. 『4차 산업혁명과 표준화: 사례 모음』. 박영사, 83~105쪽.

Fomin, V. and Lee, H. 2018. 「The Vodka standard war: What defines Vodka?」. 이희진·주한나·최동근 편저. 『4차 산업혁명과 표준화: 사례 모음』. 박영사.

鹿野博規. 2012. 『世界の高速列車 II』. 地球の歩き方編. ダイヤモンド社.

中國質量新聞网. 2019.4.25. "標准聯通共建"一帶一路"取得積极成效(Action Plan for Connectivity of Standards on Joint Efforts to build the Belt and Road Initiative has achieved positive results)"(2020년 5월 9일 검색).

Armstrong, Ann, Mueller, Joseph J. and Syrett, Timothy D. 2014. "The Smartphone Royalty Stack: Surveying Royalty Demands for the Components Within Modern Smartphones." Working Paper, May 29, 2014. available at http://papers.ssrn.com/sol3/papers.cfm?abstract_id=2443848

Arnold, A. 2014. "Tim Fischer on the Ghan." *The Monthly*, March 2014. Available at https://www.themonthly.com.au/issue/2014/march/1393592400/ann-arnold/tim-fischer-ghan

(Viewed on 29 April 2020).

ASEAN Secretariat. 2015. *ASEAN Economic Community Blueprint 2025*. Jakarta: ASEAN Secretariat.

_____. 2016. *Master Plan on ASEAN Connectivity 2025*. Jakarta: ASEAN Secretariat.

_____. 2019. *ASEAN Integration Report 2019*. Jakarta: ASEAN Secretariat.

Bayley, W. 1973. *Standard Gauge Railway Across Australia*. 2nd(revised) Edition. Bulli, N. S. W., Australia: Austrail Publications.

Bekkers, R. N. A., Birkman, L., Canoy, M. S., De Bas, P., Lemstra, W., Ménière, Y., ... Verbeek, A. 2014. *Patents and standards: a modern framework for IPR-based standardisation*. Brussels: European Commission. https://doi.org/10.2769/90861

Bernhofen, D., El-Sahli, Z. and Kneller, R. 2016. "Estimating the effects of the container revolution on world trade." *Journal of International Economics*. Vol.98, pp.36~50.

Berry, M. "Off the rails: How Australia is at odds with global infrastructure plans." 3 December 2014. Available at https://independentaustralia.net/politics/politics-display/off-the-rails-how-local-reality-is-at-odds-with-global-infrastructure-plans,7151(Viewed on 28 April 2015).

Blind, K. 2017. "The economic functions of standards in the innovation process." in R. Hawkins, K. Blind and R. Page(eds). *Handbook of Innovation and Standards*. Cheltenham and Northampton: Edward Elgar.

Breznitz, D. and Murphree, M. 2011. *Running of the Red Queen: Government, Innovation, Globalization and Economic Growth in China*. Yale University Press. New Haven: Connecticut.

_____. 2013. "Shaking Grounds? Technology Standards in China." Working Paper, National Academy of Sciences. http://sites.nationalacademies.org/ cs/groups/pgasite/documents/webpage/pga_072292.pdf.

Brundtland, G. H. 1987. *Our Common Future: Report of the World Commission on Environment and Development*. Report of the World Commission on Environment and Development, Vol.4. https://doi.org/10.1080/07488008808408783(Viewed on 18 April 2020).

Busch, Lawrence. 2011. *Standards: recipes for reality*. MIT Press.

Cavalcante, E., Cacho, N., Lopes, F. and Batista, T. 2017. "Challenges to the Development of Smart City Systems: A System-of-Systems View." SBES'17: Proceedings of the 31st Brazilian Symposium on Software Engineering. September 2017. pp.244~249. https://doi.org/10.1145/3131151.3131189

Chen, M. X. and Mattoo, A. 2004, "Regionalism in Standards: Good or Bad for Trade." *Policy Research Working Papers*, No.3458, World Bank, Washington, DC.

Chen, M. X., Otsuki, T. and Wilson, J. S. 2006, "Do Standards Matter for Export Success?" *Policy Research Working Papers*, No.3809, World Bank, Washington, DC.

Chen, Zhenhua and Haynes, Kingsley E. 2015. *Chinese Railways in the Era of High-Speed.* Emerald Group Publications. Bingley, UK.

Chesbrough, H. W. and Kusunoki, K. 2001. "The modularity trap: Innovation, technology phase shifts and the resulting limits of virtual organizations." in I. Nonaka and D. Teece(eds.), *Managing Industrial Knowledge: Creation, Transfer and Utilization.* London: Sage, pp.202~230.

China Daily. 2005.2.25. "ISO meeting fails to back WAPI standard." https://www.chinadaily.com.cn/english/doc/2005-02/25/content_419204.htm(Viewed on 28 April 2020).

______. 2019.9.11. "Belt and Road industrial standards to be introduced: official." https://www.chinadaily.com.cn/a/201909/11/WS5d78ee06a310cf3e3556b120.html(Viewed on 9 May 2020).

China Standardization. 2017. "Action Plan for Connectivity of Standards on Joint Efforts to Build the Belt and Road Initiative 2015-2017." May/June. China Academic Journal Electronic Publishing House. www.cnki.net

______. 2018. "Action Plan for Connectivity of Standards on Joint Efforts to Build the Belt and Road Initiative 2018-2020." March/April. China Academic Journal Electronic Publishing House. www.cnki.net

Cledenin, M. 2006. "WAPI battle exposes technology rifts with China." 17 March 2006. https://www.edn.com/wapi-battle-exposes-technology-rifts-with-china(Viewed on 28 April 2020).

David, P. 1985. "Clio and the Economics of QWERTY." *The American Economic Review*, 75(2), pp.332~337.

de La Bruyere, E. 2020. "The New Metrics for Building Geopolitical Power in a New World." *The National Interest.* 12 April 2020. https://nationalinterest.org/feature/new-metrics-building-geopolitical-power-new-world-143147(Viewed on 5 Mary 2020).

de La Bruyere, E. and Picarsic, N. 2020. *China Standards 2035: Beijing's Platform Geopolitics and "Standardization Work in 2020".* China Standards Series. Horizon Advisory. April 2020.

Department of Infrastructure and Regional Development, Australian Government. "History of Rail in Australia." https://infrastructure.gov.au/rail/trains/history.aspx(Viewed on 19

July 2020).

Department of Infrastructure and Regional Development. 2013. *High Speed Rail Study Phase 2 Report*. Available at https://infrastructure.gov.au/rail/publications/high-speed-rail-study-reports(Viewed on 21 August 2018).

Disdier, A.-C., Fontagné, L. and Mimouni, M. 2007. "The Impact of Regulations on Agricultural Trade: Evidence from SPS and TBT Agreements." CEPII Working Papers, No.2007-04, Centre d'Études Prospectives et d'Informations Internationales, Paris.

Egyedi, T. 2001. "Infrastructure flexibility created by standardized gateways: the cases of XML and the ISO container." *Knowledge, Technology & Policy*, Vol.14, No.3, pp.41~54.

Egyedi, T. and Spirco, J. 2011. "Standards in transitions: catalyzing infrastructure change." *Futures*, Vol.43, No.9, pp.947~960.

Ehrich, M. and A. Mangelsdorf. 2018. "The Role of Private Standards for Manufactured Food Exports from Developing Countries." *World Development*. Vol.101, January 2018, pp.16~27. https://doi.org/10.1016/j.worlddev.2017.08.004

Eom, D., Lee, H. and Ahn, D. 2016. "An analysis of the multiplicity of an international standard: the case of ISO pallet sizes." *International Journal of Services and Standards*. 2016. 11(3), pp.275~299.

Eom, D., Lee, H. and Kim, D. 2019. "New Rules for Standards-Setting and New Roles of Standardization Bodies in the Era of IoT, First Prize." Future challenges in standardization: Winning papers from IEC-IEEE-KATS Academic Challenge 2018. pp.9~18. IEC(International Electrotechnical Commission) Academy & Capacity Building. https://basecamp.iec.ch/download/briefing-paper-future-challenges-in-standardization/

Ernst, D. 2005. "Limits to modularity: Reflections on recent developments in chip design." *Industry & Innovation*, 12(3), pp.303~335. http://doi.org/10.1080/13662710500195918.

______. 2017. *China's Standard-Essential Patents Challenge: From Latecomer to(Almost) Equal Player?* Special Report. Centre for International Governance Innovation(CIGI).

______. 2020. *Competing in Artificial Intelligence Chips: China's Challenge amid Technology War*. Special Report. Centre for International Governance Innovation(CIGI). https://www.cigionline.org/publications/competing-artificial-intelligence-chips-chinas-challenge-amid-technology-war

Farrell, H. and Newman, A. 2019. "Weaponized Globalization: Huawei and Emerging Battle over 5G networks." *Global Asia*, Vol.14, No.3(September), pp.8~12.

Ferro, E., T. Otsuki and Wilsonc, J. 2015. "The effect of product standards on agricultural exports." *Food Policy*, Vol.50, January 2015, pp.68~79. http://doi.org.ssl.access.yonsei.ac.kr:8080/10.1016/j.foodpol.2014.10.016.

Financial Times. 2019.12.2. "Chinese tech groups shaping UN facial recognition standards." https://www.ft.com/content/c3555a3c-0d3e-11ea-b2d6-9bf4d1957a67(Viewed on 13 February 2020).

______. 2020.3.4. "US-backed candidate nominated to lead UN body after anti-China campaign." https://www.ft.com/content/71364d76-5d8c-ea-b0ab-339c2307bcd4(Viewed on 5 March 2020).

______. 2020.3.28a. "China and Huawei propose reinvention of the internet." https://www.ft.com/content/c78be2cf-a1a1-40b1-8ab7-904d7095e0f2(Viewed on 5 May 2020).

______. 2020.3.28b. "Inside China's controversial mission to reinvent the internet." https://www.ft.com/content/ba94c2bc-6e27-11ea-9bca-bf503995cd6f(Viewed on 5 May 2020).

Fischer, Tim. 2018. *Steam Locomotives that Galvanised the Nation Australia*. National Library of Australia. Canberra ACT.

Fitch, R. 2006. *Australian Railwayman from Cadet Engineer to Railways Commissioner*. Rosenberg.

Hawkins, R. and Blind, K. 2017. "Introduction: unravelling the relationship between standards and innovation." in R. Hawkins, K. Blind and R. Page(eds). *Handbook of Innovation and Standards*. Cheltenham and Northampton: Edward Elgar.

Hawkins, R., Blind, K. and Page, R.(eds). 2017. *Handbook of Innovation and Standards*. Cheltenham and Northampton: Edward Elgar.

Henson, S. and Humphrey, J. 2009. *The impacts of private food safety standards on the food chain and on public standard-setting processes*. Codex Alimentarius Commission.

Holland, J. 2016. *World Railway Journeys*. Collins.

Hope, R. 1965. "The gauge problem in Australia." Freeman Allen(ed.), *Trains Annual 1964*. Ian Allan: London.

Hughes, T. P. 1989. "The Evolution of Large Technological Systems." *The social construction of technological systems: New directions in the sociology and history of technology*. Cambridge: MIT Press, pp.51~82.

IPlytics. 2019. *Who is leading the 5G patent race?: A patent landscape analysis on declared 5G patents and 5G standards contributions*. IPlytics. November 2019. https://www.iplytics.com/wp-content/uploads/2019/01/Who-Leads-the-5G-Patent-Race_2019.pdf)

ISO. 2016. "ISO Action Plan for Developing Countries 2016-2020." https://www.iso.org/

files/live/sites/isoorg/files/store/en/PUB100374.pdf

_____. 2018. "Contributing to the UN Sustainable Development Goals with ISO standards." https://www.iso.org/publication/PUB100429.html

Jen, L. 2003. "Who will get China's 3G dowry?" *IEEE Spectrum*, April, pp.16~18.

Kharpal, A. 2020.4.26. "Power is 'up for grabs': Behind China's plan to shape the future of next-generation tech." CNBC. https://www.cnbc.com/2020/04/27/china-standards-2035-explained.html(Viewed on 5 May 2020).

Kim, Mi-jin, Lee, Heejin and Kwak, Jooyoung. 2020. "The changing patterns of China's international standardization in ICT under techno-nationalism: A reflection through 5G standardization." *International Journal of Information Management*. In print.

Kohno, M. 1995. "Ideas and foreign policy: The emergence of techno-nationalism in US policies toward Japan." *National competitiveness in a global economy*, pp.199~223.

Laird, P. 2011. "Railways in Australia: Federation unfulfilled." The Henry Parkes Oration. https://parkesfoundation.files.wordpress.com/2014/01/hporation2011.pdf(Viewed on 15 March 2015).

Laperrouza, M. 2006. "China's Telecommunication Policy-Making in the Context of Trade and Economic Reforms." Unpublished doctoral thesis. London School of Economics.

Lee, H. and Oh, S. 2006. "A standards war waged by a developing country: Understanding international standard setting from the actor-network perspective." *Journal of Strategic Information Systems*, 15, pp.177~195.

_____. 2008. "The Political Economy of Standards Setting by New comers: China's WAPI and South Korea's WIPI." *Telecommunications Policy*, Vol.32, No.9, pp.662~671.

Lee, R. 2003. "Linking a Nation: Australia's Transport and Communications 1788-1970." Australia: Our National Stories. Australian Heritage Commission, Available at http://www.environment.gov.au/heritage/publications/linking-a-nation(Viewed on 16 March 2015).

Levinson, M. 2006. *The Box: How the Shipping Container Made the World Smaller and the World Economy Bigger*. Princeton University Press, Princeton, New Jersey.

Montresor, S. 2001. "Techno-globalism, Techno-nationalism and Technological Systems: Organising the Evidence." *Technovation*, 21, pp.399~412.

Ogawa, K., Shintaku, J. and Yoshimoto, T. 2005. *Architecture-based Advantage of Firms and Nations: New Global Alliance between Japan and Catch-up Countries*. MMRC Discussion Paper No.48. University of Tokyo.

Ollivier, G., Bulock, R., Jin, Y. and Zhou, N. 2014. "High-Speed Railways in China: A Look at

Traffic." *China Transport Topics*. No.4. Washington, DC: World Bank.
Osborn, D., Cutter, A. and Ullah, F. 2015. "Universal Sustainable Development Goals: Understanding the transformational challenge for developed countries." *Universal Sustainable Development Goals*(May), pp.1~24. https://sustainabledevelopment.un.org/index.php?page=view&type=400&nr=1684&menu=35(Viewed on 18 April 2020).
Ostry, S. and Nelson, R. R. 1995. *Techno-nationalism and Techno-globalism: Conflict and Cooperation*. Washington DC: The Brookings Institution.
Parker, G., Van Alstyne, M. and Choudary, S. 2016. *Platform Revolution: How networked markets are transforming the economy and how to make them work for you*. Norton & Company: New York.
Prassetya, R. and INTAL Jr., P. S. 2015. "AEC Blueprint Implementation Performance and Challenges: Standards and Conformance." ERIA Discussion Paper Series, ERIA-DP-2015-42, May 2015.
Puffert, D. 2009. *Tracks across Continents, Paths through History: The Economic Dynamics of Standardisation in Railway Gauge*. University of Chicago Press.
Raballand, G. and Aldaz-Carroll, E. 2007. "How do differing standards increase trade costs? The case of pallets." *The World Economy*, Vol.30, No.4, pp.685~702.
Reuters. 2020. "TIMELINE-Alstom, Bombardier and Siemens merger attempts." https://www.reuters.com/article/bombardier-ma-alstom/timeline-alstom-bombardier-and-siemens-merger-attempts-idUSL8N2AH32J(Viewed on 2 March 2020).
Schilling, M. A. 2017. *Strategic Management of Technological Innovation*. McGraw-Hill.
Schot, J., Buiter, H. and Anastasiadou, I. 2011. "The dynamics of transnational railway governance in Europe during the long nineteenth century." *History and Technology*, Vol.27, No.3, pp.265~289.
Moon, Seungyeon and Lee, Heesang. 2020. "The Role of Standards-Related Capacity Building on the Sustainable Development of Developing Countries: Focusing on the Korea's Standards-Related AfT Case in Bolivia." *Sustainability*, MDPI, Open Access Journal, Vol.12(12), June, pp.1~15.
Shin, D.-H.H., Kim, H. and Hwang, J. 2015. "Standardization revisited: a critical literature review on standards and innovation." *Computer Standards & Interfaces*. 38, pp.152~157. http://dx.doi.org/10.1016/j.csi.2014.09.002.
Standards Australia. 2018. *ASEAN-Australia Digital Trade Standards Cooperation Initiative: Recommendations Report*. December, 2018.
Stevenson, G. 1987. *Rail Transport and Australian Federalism*. Canberra, Australia: Centre for

Research on Federal Financial Relations.

Stolwijk, C., Punter, M. and Montalvo, C. 2017. "'Smart Industry' and the confluence of standards." in R. Hawkins, K. Blind and R. Page(eds). *Handbook of Innovation and Standards.* Cheltenham and Northampton: Edward Elgar.

Suttmeier, R. P. and Yao, X. 2004. "China's Post-WTO Technology Policy: Standards, Software, and the Changing Nature of Techno-Nationalism." The National Bureau of Asian Research.

Suttmeier, R. P., Yao, X. and Tan, A. Z. 2006. *Standards of Power? Technology, Institutions, and Politics in the Development of China's National Standards Strategy. NBR Special Report*, Vol.7. Retrieved from http://www.ceeol.com/aspx/getdocument.aspx?logid=5&id=80719cc151574ebc93ab68a619377870.

Tiwana, A. 2013. *Platform Ecosystems: Aligning Architecture, Governance, and Strategy.* Morgan Kaufmann.

Twain, M. 2007. *The Wayward Tourist.* Melbourne University Press.

U.S. Chamber of Commerce. 2017. "Made in China 2025: Global ambitions built on local protections." pp.66~67. https://www.uschamber.com/sites/default/files/final_made_in_china_2025_report_full.pdf.

UNIDO 2013. *Trade Capacity Building Resource Guide 2013.* Vol.1. United Nations Industrial Development Organization, Vienna.

White House 2020. "United States Strategic Approach to The People's Republic of China." https://www.whitehouse.gov/wp-content/uploads/2020/05/U.S.-Strategic-Approach-to-The-Peoples-Republic-of-China-Report-5.20.20.pdf(Viewed on 23 May 2020).

Wilson, J. S. and Otsuki, T. 2004. "Standards and Technical Regulations and Firms in Developing Countries: New Evidence from a World Bank Technical Barrier to Trade Survey."

WIPO. 2020. "China Becomes Top Filer of International Patents in 2019 Amid Robust Growth for WIPO's IP Services." *Treaties and Finances.* 7 April 2020. https://www.wipo.int/pressroom/en/articles/2020/article_0005.html(Viewed on 17 April 2020).

Wolmar, C. 2014. *The Iron Road: An Illustrated History of the Railway.* London, UK: Dorling Kindersley.

WTO. 2005. "Hong Kong Ministerial Declaration." http://www.wto.org/english/thewto_e/minist_e/min05_e/final_text_e.htm.

_____. 2013. "Bali Ministerial Declaration." Ninth Session of the Ministerial Conference of World Trade Organisation, WT/MIN(13)/DEC, Bali. http://wto.org/english/thewto_e/

minist_e/mc9_e/balipackage_e.htm

Xinhua. 2019.10.31. "China Focus: Top mobile operators switch on commercial services." Xinhuanet. http://www.xinhuanet.com/english/2019-10/31/c_138518787.htm.

______. 2019.11.24. "China's high-speed railway to stretch 35,000km by year-end." http://www.xinhuanet.com/english/2019-11/24/c_138579780.htm(Viewed on 2 March 2020).

Yamada, A. 2000. "Neo-Techno-Nationalism: How and Why It Grows." Columbia International Affairs Online. http://www.ciaonet.org/isa/yaa01/(Viewed on 3 January 2005).

Zoo, H., de Vries, H. and Lee, H. 2017. "Interplay of innovation and standardization: Exploring the relevance in developing countries." *Technological Forecasting & Social Change*, 118(May), pp.334~348.

5GAA. 2020. "Making 5G Proactive and Predictive for the Automotive Industry." B2B Industry White Paper. https://5gaa.org/wp-content/uploads/2020/01/5GAA_White-Paper_Proactive-and-Predictive_v04_8-Jan.-2020-003.pdf.

찾아보기

지은이

이희진

연세대학교 국제학대학원 교수. 서울대학교 경영학과를 졸업하고, 동 대학원 사회학 석사를 마쳤으며, London School of Economics and Political Science(LSE) 정보시스템학과에서 시간과 정보기술에 관한 연구로 박사학위를 받았다. 영국 브루넬대학교와 호주 멜버른대학교 교수를 지냈다.

그리니치 표준시에서 시작된 표준에 대한 관심을 줄곧 이어와 지금은 연세대 '융합산업과 표준화 연구센터'(미래융합연구원)와 '호주연구센터'를 이끌고 있다. 연구 주제로 시간 – 표준 – 철도 세 개의 키워드를 좇고 있다. 국제개발협력학회 회장을 역임했으며, 정보통신기술과 개발도상국(ICT4D), 표준과 개발도상국 발전, 호주 관련 등의 분야에서 활발한 연구 활동을 펼치고 있다.

저서로 『정보기술은 시간을 어떻게 변화시킬까?』, 『4차 산업혁명과 표준화: 사례 모음』(편저), 『현대 호주사회의 이해 I, II』(편저)가 있으며, 표준과 표준화, 특히 중국의 국제표준화에 관한 다수의 논문을 발표했다.

한울아카데미 2254

표준으로 바라본 세상

일상에서 만나는 표준의 정치경제학

지은이 | 이희진
펴낸이 | 김종수 펴낸곳 | 한울엠플러스(주) 편집 | 신순남
초판 1쇄 인쇄 | 2020년 8월 27일 초판 1쇄 발행 | 2020년 9월 7일

주소 | 10881 경기도 파주시 광인사길 153 한울시소빌딩 3층 전화 | 031-955-0655
팩스 | 031-955-0656 홈페이지 | www.hanulmplus.kr 등록번호 | 제406-2015-000143호

Printed in Korea.
ISBN 978-89-460-7254-1 93300(양장)
978-89-460-6938-1 93300(무선)

※ 책값은 겉표지에 표시되어 있습니다.
※ 이 책은 강의를 위한 학생판 교재를 따로 준비했습니다.
강의 교재로 사용하실 때에는 본사로 연락해 주십시오.

※ 이 저서는 연세대학교 학술연구비의 지원으로 이루어진 것임.